Konrad Hacker · Alois Mehler

Physik-Aufgaben SI-Einheiten

Ein Übungs- und Arbeitsbuch

Ernst Klett Stuttgart

4. Auflage 4 8 7 | 1977 76

Alle Drucke dieser Auflage können im Unterricht nebeneinander benutzt werden. Die letzte Zahl bezeichnet das Jahr dieses Druckes.
(Dieses Buch ist eine Neubearbeitung und Erweiterung des Klettbuches 774 aufgrund des Einheitengesetzes.)

© Ernst Klett Verlag, Stuttgart 1974
Nach dem Urheberrechtsgesetz vom 9. Sept. 1965 i. d. F. vom 10. Nov. 1972 ist die Vervielfältigung oder Übertragung urheberrechtlich geschützter Werke, also auch der Texte, Illustrationen und Graphiken dieses Buches, nicht gestattet. Dieses Verbot erstreckt sich auch auf die Vervielfältigung für Zwecke der Unterrichtsgestaltung — mit Ausnahme der in den §§ 53, 54 URG ausdrücklich genannten Sonderfälle —, wenn nicht die Einwilligung des Verlages vorher eingeholt wurde. Im Einzelfall muß über die Zahlung einer Gebühr für die Nutzung fremden geistigen Eigentums entschieden werden. Als Vervielfältigung gelten alle Verfahren einschließlich der Fotokopie, der Übertragung auf Matrizen, der Speicherung auf Bändern, Platten, Transparenten oder anderen Medien.

Einbandentwurf: H. Lämmle, Stuttgart. Zeichnungen: G. Wustmann und H. Stotz, Stuttgart
Druck: Ernst Klett, 7 Stuttgart, Rotebühlstr. 77
ISBN 3-12-770200-0

Inhaltsverzeichnis

1. Mechanik – Statik
1.1. Meßkunde 7
Längenmessung 7
Flächenmessung 8
Raummessung 8
Masse und Gewichtskraft 9
Dichte und Wichte 9

1.2. Statik der festen Körper 11
Federwaage 11
Reibung 11
Kräfteparallelogramm 12
Schiefe Ebene 14

1.3. Arbeit und Leistung 15
Arbeit 15
Leistung 16
Wirkungsgrad 16

1.4. Anwendung der Statik 17
Hebelgesetz 17
Parallele Kräfte 19
Schwerpunkt 19
Gleichgewicht und Standfestigkeit 20
Maschinen 21

1.5. Statik der flüssigen und gasförmigen Körper 23
Druck 23
Der hydrostatische Druck 23
Auftrieb 24
Verbundene Gefäße 27
Molekularkräfte 27
Luftdruck 28
Boyle-Mariottesches Gesetz 29
Auftrieb in Luft 30

2. Kinematik und Dynamik
2.1. Gleichförmige Bewegung 31
Geschwindigkeit 31
Zusammensetzung v. Geschwindigkeiten 31

2.2. Beschleunigung 32
Beschleunigte Bewegung ohne Anfangsgeschwindigkeit 32
Beschleunigte Bewegung mit Anfangsgeschwindigkeit 33

2.3. Fallbewegungen 34
Freier Fall 34
Senkrechter Wurf 35
Horizontaler Wurf 35
Schiefer Wurf 36

2.4. Newtonsche Gesetze 37
Kraft – Masse – Beschleunigung ohne Reibung 37
Kraft – Masse – Beschleunigung mit Reibung 39
Beschleunigung auf der schiefen Ebene 39

2.5. Arbeit, Leistung und Energie 40
Arbeit 40
Leistung 40
Lagenenergie, Bewegungsenergie 42
Energieumwandlung 43

2.6. Impuls 44
Impuls und Kraftstoß 44
Unelastischer Stoß 45
Elastischer Stoß 46

2.7. Kreisbewegung 47
Winkelgeschwindigkeit 47
Zentralkraft 48
Zentralkraft im Kräfteparallelogramm 49

2.8. Gravitation und Raumfahrt 50

2.9. Dynamik der Flüssigkeiten 51

3. Schwingungen – Wellen – Akustik
3.1. Schwingungen 52
Harmonische Schwingungen 52
Mathematisches Pendel 53
Physikalisches Pendel 55
Koppelschwingungen, Resonanz 55
Überlagerung und Interferenz von Schwingungen 55

3.2. Wellen 56
Querwellen 56
Fortschreitende Längswellen 57
Überlagerung von Wellen, Interferenz 58
Reflexion von Wellen, stehende Wellen 58
Huygenssches Prinzip 59

3.3. Akustik 60
Hörbare Schwingungen 60
Intervalle 60
Tonerreger 61
Überlagerung und Interferenz von Schallwellen 62
Stehende Schallwellen 63
Dopplereffekt 63

4. Optik
4.1. Eigenschaften des Lichtes 65
Lichtgeschwindigkeit 65
Photometrie 65

4.2. Reflexion 66
Ebener Spiegel 66
Hohlspiegel 67
Erhabener Spiegel 68

4.3. Brechung 68
Brechung an ebenen Flächen 68
Totalreflexion 69
Linsen 69
Linsensysteme 70

4.4. Optische Geräte 71
Photoapparat 71
Projektor 72
Lupe 72
Mikroskop 72
Fernrohre 73

4.5. Wellenoptik 74
Medium und Wellenlänge 74
Interferenz 75
Interferenz an dünnen Schichten 75
Doppelspalt 76
Spalt 78
Gitter 78
Auflösungsvermögen 78
Polarisation 80
Dopplereffekt beim Licht 79
Elektromagnetisches Spektrum 81

5. Wärmelehre
5.1. Temperatur 82
Temperaturmessung 82
Längenausdehnung 82
Raumausdehnung von festen und flüssigen Körpern 83
Raumausdehnung von Gasen 83

5.2. Allgemeines Gasgesetz 84

5.3. Wärme und Energie 86
Wärmemenge 86
Spezifische Wärmekapazität 86
Schmelzen und Verdampfen 87
Ausbreitung der Wärme 88
Dampfdruck 88
Spezifische Wärmekapazität von Gasen 89
Isotherme und adiabatische Vorgänge 89
Wärme und Arbeit 90

6. Magnetismus und Elektrizität
6.1. Magnetische Grundtatsachen 91

6.2. Die Wirkungen des elektrischen Stromes 91
Die magnetischen Wirkungen des Stromes 91
Chemische Wirkungen des Stromes 92

6.3. Galvanische Elemente 93

6.4. Der Stromkreis (Gleichstrom) 94
Der Widerstand 94
Ohmsches Gesetz 95
Widerstände in Reihe 95
Innerer Widerstand 96
Parallelwiderstände 97
Elektrische Arbeit und Leistung 99
Wärme aus Strom 99

6.5. Ladung und Feld 100
Ladung – Kondensator 100
Grundgesetz des el. Feldes – radialsymmetrisches Feld 102
Kraft im elektrischen Feld – Energie 103
Coulombsches Gesetz 103
Influenz 104
Das magnetische Feld 104

6.6. Elektromagnetische Induktion 105
Die Induktion 105
Die Selbstinduktion 107
Elektrische Maschinen 108

6.7. Spannung und Strom im Wechselstromkreis 109
Effektivwert 109
Kapazitiver Widerstand 110
Induktiver Widerstand 110
Scheinwiderstand 111
Arbeit und Leistung im Wechselstromkreis 111
Siebglieder – Umformer – Transformatoren 112
Fernleitungen 113

6.8. Elektrische Schwingungen 114
Elektronenröhren 114
Halbleiter – Transistoren 115
Elektrischer Schwingkreis 116
Schwingungserregung 117
Elektrischer Dipol – Antenne 118
Modulation 118
Lecherleitung 119
Empfänger 119

7. Atomphysik – Kernphysik

7.1. Moleküle und Atome 120
Atomare Größen 120
Atombau und Periodensystem 121
Kinetische Gastheorie 121
Allgemeine Gasgleichung 123

7.2. Elektronen und Ionen in Feldern 124
Elektronen im elektrischen Feld 124
Elektronen im Magnetfeld 125
Ladung und Masse des Elektrons 126
Ionen im elektrischen und magnetischen Feld 127

7.3. Energie und Strahlung 128
Photoeffekt 128
Plancksches Wirkungsquantum 128
Materiewellen 130

7.4. Die Atomhülle 130
Die Bohrschen Bahnen 130
Energiestufen 131
Wasserstoffserien 132
Absorption in Quanten 132

7.5. Radioaktive Strahlen 133
Natürliche Radioaktivität 133
Zerfallsreihen – Isotope 133
Zerfallsgesetz – Halbwertzeit 134
Energie – Geschwindigkeit – Reichweite 135

7.6. Atomkerne 136
Allgemeine Eigenschaften 136
Künstliche Radioaktivität 136
Das Neutron 137
Kernreaktionen 138
Massendefekt 138
Kernspaltung und Fusion 139

8. Relativitätstheorie

8.1. Galilei-Transformation 140

8.2. Lorentz-Transformation 141

8.3. Masse und Energie 141

Lösungen 143

Konstanten 220

Musterlösungen 221

Chemische Elemente 230

Periodensystem 231

Aus den Vorworten der 1. - 3. Auflage

Eine Aufgabensammlung in Physik hat mehrere Zwecke zu erfüllen: Sie soll das gewonnene Wissen vertiefen, zum weiteren Durchdenken physikalischer Probleme anleiten, den Gesichtskreis erweitern und den Lernenden zur Selbstkontrolle erziehen. Entsprechend diesen Zwecken sind Aufgaben verschiedener Art erforderlich. Wir haben uns bemüht, Denkfragen und Aufgaben mit graphischen Lösungen bei jeder möglichen Gelegenheit einzubauen, um eine tiefgründige geistige Verarbeitung und Durchdringung der Probleme zu erzwingen.

Aufgaben, die ganz oder zum größten Teil für das 8. - 10. Schuljahr geeignet sind, wurden durch fette Aufgabennummern gekennzeichnet. Alle übrigen Aufgaben entsprechen den Lehrplänen der Klassen 11 bis 13.

Denkfragen sind durch ♦ bei der Aufgabennummer gekennzeichnet.
Die Abschnitte und Aufgaben, die mit * versehen sind, erstrecken sich über Gebiete, die nicht in den Lehrplänen für die Gymnasien in Bayern enthalten sind.

Vorwort zur vierten Auflage

Entsprechend dem Gesetz über Einheiten im Meßwesen vom 2. VII. 1969 verwenden wir in dieser Auflage nur noch SI-Einheiten (Système international d'Unités).

Einige Aufgaben haben wir den neueren Anforderungen bei Reifeprüfungsaufgaben angepaßt.

Infolge der Einführung der Kollegstufe wurde die Aufgabensammlung um ein Kapitel über Relativitätstheorie erweitert.

Außerdem glauben wir, die Sammlung durch einen Anhang bereichert zu haben, in dem zuerst allgemeine Anleitungen für die Lösung von Physikaufgaben und anschließend Musterlösungen aus allen Gebieten der Physik geboten werden.

Sonst wurden, abgesehen von einigen Verbesserungen, Umstellungen und Modernisierungen, keine wesentlichen Änderungen vorgenommen.

München, im September 1973 *Die Verfasser*

Aufgaben Kapitel 1

1. **Mechanik − Statik**

1.1. **Meßkunde**

1.1.1. **Längenmessung**

1. Rechne folgende Längenmaße ineinander um:

	m	cm	km	dm	μm	nm
5,3 m	−	a)	b)	c)	−	−
10,67 cm	d)	−	−	e)	−	−
0,238 mm	f)	g)	−	h)	i)	k)
67,3 μm	−	l)	−	−	−	m)
589 nm	−	n)	−	−	o)	−

2. Zeichne eine Schublehre mit Nonius, mit dessen Hilfe man a) $\frac{1}{10}$ mm, b) $\frac{1}{5}$ mm ablesen kann! Die Schublehre soll auf 0,8 mm eingestellt sein. Maßstab 10 : 1.

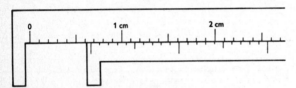

1.1.1.3

3. Die Abb. zeigt eine Schublehre, mit der man auf $\frac{1}{20}$ mm genau messen kann. a) Wie ist das möglich? b) Die Einstellung ist abzulesen!

4. Welchen Winkel zeigt der Kreisnonius (Abb.) an?

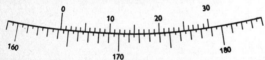

1.1.1.4

5. Wie müßte ein Nonius beschaffen sein, mit dem man eine Meßgenauigkeit von $\frac{1}{100}$ mm erreichen will? Warum werden solche Schublehren nicht hergestellt?

6. In der Astronomie werden Entfernungen häufig in Parsec angegeben. Ein Parsec ist die Entfernung, aus der der Radius der Erdbahn (1,5 · 10^8 km) unter einem Winkel von 1″ erscheint. Rechne 1 Parsec in Lichtjahre um! (Lichtgeschwindigkeit 3 · 10^5 km/s)

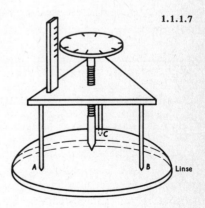

1.1.1.7

7. Die drei Füße eines Sphärometers (Abb.) bilden ein gleichseitiges Dreieck $A\ B\ C$ mit der Seite $a = 7{,}20$ cm. Stellt man es auf eine konvexe Kugelfläche, dann zeigt das Mikrometer $b = 0{,}81$ cm an. Berechne hieraus den Krümmungsradius r der Kugelfläche a) allgemein, b) mit den angegebenen Meßwerten!

Aufgaben Kapitel 1

1.1.2. Flächenmessung

1. Der Durchmesser eines Drahtes wird mit einer Mikrometerschraube zu 0,86 mm bestimmt. Berechne seinen Querschnitt!
2. a) Zeichne einen Kreis mit 3 cm Radius, lege durchsichtiges Millimeterpapier darüber und bestimme seine Fläche durch Auszählen!
   b) Berechne die Fläche und vergleiche die Ergebnisse!
3. Zur Bestimmung des Flächeninhaltes einer unregelmäßigen Figur zeichnet man sie auf Karton, schneidet sie aus und wiegt sie. Die Waage zeigt 0,387 g. Wie groß ist die Fläche, wenn ein Rechteck (12 cm/15 cm) aus demselben Karton 0,948 g wiegt?
4. Die Fläche eines Rechtecks soll durch Ausmessen von Länge und Breite bestimmt werden. Man erhält folgende Werte: Länge = (12,3 ± 0,2) cm, Breite = (7,4 ± 0,1) cm.
   a) Zwischen welchen Werten liegt der Flächeninhalt?
   b) Welchen Wert wird man als Endergebnis angeben?
   c) Bestimme die relative Genauigkeit der beiden Längenangaben!
   d) Gib den absoluten und relativen Fehler der Fläche an!

1.1.3. Raummessung

1. Das Volumen eines Quaders soll durch Ausmessen von Länge, Breite und Höhe bestimmt werden: Länge = (11,40 ± 0,02) cm, Breite = (8,53 ± 0,02) cm, Höhe = (4,15 ± 0,02) cm.
   a) Berechne das Volumen!
   b) Gib den absoluten und relativen Fehler des Volumens an!

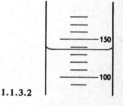
1.1.3.2

2. Wieviel cm^3 Wasser sind im abgebildeten Meßzylinder?
3. Ein Meßzylinder hat 3,6 cm inneren Durchmesser.
   a) In welcher Höhe befindet sich die Marke für 0,25 Liter?
   b) Wie weit liegen 20 cm^3-Striche auseinander?
4. Berechne den Hubraum eines 4-Zylinder-Wagens, wenn die Bohrung 60 mm (Bohrung = Durchmesser der Zylinder) und der Hub 56 mm beträgt!
5. In einem Meßzylinder sind 87,5 cm^3 Wasser. Bringt man 45 Schrotkugeln gleicher Größe hinein, dann steigt das Wasser auf 92,7 cm^3.
   a) Berechne das Volumen einer Kugel!
   b) Welchen Durchmesser haben die Kugeln?

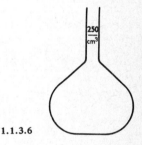
1.1.3.6

♦ 6. Welchen Vorteil und welchen Nachteil hat a) ein Meßzylinder mit kleinem und b) mit großem Querschnitt? c) Zeige, daß der sog. Titrierkolben (Abb.), wie ihn die Chemiker verwenden, die Nachteile beider vermeidet, dafür aber einen anderen Nachteil aufweist!

♦ 7. Als Regenmesser benutzt man häufig nicht gewöhnliche Meßzylinder, sondern solche, die unten einen geringeren Querschnitt haben und außerdem einen Trichter (Abb.). Gib für beides eine Begründung an!

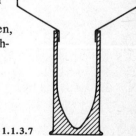
1.1.3.7

8. Mit welcher Geschwindigkeit fließt Wasser aus einer Öffnung der Fläche 2,5 cm², wenn in einer halben Stunde 0,6 m³ Wasser ausfließen?

1.1.4. Masse und Gewichtskraft

1. Warum muß man bei der Festlegung der Maßeinheit der Gewichtskraft auch die geographische Breite berücksichtigen?
2. Ein Körper mit der Masse 1 kg wiegt am Äquator 9,78 N, am Pol 9,84 N.
   a) Berechne die Masse eines Körpers, der am Äquator die Gewichtskraft 500 N erfährt!
   b) Berechne die Masse eines Körpers, der am Pol die Gewichtskraft 348 N erfährt!
   c) Welche Gewichtskraft erfährt ein Körper der Masse 13,40 kg am Pol?
   d) Um wieviel Prozent ändert sich die Gewichtskraft einer Masse, wenn man sie vom Pol zum Äquator bringt?
3. Wie verändern sich bei einer Weltraumfahrt von der Erde zum Mond Masse und Gewichtskraft eines Gegenstandes im Raumschiff?
4. Jemand kauft a) in Libreville (am Äquator), b) in Hammerfest (sehr weit nördlich) 1 kg Mehl. Der Händler wiegt in beiden Fällen mit einer in Deutschland hergestellten und geeichten Federwaage ab. Was ist über die Menge des erhaltenen Mehles in beiden Fällen zu sagen?
5. An einem Körper der Masse 1 kg greift auf dem Mond die Gewichtskraft 1,7 N, auf dem Jupiter die Gewichtskraft 25 N an.
   a) Welche Masse hat ein Körper, der am Mond eine Gewichtskraft von 1300 N erfährt?
   b) Wie schwer wäre ein Mensch von 75 kg auf dem Jupiter?
   ◆ c) Wie groß wäre der Rekord im beidarmigen Heben auf dem Mond, wenn er auf der Erde 185,5 kg beträgt?
6. Eine Balkenwaage hat eine Skala mit 20 Teilstrichen. Läßt man die Waage ohne Belastung schwingen, so kehrt der Zeiger bei folgenden Teilstrichen um: 3,2 | 6,8 | 3,4 | 6,7 | 3,5. Belastet man die rechte Waagschale mit 20 mg, dann erhält man folgende Umkehrpunkte: 14,3 | 19,8 | 14,5 | 19,6 | 14,7. Berechne hieraus die Empfindlichkeit der Waage in Skalenteilen/mg!

1.1.5. Dichte und Wichte

1. Berechne die fehlenden Angaben:

	Masse m	Volumen V	Dichte ρ
a)	1,53 kg	0,350 dm³	?
b)	3,7 g	?	8,5 g/cm³
c)	15 t	4,8 m³	?
d)	? mg	28 mm³	2,7 g/cm³
e)	50,0 kg	?	16,3 kg/dm³
f)	?	6,85 cm³	19,2 g/cm³
g)	3,2 mg	0,00053 cm³	?

2. Stelle die Masse eines Aluminiumstückes ($\rho = 2,7$ g/cm³) in Abhängigkeit vom Volumen graphisch dar! Abszisse: 10 cm³ ≙ 1 cm; Ordinate: 20 g ≙ 1 cm.

Aufgaben Kapitel 1

3. Ein Quader aus Messing ist 5,3 cm lang, 3,2 cm breit und 2,6 cm hoch. Seine Masse beträgt 379 g. Berechne die Dichte von Messing!

4. Welches Volumen hat ein Aluminiumklotz ($\rho = 2{,}7$ g/cm^3) mit der Masse 5 kg?

5. Welche Masse hat eine Eisscholle von 6 m Länge, 5 m Breite und 30 cm Dicke ($\rho = 0{,}92$ g/cm^3)? Welche Masse hat das gleiche Volumen Meerwasser ($\rho = 1{,}025$ g/cm^3)?

6. Ein Metallstück der Masse 238 g wird in einen Standzylinder von 5,0 cm inneren Durchmesser getaucht. Der Wasserspiegel steigt dabei um 45 mm. Welche Dichte hat das Metall?

7. Ein Pyknometer wiegt leer 38,4 g, mit Wasser gefüllt 119,7 g, mit Spiritus gefüllt 103,1 g. Berechne hieraus die Dichte von Spiritus!

8. Ein 8 cm langer und 5 cm breiter Streifen aus Blattgold ($\rho = 19{,}2$ g/cm^3) hat die Masse 384 mg. Wie dick ist die Goldschicht?

9. Jemand hat 7 kg Quecksilber ($\rho = 13{,}6$ g/cm^3). Hat es in einer $\frac{1}{2}$-Liter-Flasche Platz? Begründe die Antwort!

10. Zur Bestimmung der inneren lichten Weite (= des inneren Durchmessers) einer Kapillare bringt man etwas Quecksilber hinein. Der entstehende Quecksilberfaden hat eine Länge von 13,4 cm, seine Masse beträgt 3,04 g. ($\rho = 13{,}6$ g/cm^3).
    a) Berechne den Querschnitt der Kapillare!
    b) Wie groß ist die lichte Weite?

11. Welche Gewichtskraft übt eine 76 cm hohe Quecksilbersäule ($\gamma = 133{,}4$ N/dm^3) von 1 cm^2 Querschnitt aus?

12. Wieviel Kupfer braucht man für ein Kabel von 5 km Länge und 1 cm Durchmesser? ($\rho = 8{,}80$ g/cm^3).

13. Das Urkilogramm ist ein Zylinder von 39 mm Durchmesser und 39 mm Höhe. Berechne seine Dichte!

14. Eine Kugel hat die Masse $(485{,}4 \pm 0{,}1)$ g und den Durchmesser $(4{,}83 \pm 0{,}02)$ cm.
    a) Berechne die Dichte! b) Gib den relativen Fehler an!

15. Kann man eine Korkkugel von 1 m Durchmesser (Dichte = 0,24 kg/dm^3) noch tragen?

16. Eine Glaskugel mit zwei Hähnen (Abb.) wiegt mit Luft 2,634 N, wenn sie evakuiert ist 2,622 N, mit Wasser gefüllt 12,714 N. Berechne die Wichte der Luft!

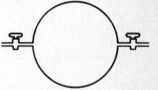

1.1.5.16

17. Berechne die Masse der Luft (Dichte = 1,14 g/dm^3) in einem Zimmer von 4,2 m Länge, 3,9 m Breite und 2,8 m Höhe!

♦ 18. Legt man eine Schraube in ein Pyknometer und füllt es mit Wasser auf, dann ist die gesamte Masse 131,4 g. Die Masse des nur mit Wasser gefüllten Pyknometers beträgt 126,8 g, die Masse der Schraube 5,32 g. Berechne die Dichte der Schraube!

♦ 19. Den reziproken Wert der Dichte ρ, nämlich $v = \frac{1}{\rho}$ bezeichnet man als spezifisches Volumen. Was besagt die Angabe $v = 0{,}5$ cm^3/g ?

♦ 20. Der Eiffelturm ist 300 m hoch und hat die Masse 9000 Mg = 9000 t. Berechne die Masse eines Modells von 30 cm Höhe, das aus denselben Baustoffen hergestellt ist!

Aufgaben Kapitel 1

1.2. Statik der festen Körper

1.2.1. Federwaage

1. Die Dehnung einer Federwaage wird in Abhängigkeit von der Belastung gemessen. Dabei ergeben sich folgende Werte:

Kraft	0,10	0,20	0,30	0,40	0,50	0,60	N
Verlängerung	2,6	5,3	7,9	10,4	12,8	15,7	cm

   a) Stelle die Verlängerung in Abhängigkeit von der Kraft graphisch dar! (Abszisse: 1 cm $\triangleq$ 0,05 N; Ordinate: 1 cm $\triangleq$ 1 cm).
   b) Welche Kraft ist für eine Verlängerung von 8,3 cm nötig?
   c) Welche Verlängerung bewirkt eine Kraft von 0,43 N?
   d) Berechne die Federkonstante (Kraft/Verlängerung)!
   e) Berechne die Weichheit der Feder (Verlängerung/Kraft)!
   f) Warum ist folgende Frage unsinnig: Welche Verlängerung wird durch eine Kraft von 50 N hervorgerufen?

2. Eine Federwaage wurd durch eine Belastung von 0,25 N um 6,0 cm verlängert. Welche Dehnung wird durch eine Belastung von 0,15 N hervorgerufen?

3. Eine Federwaage wird, wie durch Messung festgestellt wurde, um 12,0 cm länger, wenn man sie mit 6 N belastet. Sie soll nun direkt in Newton geeicht werden. Zeichne die Skala im Bereich von 0 bis 5 N, und zwar von 0,50 zu 0,50 N!

♦ 4. Eine Feder hat die Federkonstante 2 N/m, eine andere Feder 5 N/m. Welche Federkonstante ergibt sich, wenn man beide Federn hintereinander hängt?

5. Eine unbelastete Feder ist 20 cm lang. Bei Belastung mit 0,60 N ergibt sich eine gesamte Federlänge von 50 cm. Mit welcher Kraft muß man an der Feder ziehen, um sie auf die dreifache Länge auszuziehen?

6. An eine Federwaage wird ein Körper von 0,600 kg Masse angehängt. Sie wird dabei um 36,00 cm länger.
   a) Berechne die Verlängerung der Federwaage für denselben Fall am Äquator!
   b) Berechne die Verlängerung am Nordpol!
   Beachte: Ein Körper der Masse 1 kg wiegt am Äquator 9,78 N, am Nordpol 9,84 N.

1.2.2. Reibung

1. Zur Bestimmung der Reibungszahl μ wird (Abb.) eine Meßreihe durchgeführt:

Gewichtskraft G	1	2	3	4	5	6	N
Reibungskraft R	0,26	0,51	0,80	1,05	1,32	1,55	N

   a) Stelle die Reibungskraft R in Abhängigkeit von der Gewichtskraft G graphisch dar! (Abszisse: 1 cm $\triangleq$ 1 N; Ordinate: 1 cm $\triangleq$ 0,20 N).
   b) Berechne die mittlere Reibungszahl μ!

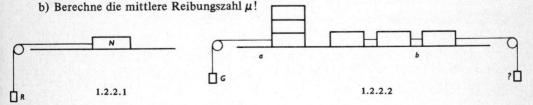

1.2.2.1   1.2.2.2

Aufgaben Kapitel 1

♦ 2. Drei Klötze, von denen jeder die Masse m hat, liegen übereinander (Abb. a). Hängt man an den Faden das Gewichtsstück G, dann wird die Reibung überwunden. Welche Gewichtskraft ist nötig, wenn die Klötze hintereinander (Abb. b) hängen? Begründung der Antwort!

3. Eine Feder wird um 15 cm länger, wenn man einen Holzklotz anhängt. Zieht man den Holzklotz mit derselben Feder über den Tisch, so wird sie dabei um 3,3 cm länger.
   a) Berechne hieraus die Reibungszahl!
   b) Was beobachtet man zu Beginn der Bewegung?

4. Die Reibung eines Wagens auf einer Straße beträgt 2,5 %.
   a) Welche Zugkraft ist zur Bewegung des 5000 N schweren Wagens nötig?
   b) Welche Last kann noch aufgelegt werden, wenn die Zugkraft 800 N nicht überschreiten soll?

♦ 5. Die Reibungszahl für gleitende Reibung von Eisen auf Eisen ist 0,2, für rollende Reibung 0,005. Welchen Bruchteil an der gesamten Gewichtskraft des Zuges muß die Lokomotive (Antrieb auf allen Achsen) mindestens haben?

♦ 6. Bei Güterzuglokomotiven werden meist alle Räder angetrieben, während bei Schnellzugslokomotiven nur ein Teil davon angetrieben wird. Begründung?

♦ 7. Zeige Beispiele, in denen die Reibung a) unerwünscht, b) notwendig ist!

♦ 8. Warum ist ein Pfahl um so schwerer aus der Erde zu ziehen, je tiefer er steckt, obwohl doch die Reibung von der Fläche unabhängig ist?

♦ 9. Beim Anfahren eines langen und schweren Güterzuges ist manchmal folgendes zu bemerken: Der Lokomotivführer fährt zuerst etwas zurück, so daß die Kupplungen durchhängen. Erst dann fährt er nach vorne. Warum ist diese Maßnahme zweckmäßig?

♦ 10. Ein Körper mit der Masse 1 kg wiegt auf dem Mond 1,7 N, auf dem Jupiter 25 N.
   a) Welche Kraft ist auf der Erde nötig, um einen Klotz von 3 kg Masse auf einer ebenen Unterlage (Reibungszahl 0,2) zu ziehen?
   b) Berechne die zum Ziehen auf derselben Unterlage nötige Kraft auf dem Mond und auf dem Jupiter!

1.2.3. Kräfteparallelogramm

1. Bei einem Wettkampf ziehen zwei Parteien zu je drei Personen in entgegengesetzter Richtung an einem Seil. Die Partei A mit den Kräften 370, 320 und 280 N, die Partei B mit den Kräften 250, 400 und 320 N.
   a) Welche Partei gewinnt?
   b) Welche Belastung muß das Seil dabei aushalten?

2. Was zeigt ein Kraftmesser an, an dem links und rechts mit einer Kraft von je einem N gezogen wird?

3. In folgenden Aufgaben sind die gesuchten Größen 1. durch Zeichnung und 2. durch Rechnung zu bestimmen:

Gegeben			Gesucht
a) $F_1 = 3{,}0$ N,	$F_2 = 4{,}0$ N,	$\sphericalangle(F_1 F_2) = 90°$	R; $\sphericalangle(F_1 R)$
b) $F_1 = 120$ N,	$F_2 = 150$ N,	$\sphericalangle(F_1 F_2) = 90°$	R; $\sphericalangle(F_2 R)$
c) $R = 400$ N,	$\sphericalangle(F_1 R) = 30°$,	$\sphericalangle(F_2 R) = 60°$	F_1 und F_2

Gegeben			Gesucht
d) $R = 250$ N,	$\angle(F_1 R) = 25°$,	$\angle(F_2 R) = 65°$	F_1 und F_2
e) $F_1 = 50$ N,	$F_2 = 40$ N,	$R = 70$ N.	$\angle(F_1 F_2)$

4. Suche a) durch Zeichnung, b) durch Rechnung die Kraft, die zusammen mit den beiden Kräften $F_1 = 20$ N und $F_2 = 40$ N ($\angle(F_1 F_2) = 30°$), die Resultierende Null ergibt!

5. Auf einen Punkt wirken drei Kräfte, nämlich 5, 6 und 7 N. Welche Winkel schließen die einzelnen Kräfte miteinander ein, wenn Gleichgewicht herrscht?

6. Die Kraft 8 N soll so in zwei Komponenten zerlegt werden, daß diese senkrecht aufeinander stehen und die eine 5 N groß ist. Bestimme a) durch Zeichnung und b) durch Rechnung die andere Kraft und den Winkel, den die beiden Kräfte mit der ursprünglichen Kraft von 8 N bilden!

7. Ein Gemälde ist in der angegebenen Weise (Abb.) aufgehängt. Die Punkte A und B haben 1 m Abstand, der Draht ist 5 m lang. Bestimme die Zugkraft im Seil, wenn das Gemälde 250 N wiegt!

8. Eine Straßenlampe wiegt 500 N und wird von zwei Masten von 20 m Höhe und 21 m Entfernung in 16 m Höhe getragen. Bestimme a) durch Zeichnung und b) durch Rechnung die Zugkraft in den Drähten, wenn die Lampe von dem einen Mast 7 m und von dem anderen 14 m entfernt ist!

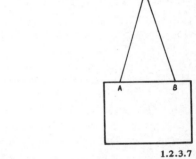

1.2.3.7

9. Zwei Seile (6 und 8 m lang) werden in einer Entfernung von 10 m an der Decke befestigt, an ihren freien Enden zusammengebunden und mit einem Gewichtsstück von 60 N belastet. Bestimme die Zugkraft in beiden Seilen

10. Eine 250 N schwere Lampe hängt (Abb.) in 4,5 m Höhe in der Mitte zwischen einem Mast und einer Hausmauer. Der Mast ist durch ein Drahtseil verspannt. $AC = BD = 6$ m, $CD = 8$ m, $DE = 4$ m.
a) Bestimme durch Zeichnung (1 cm $\triangleq$ 100 N) die Kräfte in den Drähten FA und FB!
b) Zerlege die Kraft, die bei A auf die Mauer wirkt, in eine Komponente senkrecht zur Mauer und in eine Komponente in Richtung der Mauer!
c) Mit welcher Kraft wird das Seil BE belastet?

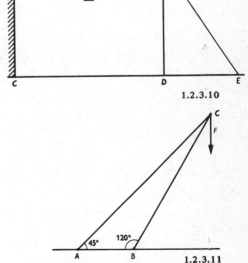

1.2.3.10

11. a) Welche Kräfte treten in den Stäben AC und BC (Abb.) auf, wenn bei C eine Kraft $F = 200$ N angreift und $AB = 3$ cm ist. Für die Zeichnung: 1 cm $\triangleq$ 100 N.
b) Welcher der beiden Stäbe könnte durch ein Seil ersetzt werden? Begründung!

1.2.3.11

Aufgaben Kapitel 1

12. ABC ist ein aus drei Stäben ($AB = 7$ m, $BC = 4$ m, $AC = 6$ m) zusammengesetztes Dreieck (Abb.) In C wirkt die Kraft 4 N senkrecht zu AB.
    a) Bestimme die Kräfte in den Stäben durch Zeichnung (1 cm $\triangleq$ 1 N)!
    ◆ b) Zeige durch Zeichnung, daß auf den Stab AB in A und B dieselbe Zugkraft nach links bzw. rechts wirkt und begründe dies auch durch das Prinzip von Kraft und Gegenkraft!
    c) Berechne sämtliche Kräfte!
    d) Wie groß ist die Summe der Auflagekräfte in A und B? Das Gewicht der Stäbe kann vernachlässigt werden.

◆ 13. In Punkt A wird an die gespannte Schnur (Abb.) ein Gewichtsstück von 0,80 N gehängt. Zeichne die Lage der Schnüre, die sie einnehmen werden, wenn sich nach dem Anhängen wieder Gleichgewicht eingestellt hat.

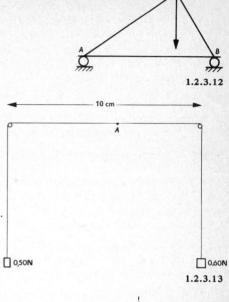

14. Auf einen Körper, dessen Gewichtskraft zu vernachlässigen ist, wirkt eine Kraft von 5 N. (Abb.)
    a) Kommt der Körper zum Gleiten, wenn die Reibungszahl $\mu = 0,3$ und $\alpha = 30°$?
    b) Bestimme durch Zeichnung den Winkel α, bei dem der Körper gerade noch in Ruhe bleibt!

15. Um die Wand zu stützen, wird der Balken (Abb.) durch einen Keil ABC ($AB = 0,8$ dm, $BC = 2$ dm) hochgetrieben. Senkrecht zur Fläche AB wirkt die Kraft $F = 200$ N. Wie groß ist die Kraft auf den Balken und die Kraft auf den Boden? (Für die Zeichnung: 1 cm $\triangleq$ 100 N).

16. Ein Keil (Seiten 20 cm, Rücken 5 cm) wird mit einer Kraft von 500 N in einen Baumstamm getrieben.
    a) Welche Kraft üben die beiden Seiten des Keiles auf das Holz aus?
    b) Mit welcher Kraft wird das Holz auseinandergedrückt?
    c) Welche Kraft muß auf den Keil wirken, damit sich beim Spalten die Kraft 5 kN ergibt?

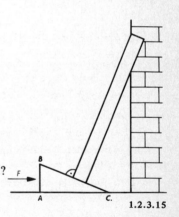

1.2.4. Schiefe Ebene

1. Auf einer schiefen Ebene mit einem Neigungswinkel von 30° wird eine Last von 5 N durch einen zur schiefen Ebene parallelen Faden festgehalten.
    a) Wie groß ist die Zugkraft im Faden?
    b) Bestimme die Normalkraft auf die schiefe Ebene!
    c) Wie groß werden Zugkraft und Normalkraft bei einem Neigungswinkel von 20°?

2. Auf der Insel Capri kann man vom Hafen zur Ortschaft Capri mit der sog. „Funicolare" fahren: Zwei Wagen sind durch ein Drahtseil verbunden, das über eine Antriebsrolle läuft (Abb.). Berechne die Zugkraft im Seil, wenn man annimmt, daß ein Wagen 16 kN wiegt und jeder Wagen 20 Personen mit einer mittleren Gewichtskraft von 700 N befördert!

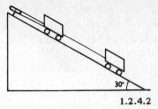

1.2.4.2

3. Die Normalkraft auf eine schiefe Ebene ist 3/4 der Last. Bestimme den Neigungswinkel!
4. Auf einer schiefen Ebene mit dem Neigungswinkel α liegt ein Körper. Wie groß muß die Reibungszahl μ mindestens sein, damit der Körper nicht gleitet?
5. Ein 160 N schwerer Schlitten wird einen 41 m langen und 9 m hohen Hang hinaufgezogen.
   a) Berechne Hangabtrieb und Normalkraft!
   b) Welche Kraft braucht man zum Hinaufziehen, wenn die Reibungszahl $\mu = 0,1$ beträgt?
   c) Fängt der Schlitten von selbst zu gleiten an, wenn man ihn losläßt?

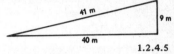

1.2.4.5

6. Eine 120 m lange Straße steigt um 18 m an, auf ihr steht ein 42 kN schwerer Lastwagen.
   a) Zeichne ein Bild der Straße in geeignetem Maßstab!
   b) Welche Kraft ist erforderlich, um ein Abwärtsrollen des Lastwagens zu verhindern? (Ohne Reibung).
7. Ein Lastzug mit der Gewichtskraft 50 kN fährt eine Straße mit 4 % Steigung aufwärts. Welche Zugkraft hat der Motor, wenn die Reibungskraft 3 % der Gewichtskraft beträgt?
8. Eine schiefe Ebene von 10 % Steigung wird um einen Zylinder von 4 cm Durchmesser gewickelt. Welche Ganghöhe hat die dadurch entstandene Schraubenlinie?

1.3. Arbeit und Leistung

1.3.1. Arbeit

1. Ein Kran hebt eine Last von 5 kN um 20 m. Berechne die verrichtete Arbeit!
2. Welche Arbeit ist nötig, um aus sechs Steinwürfeln von 40 cm Kantenlänge (Dichte = 2,8 kg/dm³) eine Säule zu errichten?
3. Ein Pferd zieht einen 25 kN schweren Wagen auf horizontaler Straße 5 km weit. Berechne die verrichtete Arbeit, wenn die Reibungszahl 0,02 beträgt!
4. Ein 400 N schweres Bierfaß wird an einer schiefen Ebene mit dem Neigungswinkel 30° hochgerollt. Wie groß ist die dabei verrichtete Arbeit, wenn die Länge der schiefen Ebene 4,8 m beträgt und von der Reibung abgesehen wird?
5. Ein Wagen mit der Gewichtskraft 30 kN fährt auf einer 2 km langen Straße auf den Gipfel eines 200 m hohen Berges. Die Reibung beträgt 1/50 der Gewichtskraft. Berechne a) die Nutzarbeit, b) die Reibungsarbeit und c) die gesamte Arbeit!

Aufgaben Kapitel 1

1.3.2. Leistung

1. Ein Kran hebt eine Last von 15 kN in zwei Minuten 16,0 m hoch. Berechne die Leistung!
2. Ein 5-kW-Motor treibt einen Kran, mit dem eine Last von 6 kN um 50 m gehoben wird. Berechne die dazu nötige Zeit!
3. Welche Arbeit verrichtet eine Maschine mit der Leistung 20 kW in einer Stunde?
4. Wieviel m^3 Wasser fördert eine Pumpe bei 2 kW Leistung in 24 Stunden aus einer 6 m tiefen Baugrube?
5. Wie viele Treppenstufen von je 18 cm Höhe müßte ein Schüler, der 400 N wiegt, in einer Sekunde steigen, damit er 1 kW leistet?
6. Die Seilbahn auf den Predigtstuhl trägt in 6,5 Minuten eine Kabine 1150 m hoch. Berechne die Leistung, wenn die Kabine (1400 N) mit 6 Personen (mittlere Gewichtskraft 670 N) besetzt ist!
7. Eine Aufzugskabine mit der Gewichtskraft von 12 kN steigt mit einer Geschwindigkeit von 0,75 m/s. Berechne die Leistung!
8. Zwei Pferde ziehen einen Wagen von 5630 N in 16 Minuten 1,03 km weit. Berechne Arbeit und Leistung, wenn die Reibungszahl 0,03 beträgt!
9. Ein 10 000 N schweres Auto hat eine Leistung von 30 kW. Mit welcher Geschwindigkeit kann es die Bergstraße der Abb. emporfahren? Reibung und Luftwiderstand sollen dabei vernachlässigt werden!
10. Ein 6000 N schwerer Wagen befindet sich auf einer Straße von 4 % Steigung. Die Reibung beträgt 3 % der Gewichtskraft.
    a) Welche Kräfte wirken an ihm, wenn er aufwärts gezogen wird und wie groß sind sie?
    b) Wieviel W leistet das Zugpferd, das mit 0,8 m/s zieht?
11. Am Unfang der Riemenscheibe eines Motors mit 20 cm Radius wirkt eine Kraft von 300 N. Bestimme die Leistung des Motors bei 900 Umdrehungen/Minute!

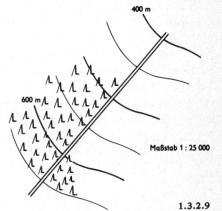

1.3.2.9

1.3.3. Wirkungsgrad

♦ 1. Warum kann der Wirkungsgrad η einer Maschine nie größer als 1 sein?
2. Eine Mühle wird durch eine Turbine mit einem Wirkungsgrad von 0,8 betrieben. Wieviel Wasser muß der Anlage in jeder Sekunde zugeführt werden, wenn das Gefälle 4 m beträgt und die Mühle zum Betrieb eine Leistung von 15 kW benötigt?
♦ 3. Ein Wasserrad mit einem Wirkungsgrad von 0,6 treibt eine Wasserpumpe von 0,8 Wirkungsgrad.
    a) Berechne den Wirkungsgrad der gesamten Anlage! b) Begründe die Antwort!
♦ 4. Eine Turbine mit dem Wirkungsgrad η_1 treibt eine Transmission mit dem Wirkungsgrad η_2. Durch diese wird ein Aufzug mit dem Wirkungsgrad η_3 betrieben. Berechne den gesamten Wirkungsgrad!

1.4. Anwendungen der Statik

1.4.1. Hebelgesetz

1. Bestimme die fehlenden Größen der Tabelle!

	F_1	l_1	F_2	l_2	F_3	l_3	M_1	M_2
a)	50 N	1,4 m	30 N	?	—	—	?	?
b)	?	24 cm	0,75 N	18 cm	—	—	?	?
c)	52 N	?	?	2,0 m	—	—	13 Nm	?
d)	40 N	50 cm	25 N	10 cm	12 N	?	?	?
e)	?	2,50 m	2,50 N	40,0 cm	5,00 N	1,20 m	?	?

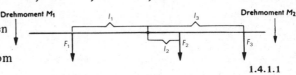

2. Am linken Arm eines Hebels wirken die Kräfte 20, 40 und 60 N in den Abständen 5,0, 4,0 und 3,0 m vom Drehpunkt, am rechten 120 und 140 N in den Abständen 6,0 m und 8,0 m. Welcher Arm hat das Übergewicht? Durch welche Kraft in 7,0 m Abstand wird Gleichgewicht hergestellt?

3. Mittels einer 2,5 m langen Eisenstange soll ein 2400 N schwerer Schrank gehoben werden. Die Länge des Lastarmes beträgt dabei 30 cm. Welche Kraft ist dazu erforderlich, wenn man die Stange a) als zweiarmigen Hebel und b) als einarmigen Hebel verwendet und die Kraft jedesmal senkrecht am Ende der Stange wirkt?

4. An einem zweiarmigen Hebel hängt links eine Last von 300 N in 40 cm Entfernung vom Drehpunkt. Am rechten Ende A des Hebelarmes wirkt eine Kraft F in einem Abstand von 120 cm vom Drehpunkt. Der Hebel wird so gedreht, daß die Last um 0,5 cm gehoben wird.
a) Welche Arbeit wird dabei verrichtet?
b) Welchen Weg legt dabei Punkt A zurück?
c) Berechne F aus dem Hebelgesetz!
d) Zeige, daß die auf der rechten Seite verrichtete Arbeit gleich der auf der linken Seite gewonnenen Arbeit ist!

5. Die Zylinderkopfschrauben eines Kraftwagens sollen mit einem Drehmoment von 38 Nm festgezogen werden.
a) Welche Kraft ist bei einem 60 cm langen Schraubenschlüssel notwendig?
b) Welches Drehmoment erhält man bei demselben Schlüssel durch eine Kraft von 150 N?

6. Warum wird die Reibung bei Anwendung des Rades (Abb.) wesentlich geringer als beim Gleiten, obwohl in der Achse gleitende Reibung stattfindet?

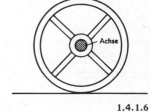

7. In welchem Abstand vom Drehpunkt D muß die Kraft F angreifen, damit der Hebel im Gleichgewicht ist? (Abb.)

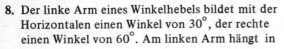
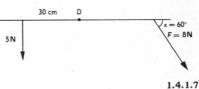

8. Der linke Arm eines Winkelhebels bildet mit der Horizontalen einen Winkel von 30°, der rechte einen Winkel von 60°. Am linken Arm hängt in

Aufgaben Kapitel 1

1,2 m Abstand vom Drehpunkt eine Last von 50 N. In welchem Abstand stellt die Belastung von 100 N am rechten Arm Gleichgewicht her?

9. Die Abb. zeigt eine Scheibe zur Demonstration von Drehmomenten. Welche Kraft zeigt der Kraftmesser an?

♦ 10. Das Schneidemesser ist um Punkt P drehbar. In welcher Richtung muß bei A die Kraft angreifen, damit die größte Wirkung erzielt wird?

♦ 11. Warum befestigt man das Gegengewicht am Schlagbaum meist unsymmetrisch (Abb.)?

✗ 12. Eine Schnellwaage (Abb.) hat ein Laufgewichtsstück von 10 N, die Waagschale wiegt 5 N und ist 24 cm vom Drehpunkt entfernt. Der Hebel ist im Gleichgewicht, wenn man Waagschale und Laufgewicht entfernt. Zeichne die Schnellwaage im Maßstab 1 : 10 und trage die Stellungen des Laufgewichtes für 0, 5, 10, 15, 20 und 25 N Belastung ein!

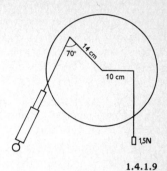

1.4.1.9

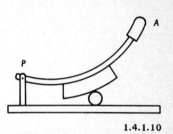

1.4.1.10

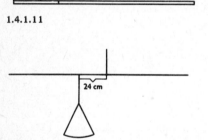

1.4.1.11

1.4.1.12

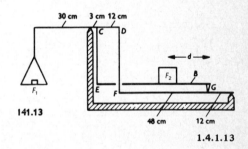

141.13

1.4.1.13

♦ 13. Eine Dezimalwaage hat die in Abb. angegebenen Maße. Zeige:
 a) Für $F_1 = F_2/10$ ist sie im Gleichgewicht!
 b) Die Brücke B bewegt sich parallel zu sich selbst auf und ab.
 c) Es ist gleichgültig, wo die Last F_2 liegt; d. h. die Beziehung $F_1 = \dfrac{F_2}{10}$ gilt für alle d.

14. Bei der Balkenwaage muß man zum Wägen Gewichtsstücke auflegen. Warum ist dies bei der Briefwaage nicht nötig? Was wird in diesem Fall verändert?

15. Die Spindel einer Schraubenpresse hat die Ganghöhe 12 mm. Sie wird durch einen Hebel von 40 cm Länge mit der Kraft 200 N gedreht. Welche Kraft über die Presse aus?

16. Die Tretkurbel eines Fahrrades ist 17 cm lang, das hintere Rad hat 36 cm Radius; das vordere Kettenrad besitzt 46 Zähne und das hintere Kettenrad 20 Zähne.
 a) Welchen Weg legt das Rad bei einer Umdrehung der Tretkurbel zurück?
 b) Mit welcher Kraft bewegt sich das Rad nach vorne, wenn man auf eine Kurbel in günstigster Stellung mit der Kraft 200 N tritt?

Aufgaben Kapitel 1

* 1.4.2. Parallele Kräfte

1. Eine Hebelstange (Abb.) mit 0,40 N Gewichtskraft hängt an einem Kraftmesser!
   a) Berechne F_2 so, daß der Hebel im Gleichgewicht ist!
   b) Welche Kraft F_3 zeigt der Kraftmesser an?

2. Bestimme Betrag und Wirkungslinie der Ersatzkraft zweier paralleler Kräfte von 8 N und 5 N, die einen Abstand von 2,6 m haben!

3. Bestimme (Abb.) a) den Betrag der Resultierenden, b) die Entfernung ihrer Wirkungslinie von Punkt A!

4. Eine Brücke mit der Gewichtskraft 94 kN hat eine Länge von 14 m (Abb.). Auf ihr steht ein 40 kN schwerer Lastwagen. Berechne die Auflagekräfte in den Punkten M und N!

5. Zwei Arbeiter tragen an einer 1,8 m langen Stange eine 1350 N schwere Last, die so angehängt ist, daß sie dem einen um 20 cm näher ist als dem anderen. Mit welcher Kraft hat jeder zu tragen?

6. In den Ecken A, B und C eines beliebigen Dreieckes greifen senkrecht zu dessen Fläche drei parallele Kräfte von je 100 N an. Bestimme die Resultierende und ihren Angriffspunkt!

7. Eine kreisförmige Metallplatte (Abb.) mit 30 cm Radius und 240 N Gewichtskraft ist in den Punkten F, G und H unterstützt. Welche Last hat jede Stütze zu tragen?

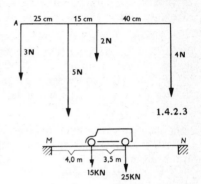
1.4.2.1

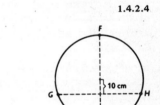
1.4.2.3

1.4.2.4

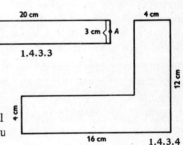
1.4.2.7

1.4.3. Schwerpunkt

1. Zeichne ein beliebiges Viereck und bestimme durch Konstruktion seinen Schwerpunkt!

2. Ein gleichschenkliges Dreieck ist aus dünnen Stäben zusammengesetzt. Die Basis mißt 10 cm, die Schenkel 13 cm. Bestimme a) rechnerisch und b) durch Zeichnu den Schwerpunkt!

3. Welche Entfernung von Punkt A hat der Schwerpunkt des abgebildeten gebogenen Drahtes?

4. a) Ermittle den Schwerpunkt des in der Abbildung dargestellten Winkelstückes!
   b) Schneide das Winkelstück aus Karton aus und prüfe das Ergebnis durch Versuch nach!

5. Berechne den Abstand des Schwerpunktes von Punkt A (Abb.), wenn die Figur a) aus Blech ausgeschnitten ist, b) aus Draht gebogen ist!

1.4.3.3

1.4.3.4

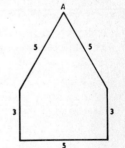
1.4.3.5

Aufgaben Kapitel 1

6. An einer 120 cm langen und 38 N schweren Stange befindet sich am linken Ende ein 125 N schwerer, am rechten Ende ein 26 N schwerer Körper. Welchen Abstand vom rechten Ende hat der Schwerpunkt des gesamten Systems?

7. Ein Blechwürfel besteht aus fünf quadratischen Flächen der Kantenlänge a. Oben ist er offen. In welcher Höhe über der Grundfläche liegt der Schwerpunkt?

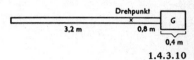

1.4.3.10

8. Ein Auto wird mit den Vorderrädern auf eine Waage gestellt. Sie zeigt 7500 N an. Stehen die Hinterräder auf der Waage, dann zeigt sie 2000 N. In welcher Entfernung von der Vorderachse befindet sich der Schwerpunkt des Autos, wenn der Achsenabstand 3,20 m beträgt?

9. Der Schwerpunkt eines 7 m langen Baumstammes (Gewichtskraft 1 kN) ist 3 m vom dickeren Ende entfernt.
   a) Der Baumstamm wird von zwei Arbeitern an den Enden getragen. Welche Kraft muß jeder aufwenden?
   b) In welcher Entfernung vom dünneren Ende muß der eine Arbeiter tragen, damit jeder mit gleicher Kraft trägt?

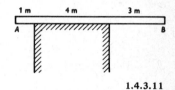

1.4.3.11

10. An der gezeichneten, 4 m langen und 250 N schweren Stange ist ein „Gegengewicht" G befestigt. Wie schwer muß G sein, damit Gleichgewicht herrscht?

11. Ein 400 N schwerer Balken liegt auf einer Rampe (Abb.). Berechne die Kraft, die nötig ist, den Balken a) bei A zu heben, b) bei A zu drücken, c) bei B zu heben, d) bei B zu drücken!

12. Welche Last L darf man an das Stativ in der Abb. höchstens anhängen, damit es nicht kippt? Die Gewichtskräfte betragen für die Grundplatte 15 N, die senkrechte Stange 4 N, die waagrechte Stange 2 N.

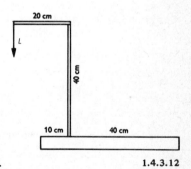

1.4.3.12

* 1.4.4. Gleichgewicht und Standfestigkeit

1. Welche Gleichgewichtslage hat ein zylindrischer Körper, der a) mit seiner Grundfläche, b) mit seiner Mantelfläche auf einer horizontalen Unterlage liegt?

♦ 2. Eine Kugel besteht halb aus Holz und halb aus Eisen. Welche Arten des Gleichgewichtes sind auf einer ebenen Unterlage möglich?

♦ 3. Zu welcher Haltung wird man gezwungen, wenn man einen schweren Rucksack trägt?

Aufgaben Kapitel 1

4. Bestimme durch Konstruktion die größtmögliche Höhe des in der Abb. dargestellten Prismas, bei der es noch nicht umfällt!
5. Ein Holzquader (Abb.) ist 10 cm breit und 30 cm hoch. Bestimme durch Zeichnung den größtmöglichen Winkel α für die schiefe Ebene, bei dem der Quader noch nicht kippt!

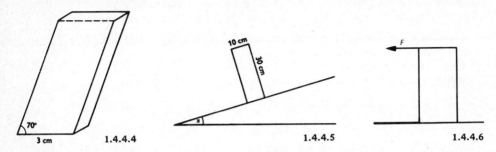

6. a) Welche Kraft F (Abb.) ist mindestens erforderlich, damit der 40 cm hohe Granitquader mit der Grundfläche 20 cm × 20 cm (Wichte = 28 N/dm^3) zu kippen beginnt?
   b) Welche Kraft ist zum Kippen nötig, wenn der Quader auf einer Seitenfläche liegt?
7. Edison prüfte einen jungen Mann, der ihm seine Dienste anbot, durch folgende Frage: Was würden Sie tun, wenn Sie auf einer unbewohnten Insel ohne irgendwelche Geräte einen Granitblock von 3 Tonnen Masse, 30 m Länge und 5 m Höhe umwerfen müßten? Die Dichte von Granit ist 3 kg/dm^3.

1.4.5. Maschinen

1. Inwiefern kann man eine feste Rolle mit einem zweiarmigen Hebel, eine lose Rolle mit einem einarmigen Hebel vergleichen?
2. Mit einem Wellrad (Radius 12 cm, Länge der Kurbel 75 cm) soll eine Last von 1500 N 20 m hoch gehoben werden.
   a) Welche Kraft muß an der Kurbel angreifen?
   b) Welchen Weg muß der Angriffspunkt der Kraft zurücklegen?
   c) Welche Arbeit wird verrichtet?
3. Dreht man die 60,0 cm lange Kurbel einer Seilwinde fünfmal mit der Kraft 200 N, so wird dadurch die Last $L = 1750$ N um 2,00 m gehoben. Wie groß ist der Wirkungsgrad der Winde?
4. Eine Last von 1200 N soll um 20,0 m gehoben werden. Welche Kraft ist aufzuwenden und welche Arbeit zu verrichten, wenn man a) eine feste, b) eine lose Rolle benutzt?
5. Warum benutzt man zum Heben von Lasten eine lose Rolle selten allein, sondern in Verbindung mit einer festen Rolle?
6. Die zwei Flaschen eines Flaschenzuges haben je drei Rollen. Mit ihm soll eine Last von 5,05 kN um 2 m gehoben werden.
   a) Zeichne diesen Flaschenzug!
   b) Wieviel Seil ist einzuholen? Begründung!
   c) Wieviel kW muß ein Motor mindestens leisten, wenn diese Last mit der Geschwindigkeit 0,5 m/s gehoben werden soll und der Wirkungsgrad der Anlage 90 % beträgt?

Aufgaben Kapitel 1

7. Ein Arbeiter kann höchstens mit der Kraft 700 N ziehen. Er soll mit Hilfe eines Flaschenzuges eine Last von 5,25 kN heben. Wie viele Rollen muß jede Flasche mindestens haben?

♦ 8. Der abgebildete Mann wiegt 600 N, der Fahrstuhl 360 N. a) Kann der Mann am Seil hochklettern? b) Welche Kraft benötigt er, um sich mit dem Fahrstuhl hochzuziehen? c) Wieviel Meter Seil laufen durch seine Hand, wenn er sich 1 m hochzieht?

* 9. Welche Kraft F braucht man (ohne Reibung!), um die Last $L = 600$ N mit Hilfe des abgebildeten Potenzflaschenzuges zu heben,
   a) wenn man die Rollen als gewichtslos annimmt?
   b) wenn jede der Rollen 40 N wiegt?

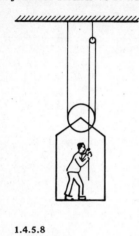

1.4.5.8

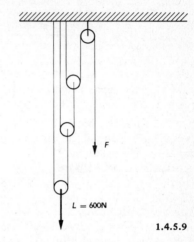

1.4.5.9

*10. Ein Potenzflaschenzug hat eine feste und lose Rollen von je 60 N Gewichtskraft.
   a) Wie viele lose Rollen müssen es mindestens sein, damit man mit weniger als 250 N Zugkraft eine Last von 1,3 kN heben kann?
   b) Berechne die Belastung jedes einzelnen Seiles!

*11. In dem abgebildeten Differentialflaschenzug zieht man bei P so viel Seil heraus, daß die oberen Rollen genau eine Umdrehung machen.
   a) Welche Arbeit wird dabei durch die Kraft F verrichtet?
   b) Um welche Strecke geht der Punkt A des Seiles nach oben?
   c) Um welche Strecke geht der Punkt B des Seiles nach unten?
   d) Um welche Strecke wird die Last L gehoben?
   e) Welche Arbeit ist dazu nötig?
   f) Berechne hieraus die Abhängigkeit der Kraft F von L, R und r!

*12. Ein Differentialflaschenzug hat oben Rollen von 20 und 18 cm Durchmesser, der Durchmesser, der unteren Rolle beträgt 19 cm.
   a) Welche Kraft ist erforderlich, um eine Last von 10 kN zu heben?
   b) Zeichne den Flaschenzug im Maßstab 1 : 5!

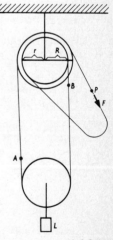

1.4.5.11

Aufgaben Kapitel 1

1.5. Statik der flüssigen und gasförmigen Körper

1.5.1. Druck

1. Vergleiche den Druck auf die Unterlage in folgenden Fällen:
   a) Ein Mann (Gewichtskraft 750 N) steht auf beiden Stiefelsohlen von je 2,8 dm² Fläche.
   b) Er steht auf 2 m langen und je 9 cm breiten Skiern.

2. Ein Marmorklotz von 30 cm mal 60 cm mal 1 m (Wichte 26 N/dm³) ruht auf einer ebenen Unterlage. Berechne für die drei möglichen Lagen den ausgeübten Druck!

3. Mit welchem Druck wirkt eine Messerschneide von 0,1 mm Breite, wenn sie auf 1 cm Länge angreift und mit 30 N belastet wird?

4. Eine Wäschepresse (Abb.) besteht aus einem Zylinder von 25 cm Durchmesser, in dem sich ein Kolben bewegt. Welche Kraft wirkt auf die Wäsche, wenn der Wasserdruck 4 bar beträgt?

5. Der kleine Kolben des abgebildeten Apparates hat die Stirnfläche 2 cm², der große 10 cm². Man drückt den kleinen Kolben gegen eine gleichbleibende Kraft von 30 N 4 cm tief in den Zylinder hinein.

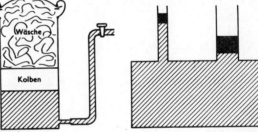

1.5.1.4   1.5.1.5

   a) Welchen Druck erfährt die Flüssigkeit?
   b) Welche Kraft wirkt auf den großen Kolben?
   c) Welchen Weg legt der große Kolben zurück?
   d) Welche Arbeit wird am kleinen Kolben verrichtet?
   e) Berechne aus Arbeit und Weg die Last, die durch den großen Kolben gehoben wird!

6. Der Kraftarm des Pumpenhebels einer hydraulischen Presse ist 80 cm, der Druckarm 10 cm lang. Der Querschnitt des Druckkolbens beträgt 10 cm², der des Preßkolbens 50 cm². Welche Kraft ergibt sich am Preßkolben, wenn am Kraftarm eine Kraft von 500 N wirkt? Fertige eine Zeichnung der Presse an!

7. Aus welchem Grund ist es bequemer, in einem weichen Bett zu liegen als auf einer harten Bank?

1.5.2. Der hydrostatische Druck

1. Welcher Eigendruck herrscht a) in 12 m Wassertiefe? b) in Quecksilber in 19 cm Tiefe? c) in Benzin in 3 m Tiefe? (Wichte von Benzin 0,71 cN/cm³).

2. In welcher Tiefe herrscht a) in Wasser ein Eigendruck von 31,45 bar? b) in Quecksilber ein Eigendruck von 0,83 bar?

3. Mit welcher Kraft drückt das Wasser in 15 m Tiefe auf die kreisförmige Ausstiegsöffnung (Durchmesser 60 cm) eines U-Bootes?

4. Prof. Piccard erreichte 1953 im Mittelmeer eine Tauchtiefe von 3 150 m. Wie groß ist dort der Druck? (Wichte von Meerwasser 10,0 N/dm³).

Aufgaben Kapitel 1

5. Der Hochbehälter der Münchner Wasserversorgung liegt 583 m über NN, die Stadtmitte 518 m über NN.
   a) Wie groß ist der Wasserdruck in einem Straßenhydranten in der Stadtmitte?
   b) Wie groß ist er im 3. Stock eines Hauses 12 m über der Straße?
   c) Welche Kraft übt dort das Wasser auf die Öffnung eines Rohres mit Innendurchmesser 1/2 Zoll? (1 Zoll = 25,4 mm)

6. Welche Menge Wasser muß man in den gezeichneten Fällen a) und b) eingießen, bis das Blättchen abfällt? Begründung! (Gewichtskraft und Volumen des Blättchens können vernachlässigt werden.)

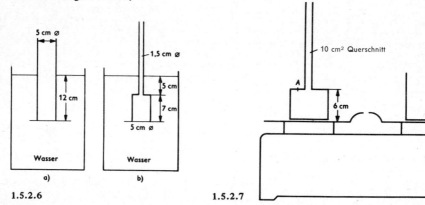

1.5.2.6   1.5.2.7

♦ 7. Auf einer Waage stehen die in der Abb. dargestellten, gleich schweren Gefäße. Beide haben 1 dm² Grundfläche und in beide wird 1 Liter Wasser gegossen.
   a) Berechne die Kraft des Wassers auf die Bodenflächen der Gefäße!
   b) Warum ist die Waage trotzdem im Gleichgewicht?
   c) Welche Kraft übt das Wasser auf die Deckfläche A aus?

1.5.3. Auftrieb

1. Der abgebildete Quader von 5 cm Länge, 4 cm Breite und 6 cm Höhe hängt in einer Flüssigkeit der Wichte 13 N/dm³. Die obere Fläche des Quaders liegt 12 cm unter der Oberfläche der Flüssigkeit. Berechne a) den Flüssigkeitsdruck in der Höhe A, b) den Flüssigkeitsdruck in der Höhe B, c) die Kraft auf die obere, d) die Kraft auf die untere Fläche des Quaders, e) den Auftrieb!

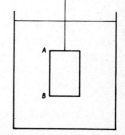

1.5.2.1

♦ 2. Ein 1,60 N schweres zylindrisches Gefäß mit dem inneren Durchmesser 10,0 cm ist 12,0 cm hoch mit einer Flüssigkeit der Wichte 12,0 N/dm³ gefüllt. Es steht auf einer Waage.
   a) Welches Gewichtsstück muß man auflegen, damit die Waage im Gleichgewicht ist?
   b) Welche Kraft übt die Flüssigkeit auf den Boden des Gefäßes aus?
   c) Um wieviel steigt der Flüssigkeitsspiegel im Gefäß, wenn man einen Metallkörper mit dem Volumen 200 cm³ an einem Faden in die Flüssigkeit senkt?
   d) Berechne für diesen Fall den Druck am Boden des Gefäßes!
   e) Welche Kraft übt jetzt die Flüssigkeit auf den Bogen des Gefäßes aus?

Aufgaben Kapitel 1

f) Welches Gewichtsstück muß man zusätzlich auflegen, damit die Waage im Gleichgewicht bleibt?
g) Welchen Auftrieb erfährt der Körper?

3. Ein Salzkristall wiegt in Luft 10,75 cN, in Petroleum (Wichte 8,0 N/dm^3) 6,75 cN.
   a) Berechne seine Wichte!
   b) Warum wird der Versuch mit Petroleum und nicht mit Wasser ausgeführt?

4. Ein Körper aus Eisen (Wichte 74 N/dm^3) wiegt in Luft 2,374 N. Berechne die Wichte einer Flüssigkeit, in der er 1,938 N wiegt!

5. Ein Körper aus Aluminium (Wichte 27 N/dm^3) und ein Körper aus Messing (Wichte 83 N/dm^3) verlieren in Wasser scheinbar je 0,5 N ihrer Gewichtskraft. Berechne Volumen und Gewichtskraft der Körper!

6. Ein Körper wiegt in Luft G_1, in Wasser G_2, in Spiritus G_3. Die Wichte des Wassers γ_w sei gegeben. Berechne hieraus a) die Wichte des Körpers, b) die Wichte von Spiritus!

7. Ein Kran hebt einen in Wasser 600 N schweren Granitquader (Wichte 30 N/dm^3), dessen Schwerpunkt 2,0 m unter der Wasseroberfläche liegt, auf eine Höhe von 3,0 m über dem Wasser.
   a) Wie schwer ist der Quader über dem Wasser?
   b) Wie schwer ist der Quader, wenn er mit seinem halben Volumen aufgetaucht ist?
   ◆ c) Welche Gesamtarbeit wurde bei dem Hub verrichtet?
   ◆ d) Kommt es hierbei auf die Form des Quaders an?

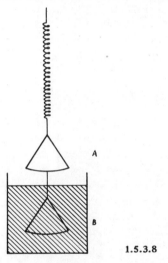

1.5.3.8

◆ 8. Jollysche Federwaage (Abb.): Zwei Waagschalen hängen untereinander an einem Kraftmesser, die untere Schale taucht dabei in ein Gefäß mit Wasser, das nach oben bzw. unten verschoben werden kann, damit man stets dieselbe Eintauchtiefe erhält. Legt man einen Körper in die Waagschale A, dann beträgt die Verlängerung der Feder 12,3 cm; legt man ihn in die Waagschale B, dann beträgt die Verlängerung 8,4 cm. Berechne die Wichte des Körpers!

◆ 9. Nach welcher Seite neigt sich die Tafelwaage (Abb.), wenn man den Körper K in das Überlaufgefäß taucht? Die Antwort ist zu begründen!

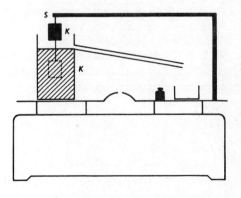

1.5.3.9

Aufgaben Kapitel 1

♦ 10. Die Abbildung zeigt einen Vorschlag für ein Perpetuum mobile: a, b, c und d sind hohle Blechschaufeln. Sie sind leichter als Wasser und erhalten im Gefäß einen Auftrieb und bewegen die linke Hälfte nach oben. In den Punkten B und C werden die Zwischenräume wasserdicht abgeschlossen. Die Wasserkeile in der Ausbuchtung wirken durch ihre Schwerkraft nach unten und drehen die Schaufel ebenfalls nach rechts, d. h., das Schaufelrad dreht sich dauernd. Was ist dazu zu sagen?

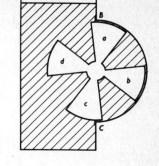

1.5.3.10

♦ 11. Ein Meßzylinder ist zur Hälfte mit Wasser gefüllt.
a) Wie kann man durch Eintauchen eines Holzstückes dessen Wichte bestimmen?
b) Warum kann man die Wichte von Eisen auf diese Art nicht messen?

♦ 12. Ein 60 N schwerer Holzklotz schwimmt in Wasser. Um ihn unter Wasser zu drücken, bräuchte man eine Kraft von 20 N. a) Wie groß ist sein Volumen? b) Berechne seine Dichte!

13. Ein Floß hat eine Fläche von 40 m^2. Wie stark darf es belastet werden, wenn es höchstens 4 cm tiefer einsinken soll?

14. Ein 2,4 m langes, gewichtslos gedachtes Brett liegt mit einem Ende am Ufer, mit dem anderen auf einem 120 N schweren Holzklotz (Wichte 6 N/dm^3), der im Wasser schwimmt. Wie weit darf ein 320 N schweres Kind auf dem Brett vom Ufer gegen den Holzklotz gehen, bis dieser untertaucht?

♦ 15. a) Warum zeigt ein Aräometer mit dünnem Skalenrohr eine höhere Meßempfindlichkeit als ein Aräometer mit dickem Skalenrohr? b) Befindet sich auf einem Aräometer die Marke für die kleinste meßbare Wichte oben oder unten an der Skala? Begründung!

♦ 16. Auf eine Waage wird ein volles Überlaufgefäß gestellt (Abb.) und austariert.
a) Wie ändert sich die Gewichtskraft des gefüllten Gefäßes, wenn man 10 cm^3 Messing (Wichte 85 N/dm^3) in das Wasser legt? b) Was geschieht, wenn man einen Holzquader (Wichte 7,0 N/dm^3) mit dem Volumen 10 cm^3 in das Überlaufgefäß bringt?

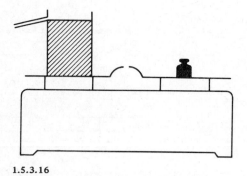 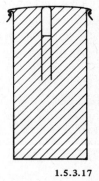

1.5.3.16   1.5.3.17

17. a) Erkläre die Wirkungsweise des sog. „Cartesianischen Tauchers" (Abb.).
b) Was müßte an der Anordnung geändert werden, wenn man den gleichen Versuch statt in Wasser in Petroleum ausführen wollte?

Aufgaben Kapitel 1

♦ 18. In einem mit Wasser gefüllten Gefäß schwimmt ein Brett, auf dem eine Holzkugel und eine Eisenkugel liegen. Wie verhält sich der Wasserspiegel im Gefäß, wenn man a) die Holzkugel b) die Eisenkugel vom Brett herunter in das Wasser rollen läßt?

1.5.4. Verbundene Gefäße

1. Um wieviel sinkt der Flüssigkeitsspiegel (Abb.) im rechten Gefäß, wenn man den Hahn H öffnet?

2. Die Schenkel eines U-Rohres (Abb.), das teilweise mit Quecksilber (Wichte 133 N/dm³) gefüllt ist, haben 1,50 und 2,50 cm² Querschnitt.
   a) Um wieviel steigt das Quecksilber in B, wenn man in A 24,0 cm³ Quecksilber einfüllt?
   b) Welchen Höhenunterschied haben die Oberflächen des Quecksilbers in den beiden Schenkeln voneinander, wenn man bei B 30,0 cm³ Wasser einfüllt?

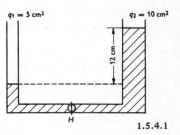
1.5.4.1

3. Ein U-Rohr, dessen linker Schenkel 4,0 cm² und dessen rechter Schenkel 1,0 cm² Querschnitt hat, ist 30 cm hoch mit Wasser gefüllt. In den rechten Schenkel wird eine Benzinsäule (Wichte 7,0 N/dm³) von 28 cm Höhe aufgegossen.
   a) Wie groß ist nunmehr der Höhenunterschied in beiden Schenkeln?
   b) Welcher Druck herrscht am Boden der Röhre?

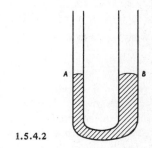
1.5.4.2

* 1.5.5. Molekularkräfte

1. Zeichne und erkläre die Form a) eines Wassertropfens und b) eines Quecksilbertropfens auf einer Glasplatte!

2. a) Erkläre das Zustandekommen der Oberflächenform einer benetzenden Flüssigkeit in einer Kapillare!
   b) Erkläre Bedeutung und Wirkung der Kapillarität an Beispielen aus der Praxis (Petroleumlampe, Feuerzeug usw.)!
   c) Welche Bedeutung hat die Kapillarität im Leben der Pflanzen?
   d) Welche Bedeutung haben Kohäsion und Adhäsion beim Schreiben mit einem Federhalter?

♦ 3. Warum kann Flüssigkeit, die durch Kapillarkräfte hochgezogen wurde (Abb.), nicht zur Gewinnung von Arbeit (Wasserrad) verwendet werden?

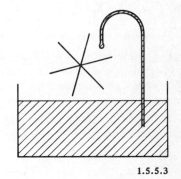
1.5.5.3

♦ 4. In einem Drahtring (Abb.) ist eine Seifenlamelle ausgespannt. In ihr „schwimmt" ein dünner Faden, der in A und B befestigt ist. Welche Form nimmt die Seifenlamelle an, wenn man sie a) in C, b) in D durchsticht?

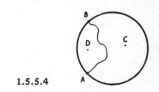
1.5.5.4

27

Aufgaben Kapitel 1

1.5.6. Luftdruck

1. Welche Kraft wirkt auf die Oberfläche des menschlichen Körpers ($1,5\ m^2$) bei dem Luftdruck 960 mbar?
2. Welche Höhe hätte die Lufthülle mit dem Druck 1 bar, wenn die Wichte der Luft in jeder Höhe dieselbe wäre, nämlich $12,7\ N/m^3$?
3. Wie hoch steht ein Wasserbarometer bei dem Luftdruck a) 960 mbar, b) 910 mbar?
4. Die Tabelle zeigt den Luftdruck b in Abhängigkeit von der Meereshöhe h:

h in km:	0	1	2	3	4	5	6	7	8	9	10
b in mbar:	1013	895	790	695	614	542	478	422	372	328	290

   a) Stelle die Abhängigkeit des Luftdruckes von der Höhe graphisch dar! Maßstab: Abszisse 1 cm $\triangleq$ 1 km, Ordinate 1 cm $\triangleq$ 100 mbar!
   b) In welcher Höhe herrscht der Druck 667 mbar?
   c) Welcher Druck herrscht in 2600 m Höhe?
   ♦ d) Bestimme aus der Zeichnung die Höhe, die das Luftmeer hätte, wenn die Dichte der Luft nach oben nicht abnehmen würde!

* ♦ 5. Ein Barometer ist in der gezeichneten Weise an einer Waage befestigt. Bei 960 mbar ist die Waage im Gleichgewicht. Auf welcher Seite und wieviel muß man zusätzlich Gewichte auflegen, wenn der äußere Luftdruck um 16 mbar abnimmt und die Waage dabei im Gleichgewicht bleiben soll?

6. Die 12 kN schwere Glocke eines Gaskessels hat 4,00 m Durchmesser. Wieviel mbar beträgt der Überdruck im Kessel?
7. Die Magdeburger Halbkugeln von Otto von Guericke hatten den Durchmesser 22 Zoll (1 Zoll = 2,62 cm). Mit welcher Kraft wurden sie aneinandergedrückt, wenn man annimmt, daß der äußere Druck 960 mbar, der innere 130 mbar war?

* ♦ 8. Zur Dichtemessung von Flüssigkeiten kann folgendes Gerät (Abb.) dienen: Man saugt bei A die Flüssigkeit mit der unbekannten Dichte an und verschließt dann mit Hilfe einer Schlauchklemme. Das Manometer zeigt dadurch den Unterdruck 15,6 cm Wassersäule an. Berechne die Dichte!

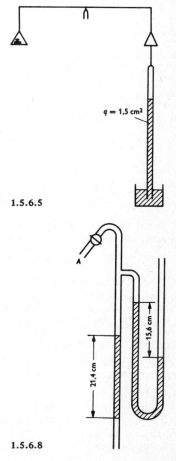

1.5.6.5

1.5.6.8

1.5.7. Boyle-Mariottesches Gesetz

1. Ein abgeschlossenes Gasvolumen $V_1 = 4,80 \text{ dm}^3$ steht unter dem Druck $p_1 = 960$ mbar. Welches Volumen nimmt es bei dem Druck a) 0,920 bar, b) 50 N/cm², c) $4,67 \cdot 10^4$ Pa an? d) Bei welchem Druck ergibt sich das Volumen 6,2 dm³?
2. Der Sauerstoff einer Gasflasche von 19 Liter Inhalt steht unter dem Überdruck 120 bar. Welches Volumen nimmt er bei normalem Luftdruck (1 bar) ein?
3. In einer einseitig verschlossenen Glasröhre befindet sich ein 12 cm langer Quecksilberfaden 15 cm vom geschlossenen Ende entfernt. Wieviel verschiebt sich der Quecksilberfaden in der Röhre, wenn diese anfangs mit der Öffnung nach oben stand und nun so gedreht wird, daß ihre Öffnung lotrecht nach unten zeigt? Äußerer Luftdruck 960 mbar.

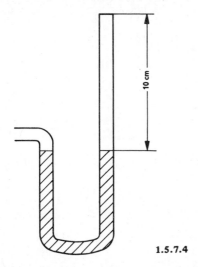

1.5.7.4

4. Zeichne die Eichskala von 1 bis 10 bar für das abgebildete geschlossene Manometer für den äußeren Druck 1 bar. Die Gewichtskraft der Flüssigkeit soll vernachlässigt werden.
5. Die Wichte der Luft ist bei dem Druck 1013 mbar 12,7 N/m³. a) Wie groß ist sie bei dem Druck 670 mbar? b) Bei welchem Druck ist sie 10 N/m³?
6. Berechne die Gewichtskraft der Luft in einer Preßluftflasche von 50 Liter Inhalt bei 80 bar Überdruck!
7. Die Luft in einem Zimmer von 4 m Länge, 3,5 m Breite und 2,7 m Höhe steht unter dem Druck 1 bar, ihre Dichte ist 1,293 kg/m³. Wieviel kg Luft strömen aus dem Zimmer, wenn der Druck auf 967 mbar sinkt?
8. Der Druck im Inneren eines Stechhebers beträgt 926 mbar, der äußere Luftdruck 960 mbar. Wie hoch ist die Säule aus Wasser bzw. Petroleum (Wichte 8,5 N/dm³), die der Heber noch tragen kann?
♦ 9. In Wasser schwimmt eine zum Teil gefüllte Flasche mit der Öffnung nach unten. Sie wird nach unten gestoßen.
a) Begründe, daß je nach der Stärke des Stoßes die Flasche entweder wieder an die Oberfläche kommt oder ganz untergeht!
b) Führe den Versuch selbst durch!

Aufgaben Kapitel 1

♦ **10.** Die Abb. zeigt das Manometer nach Mac Leod; es gestattet, einen sehr kleinen Druck zu messen: Das Volumen $V(=1100 \text{ cm}^3)$ ist samt Kapillare K auf den unbekannten Druck evakuiert. Durch Heben des Gefäßes G wird das Volumen stark verkleinert und dadurch der Druck so groß, daß man ihn messen kann.
a) Berechne aus den angegebenen Werten den unbekannten Druck!
b) Bestimme h bei dem Barometerstand 960 mbar!

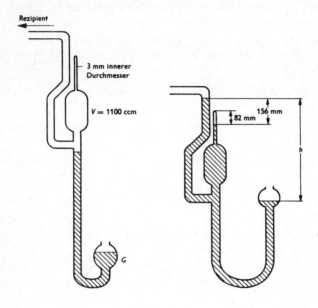

1.5.7.10

1.5.8. Auftrieb in Luft

1. Ein Stück Messing (Wichte 84 N/dm³) wiegt im luftleeren Raum 5,000 N. Wieviel wiegt es in Luft von 0°C und 1 bar Druck? (Die Wichte der Luft beträgt unter diesen Bedingungen 12,7 N/m³.)

♦ 2. Um die Wichte der Luft zu bestimmen, wog Aristoteles einen Schlauch aus Ziegenleder zuerst leer und dann aufgeblasen. Da er keinen Gewichtsunterschied feststellen konnte, zog er den Schluß, daß die Wichte der Luft Null ist. Was ist dazu zu sagen?

3. 1 m³ Wasserverdrängung ergibt beim Seeschiff eine Tragfähigkeit von etwa 10 kN. Welche Tragfähigkeit bringt bei einem mit Wasserstoff gefüllten Luftschiff die Verdrängung von 1 m³ Luft? (Wichte des Wasserstoffes 0,00090 N/dm³, der Luft 0,0129 N/dm³)

4. Ein Ballon hat 500 m³ Volumen, Hülle und Gondel wiegen zusammen 1,50 kN. Berechne die notwendige Belastung, damit er nicht steigt, wenn er a) mit Wasserstoff (Wichte 0,00090 N/dm³), b) mit Stadtgas (Wichte 0,0062 N/dm³) gefüllt ist und die Wichte der Luft 0,0115 N/dm³ beträgt!

2. Kinematik und Dynamik

2.1. Gleichförmige Bewegung

2.1.1. Geschwindigkeit

1. Ein D-Zug fährt um 17.05 Uhr in München ab und kommt um 20.08 Uhr in Nürnberg an. Die Entfernung München-Nürnberg beträgt 199 km. Berechne seine mittlere Geschwindigkeit a) in km/h, b) in m/s!
2. Ein Eilzug fährt um 19.08 Uhr in München nach dem 221 km entfernten Lindau ab und kommt um 23.42 Uhr dort an. Berechne seine mittlere Geschwindigkeit a) in km/h, b) in m/s!
3. Welche Geschwindigkeit hat ein Personenzug, wenn ein Reisender bei 18 m Schienenlänge in 5 min 300 Schienenstöße zählt?
4. Ein Kurzstreckenläufer legt 100 m in 10,3 s zurück. Berechne seine Geschwindigkeit in km/h!
5. Ein Auto fährt mit der Geschwindigkeit 42,5 km/h. Welchen Weg legt es in 1 s zurück?
6. Rechne die Schallgeschwindigkeit (340 m/s) in km/h um!
7. Welche Zeit braucht das Licht a) von der Erde zum Mond (384 000 km), b) von der Sonne zur Erde (150 000 000 km)?
8. Welche mittlere Geschwindigkeit hat der Kolben eines Automotors mit 3200 Umdrehungen/Minute, wenn die Hublänge 80 mm beträgt?
9. In der Seefahrt wird die Geschwindigkeit in Knoten angegeben. 1 Knoten = 1 Seemeile/Stunde; 1 Seemeile = 1,852 km. Zeige, daß man die in Knoten gegebene Geschwindigkeit halbieren muß, um angenähert die Geschwindigkeit in m/s zu erhalten!
10. Zwei rotierende Scheiben auf gemeinsamer Achse haben den Abstand 26,3 cm. Die Drehzahl der Scheiben wird stroboskopisch bestimmt: Auf einer der Scheiben ist ein Kreuz angebracht, das bei Beleuchtung mit einer Glimmlampe vom 50-Hz-Netz stillzustehen scheint.
Schießt man mit dem Luftgewehr in Richtung der Achse durch die beiden rotierenden Scheiben, so haben die Durchschüsse eine Versetzung von 17,5°. Berechne die Geschoßgeschwindigkeit!

2.1.2. Zusammensetzung von Geschwindigkeiten

1. Ein Schiff fährt bei einem Nordostwind von 8 m/s mit der Geschwindigkeit 16 m/s nach Süden.
a) Von welcher Seite scheint für einen an Deck stehenden Passagier der Wind zu kommen?
b) Welche Geschwindigkeit scheint er zu haben?
2. Ein Flußdampfer verkehrt zwischen den Orten A und B, die 10,8 km voneinander entfernt liegen. Er braucht von A nach B 1 1/2 Stunden, von B nach A 2 Stunden. Berechne hieraus die Eigengeschwindigkeit des Schiffes und die Geschwindigkeit der Strömung!

Aufgaben Kapitel 2

3. Ein Schwimmer braucht für 300 m 8 Minuten in stehendem Wasser. Wie lange benötigt er für dieselbe Strecke in langsam fließendem Wasser (0,1 m/s), wenn er die halbe Strecke mit der Strömung, die andere Hälfte gegen sie schwimmt?
4. Jemand geht mit der Geschwindigkeit 1,2 m/s in Richtung O-NO. Bestimme die Komponenten seiner Geschwindigkeit in Nord- bzw. Ostrichtung a) durch Zeichnung, b) durch Rechnung!
5. Ein Flugzeug startet mit der Geschwindigkeit 210 km/h, wobei der Kurs mit der Horizontalen einen Winkel von 10° bildet. Mit welcher Geschwindigkeit (m/s) entfernt sich das Flugzeug vom Boden?
♦ 6. *A* und *B*, zwei gleich schnelle Schwimmer, wollen über einen Fluß schwimmen. *A* schwimmt so schräg flußaufwärts, daß er trotz der Strömung den Fluß senkrecht überquert. *B* schwimmt immer senkrecht zum Ufer, wird dabei aber abgetrieben und landet 50 Meter flußabwärts. Welcher Schwimmer erreicht das andere Ufer früher? Warum?

2.2. Beschleunigung

2.2.1. Beschleunigte Bewegung ohne Anfangsgeschwindigkeit

1. Ein Körper bewegt sich auf einer schiefen Ebene aus der Ruhelage. Die Messung ergibt:

	0	1	2	3	4	Sekunden
Gesamtweg des Körpers nach	0	0,12	0,48	1,08	1,92	Meter

   a) Zeichne das Weg-Zeit-Diagramm (1 s ≙ 2 cm; 1 m ≙ 5 cm)!
   b) Zeichne das Geschw.-Zeit-Diagramm (1 s ≙ 2 cm; 1 m/s ≙ 5 cm)!
   c) Zeige, daß die Bewegung gleichförmig beschleunigt ist!
   d) Berechne die Beschleunigung!
2. Ein Körper bewegt sich gleichförmig beschleunigt aus der Ruhelage heraus und legt in der ersten Sekunde einen Weg von 20 cm zurück.
   a) Wie groß ist der in der 10ten Sekunde zurückgelegte Weg?
   b) Nach welcher Zeit hat der Körper die Geschwindigkeit 24 m/s erreicht?
3. Eine Lokomotive wird aus dem Stillstand mit 0,8 m/s^2 beschleunigt. a) Nach welcher Zeit hat sie die Geschwindigkeit 72 km/h erreicht? b) Welchen Weg hat sie bis dahin zurückgelegt?
4. Ein Flugzeug kommt nach 20 s mit der Geschwindigkeit 108 km/h vom Boden frei. Berechne a) die Beschleunigung, b) die Startstrecke!
5. Wie groß ist die durchschnittliche Beschleunigung eines Geschosses, das in einem 60 cm langen Gewehrlauf die Geschwindigkeit 600 m/s erreicht? Wie lange dauert die Bewegung innerhalb des Laufes?
6. Ein Körper bewegt sich mit der konstanten Beschleunigung 1,00 m/s^2 aus der Ruhelage.
   a) Berechne den zurückgelegten Weg nach 3,00 s, nach 4,00 s, nach 3,10 s, nach 3,01 s!
   b) Welche mittlere Geschwindigkeit erhält man demnach
     b 1) in der vierten Sekunde?
     b 2) im Zeitintervall zwischen 3,0 und 3,1 s?
     b 3) im Zeitintervall zwischen 3,00 und 3,01 s?
   c) Wie groß ist die augenblickliche Geschwindigkeit nach 3,00 s?

2.2.2. Beschleunigte Bewegung mit Anfangsgeschwindigkeit

♦ 1. Der Weltrekord für 100-m-Lauf steht zur Zeit auf 9,9 s, der Weltrekord für 4 x 100-m-Staffel auf 38,2 s. Erkläre diesen Unterschied!

2. Ein Personenzug fährt mit der Beschleunigung 0,4 m/s² an.
   a) Wann und in welchem Abstand von der Station hat er seine normale Geschwindigkeit 14,4 m/s erreicht?
   b) Mit welcher Verzögerung muß er bremsen, wenn er innerhalb 12 s zum Stehen gebracht werden soll?
   c) Wie lang ist der Bremsweg?

3. Ein zunächst ruhender Körper hat in gleichförmig beschleunigter Bewegung in 15 s die Geschwindigkeit 24 m/s erreicht.
   a) Wie groß ist seine Beschleunigung und der Weg, den er in dieser Zeit zurückgelegt hat?
   b) Welche Verzögerung muß ihm erteilt werden, damit er nach Durchlaufen weiterer 120 m zur Ruhe kommt?
   c) Welche Zeit erfordert das Abbremsen?

4. Ein Körper legt in der ersten Sekunde 1 m, in der zweiten Sekunde 2 m, in der dritten Sekunde 3 m usw. zurück.
   a) Welche Art von Bewegung führt er aus?
   b) Berechne Anfangsgeschwindigkeit und Beschleunigung!
   c) Zeichne das Weg-Zeit- und das Geschwindigkeits-Zeitdiagramm!
   (Maßstab: Abszisse 1 cm ≙ 1 s; Ordinate 1 cm ≙ 1 m, bzw. 1 cm ≙ 1 m/s.)

♦ 5. Das Weg-Zeit-Diagramm einer Bewegung hat die Form eines Trapezes. Zeichne das Geschwindigkeits-Zeit-Diagramm!

6. Ein Körper hat die Geschwindigkeit 2,5 m/s. Auf ihn wirkt eine konstante Kraft, die ihm die Beschleunigung 0,9 m/s² erteilt. Welche Geschwindigkeit besitzt er
   a) 35 s nach Beginn der Kraftwirkung,
   b) nach Durchlaufen der Strecke 1000 m?

7. Für den Kraftfahrer gilt folgende Faustregel, um den Bremsweg in Metern zu errechnen: Man teile den Zahlenwert der Geschwindigkeit des Fahrzeuges, angegeben in km/h, durch 10 und bilde das Quadrat.
   Beispiel: Bei 60 km/h beträgt der Bremsweg 6 · 6 Meter = 36 Meter. Berechne hieraus die Verzögerung!

8. Ein Bus hat zwischen zwei Haltestellen die Strecke 264 m zurückzulegen. Die Anfahrbeschleunigung beträgt 1,00 m/s², die Bremsverzögerung 1,50 m/s² und die Geschwindigkeit während der gleichförmigen Bewegung 12,0 m/s.
   a) Wie groß ist die Fahrzeit zwischen den 2 Haltestellen? b) Zeichne das Zeit-Geschwindigkeits-Diagramm! Maßstab: 1 s ≙ 1/2 cm; 1 m/s ≙ 1 cm.

9. Ein Körper mit der Geschwindigkeit 1,2 m/s erfährt eine Verzögerung von 20 cm/s². Nach welcher Zeit beträgt die Geschwindigkeit noch 0,70 m/s? Wann und wo kommt der Körper zur Ruhe?

Aufgaben Kapitel 2

2.3. Fallbewegungen

2.3.1. Freier Fall

1. Die abgebildete Reihenblitzaufnahme einer frei fallenden Kugel ist mit 20 Blitzen je Sekunde aufgenommen.
   a) Zeige, daß eine gleichförmig beschleunigte Bewegung vorliegt!
   b) Berechne die Beschleunigung!

2. Welche Zeit braucht ein Stein, um die Höhe des Eiffelturmes (300 m) zu durchfallen? Mit welcher Geschwindigkeit schlägt er am Boden auf?

3. Nach welcher Zeit erreicht ein frei fallender Körper die Geschwindigkeit 15 m/s? Welche Höhe hat er dabei im ganzen durchfallen?

♦ 4. Ein Stein wird in einen Schacht fallen gelassen. Man hört ihn nach 5,8 s aufschlagen. Zeichne das Weg-Zeit-Diagramm des freien Falles und das der zurückkehrenden Schallwelle (Schallgeschwindigkeit 340 m/s)! Welche Schachttiefe ergibt das Diagramm?
   (Abszisse 1 cm $\triangleq$ 0,5 s; Ordinate 1 cm $\triangleq$ 20 m)

5. Um die Folgen eines Unfalles bei der Geschwindigkeit 60 km/h zu zeigen, ließ eine Versicherungsgesellschaft ein Auto im freien Fall auf den Boden aufschlagen. Welche Höhe mußte es durchfallen, damit es die angegebene Geschwindigkeit erhielt?

6. Ein Rettungsfallschirm sinkt mit der Geschwindigkeit 5,5 m/s. Aus welcher Höhe muß man zu Übungszwecken frei herunterspringen, um dieselbe Endgeschwindigkeit zu besitzen?

7. Mit Hilfe eines einfachen Versuches kann man seine persönliche Reaktionszeit feststellen: Ein Maßstab wird an der Wand durch eine zweite Person festgehalten. Die Versuchsperson hält den Daumen ca. 2 cm von der Null-Marke des Maßstabes entfernt. Der Maßstab wird plötzlich losgelassen und die Versuchsperson drückt ihn möglichst rasch mit dem Daumen an die Wand. Die vom Maßstab durchfallene Strecke ist ein Maß für die Reaktionszeit.
   a) Zeichne das Diagramm für Fallstrecke/Reaktionszeit!
   b) Führe den Versuch durch!

♦ 8. In der Abbildung ist H ein Haltemagnet, der die Kugel K festhält, T eine Morsetaste, U eine elektrische Stoppuhr, die so lange läuft, wie an ihren Kontakten Spannung liegt, und P schließlich eine Kontaktplatte, die den Stromkreis öffnet, wenn die Kugel auffällt.
   a) Zeichne die Schaltung!
   b) Welche Erdbeschleunigung errechnet sich aus den Meßwerten: $h = 1,82$ m und $t = 0,61$ s?

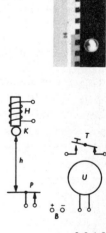

2.3.1.8

Aufgaben Kapitel 2

9. Die Erdbeschleunigung g soll mit folgender Anordnung bestimmt werden:
L ist eine als Pendel dienende Latte mit dem Drehpunkt P. Dieselbe führte im Vorversuch 20 Schwingungen in 25,6 s aus. Durch Abbrennen des Fadens bei A fällt zugleich der Körper K und das Pendel fängt zu schwingen an. Der senkrecht nach unten fallende Körper trifft das nach rechts schwingende Pendel nach 1/4 Schwingungsdauer in S, wobei PS = 49,7 cm beträgt.

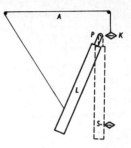

2.3.1.9

10. Ein Körper fällt aus 20 m Höhe auf lockeres Erdreich und dringt 8 cm tief ein. Berechne seine Verzögerung!

2.3.2. Senkrechter Wurf

1. Eine vertikal aufwärts geschossene Kugel kommt nach 40 s wieder am Ausgangspunkt an. Wie groß ist a) Steigzeit, b) Steighöhe, c) Anfangsgeschwindigkeit, d) Endgeschwindigkeit?

2. Ein Körper wird mit der Anfangsgeschwindigkeit 30 m/s senkrecht nach oben geschleudert. In welcher Höhe beträgt seine Geschwindigkeit noch 10 m/s? Wie hoch steigt er?

3. Ein senkrecht nach oben geworfener Stein steigt 2 s lang. Mit welcher Geschwindigkeit wurde er emporgeschleudert? Welche Höhe erreicht er?

4. Zeige, daß bei einem senkrecht in die Höhe geworfenen Körper die Steigzeit genau so groß ist wie die Fallzeit!

5. Aus der Höhe 50 m wird ein Stein mit der Anfangsgeschwindigkeit 5 m/s senkrecht nach unten geworfen ($g = 10$ m/s^2).
   a) Zeichne das Weg-Zeit-Diagramm der Bewegung!
   b) Nach welcher Zeit trifft der Stein auf dem Boden auf?

6. Skizziere für einen senkrechten Wurf nach oben das Weg-Zeit-Diagramm und das Geschwindigkeits-Zeit-Diagramm!

2.3.3. Horizontaler Wurf

1. Ein Stein wird mit der Geschwindigkeit $v_0 = 20$ m/s in horizontaler Richtung abgeschleudert. Stelle seine Flugbahn graphisch dar! $g = 10$ m/s^2. (Maßstab: 1 m ≙ 1 mm)

2. In einem fahrenden Zug fällt ein Gegenstand zu Boden. Beschreibe den Vorgang
   a) für einen mitfahrenden Beobachter,
   b) für einen Beobachter außerhalb des Zuges!

3. Ein Körper wird mit der Geschwindigkeit $v_0 = 25$ m/s waagrecht geworfen. ($g = 10$ m/s^2)
   a) Wie groß ist seine Geschwindigkeit 1,5 s nach Beginn der Bewegung?
   b) In welcher Höhe wurde der Körper abgeworfen, wenn er unter einem Winkel von 65° auf den Boden fällt?

Aufgaben Kapitel 2

4. Eine Kugel wird waagrecht über eine Tischplatte hinausgestoßen, so daß sie 2,4 m von der Tischkante entfernt auf den 80 cm tiefer liegenden Boden auftrifft. Berechne ihre Anfangs- und Endgeschwindigkeit!

5. Ein aus der Höhe h in waagrechter Richtung geworfener Körper erreicht den Boden in der Entfernung w. Bestimme aus diesen beiden Angaben die Wurfdauer T, die Anfangsgeschwindigkeit v_0 sowie die Größe und Richtung der Endgeschwindigkeit!

6. Aus einem mit der Geschwindigkeit 72 km/h fahrenden Schnellzug wirft ein Fahrgast einen schweren Körper mit der Anfangsgeschwindigkeit 4 m/s a) senkrecht nach unten, b) horizontal unter einem Winkel von 60° gegen die Fahrtrichtung aus dem Fenster. In welcher Entfernung von der Abwurfstelle trifft der Körper auf den 3 m tiefer liegenden Boden? (Der Luftwiderstand des Körpers soll vernachlässigt werden.)

* **2.3.4. Schiefer Wurf**

1. Ein Körper wird mit der Anfangsgeschwindigkeit 35 m/s unter einem Winkel von 60° abgeschleudert.
   a) Konstruiere für Zeitintervalle von 0,5 s die Wurfparabel! (Maßstab 1 : 1000; $g = 10$ m/s^2)
   b) Bestimme durch Rechnung die Wurfweite, Wurfhöhe und Flugdauer!
   c) Stelle die Gleichung der Parabel auf!

2. Berechne die fehlenden Angaben in folgender Tabelle:

	Anfangs-Geschw.	Wurfwinkel	Wurfweite	Wurfhöhe	Flugdauer
a)	20 m/s	50°	?	?	?
b)	?	?	36 m	?	4 s
c)	?	30°	?	?	10 s
d)	?	?	60 m	45 m	?
e)	850 m/s	?	10 km	?	?
f)	?	53° 12'	?	2,8 km	?
g)	30 m/s	?	?	12 m	?

3. Vom Dach eines 12 m hohen Hauses wird ein Stein steil nach oben geworfen. Dieser fällt 6,4 Sekunden nach dem Abwurf in 32 m Entfernung auf den Erdboden. ($g = 10$ m/s^2)
   a) Mit welcher Anfangsgeschwindigkeit und unter welchem Winkel wurde er abgeschleudert?
   b) Mit welcher Endgeschwindigkeit und unter welchem Winkel fällt er auf?

4. Ein Gummiball wird mit der Anfangsgeschwindigkeit 15 m/s unter dem Winkel 60° gegen eine 6 m entfernte Wand geworfen.
   a) In welcher Höhe trifft der Ball die Wand? ($g = 10$ m/s^2)
   b) Befindet er sich beim Aufprall im aufsteigenden oder absteigenden Ast der Wurfparabel?
   c) Löse die Aufgabe auch durch Konstruktion! (Maßstab 1 : 100)
   d) Konstruiere die Flugbahn des Balles nach der Reflexion an der Wand!

5. Unter welchem Winkel muß ein Körper schräg nach oben geworfen werden, damit seine Wurfweite a) doppelt, b) dreifach so groß wird wie seine Wurfhöhe?

6. Beweise, daß bei einem schrägen Wurf mit der Flugdauer T die Gipfelhöhe $H = \frac{g}{8} T^2$ wird!

Aufgaben Kapitel 2

♦ 7. Eine Wurfbewegung wird mit einer Bildfolge von 48 Bildern je Sekunde gefilmt. Die Vorführung des Filmes erfolgt mit 24 Bildern pro Sekunde. Wie groß scheint dabei die Erdbeschleunigung zu sein? Begründung!

2.4. Newtonsche Gesetze

2.4.1. Kraft – Masse – Beschleunigung ohne Reibung

1. Was zeigt ein Kraftmesser an, an dem man links und rechts je mit der Kraft 2 N zieht?
2. Warum fällt ein Mensch auf die Nase, wenn er den Randstein übersieht?
♦ 3. Warum ist es besonders gefährlich, aus der fahrenden Straßenbahn nach rückwärts abzuspringen?
♦ 4. Wie verhält sich die offene Türe eines Kraftwagens beim Anfahren und beim Bremsen, wenn sich ihre Angel vorne befindet?
5. Warum gibt man einem Amboß eine sehr große Masse?
6. Eine Versuchsperson steht auf einer Waage. Verändert sich ihre Gewichtskraft, wenn sie sich an ihren Haaren nach oben zieht?
♦ 7. Welche Bewegung zeigt die Luftblase L in einer Wasserwaage (Abb.), wenn man diese beschleunigt nach rechts verschiebt?

2.4.1.7

8. Warum muß man beim „Wurststechen" ruckartig zustoßen?
9. Welche Gewichtskraft in N besitzt ein Körper von 3,8 kg am Normort?
10. Welche Beschleunigung erteilt die Kraft 50 N einem Körper der Masse a) 2 kg, b) 1 t?
11. Ein Körper der Masse 15,8 kg erfährt durch eine Kraft die Beschleunigung a) 1,30 m/s^2, b) 5,60 cm/s^2, c) 9,81 m/s^2. Wie groß ist die Kraft?
12. Ein Wagen der Masse 552 g wird durch das Gewichtsstück G mit 10 g Masse (Abb.) in 2,82 s aus der Ruhelage 70 cm weit beschleunigt bewegt.
    a) Berechne die Beschleunigung aus Weg und Zeit!
    b) Welche Beschleunigung erfährt der Wagen, wenn das Gewichtsstück die Masse 20 g hat?
    c) Welche Beschleunigungen ergeben sich für a) und b), wenn man den Wagen mit weiteren 500 g belastet?
    d) Berechne aus a) die Erdbeschleunigung!

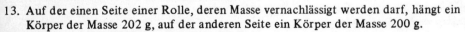

2.4.1.12

13. Auf der einen Seite einer Rolle, deren Masse vernachlässigt werden darf, hängt ein Körper der Masse 202 g, auf der anderen Seite ein Körper der Masse 200 g.
    a) Berechne die Beschleunigung!
    b) Welcher Weg wird in 3 s zurückgelegt!
14. Bei welchen von den folgenden Meßgeräten ist die Anzeige von der Erdbeschleunigung abhängig?
    a) Blättchenelektroskop,   b) Drehspulamperemeter,   c) Federwaage,
    d) Balkenwaage,   e) Offenes Manometer,   f) Thermometer.

Aufgaben Kapitel 2

15. In einem Testbericht über einen Kraftwagen ist angegeben: Der Bremsweg bei der Geschwindigkeit 30 km/h beträgt 7,0 m.
    a) Berechne hieraus die mittlere Verzögerung!
    b) Welche Kraft wirkt während des Bremsens auf eine Person von 70 kg?

16. a) Wie groß muß die Abwärtsbeschleunigung eines Aufzuges sein, damit ein Fahrgast 1/7 seiner Gewichtskraft „verliert"?
    b) Wieviel Prozent seiner Gewichtskraft wird der Fahrgast schwerer bei einer Aufwärtsbeschleunigung von 150 cm/s^2?

17. Ist es sinnvoll zu sagen, die Erde wiege $6 \cdot 10^{25}$ N?

♦ 18. Wie stellt sich der Wasserspiegel in dem Gefäß (Abb.) ein, wenn dieses ohne Reibung zur Erde abgleitet? Vergleiche damit die Stellung des Skifahrers bei der Abfahrt!

19. Mit welcher Kraft muß ein Auto (Masse 1,5 t) aus der Geschwindigkeit 63 km/h gebremst werden, damit es auf einer Strecke von 50 m zum Stehen kommt?

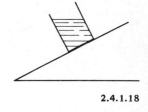

2.4.1.18

♦ 20. Wenn Äpfel in den Rasen fallen, bleiben sie fast unbeschädigt; fallen sie auf Steinboden, so werden sie verletzt. Erkläre diese Erscheinung!

21. Auf einen freibeweglichen Körper der Masse 10 kg wirkt kurzzeitig, nämlich 0,02 s lang, die Kraft 300 N. Welche Geschwindigkeit erhält der Körper?

♦ 22. Der abgebildete Hebel *ABC* hat in *B* seine Drehachse. Welche Bewegung führt der Hebel aus, wenn man den Faden *D* abbrennt? Welches Übergewicht müßte man auflegen, um diese Bewegung zu verhindern? Wo müßte das Übergewicht aufgelegt werden?

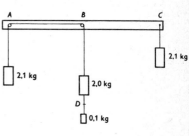

2.4.1.22

* ♦ 23. Von einer Haltestelle fährt eine Straßenbahn in beschleunigter Bewegung ab. Der Gegenzug fährt gerade bremsend ein.
    a) Vergleiche die Richtungen der Kräfte auf die Schienen in beiden Fällen!
    b) Vergleiche damit die Gewichtskraftveränderungen des Maxwellschen Rades im aufsteigenden und abfallenden Ast!
    c) Zeichne das Weg-Zeit-Diagramm, das Geschwindigkeits-Zeit-Diagramm und das Beschleunigungs-Zeit-Diagramm zwischen zwei oberen Umkehrpunkten und bestätige hieraus das Ergebnis der Frage b)!

24. Wenn jemand mit größter Kraftanstrengung einen Stein der Masse 200 g senkrecht in die Höhe wirft, dauert es 6 Sekunden bis er wieder unten ankommt.
    a) Welche Anfangsgeschwindigkeit hat der Stein?
    b) Wie hoch steigt der Stein?
    c) Welche Kraft hat die Hand auf den Stein beim Wurf ausgeübt, wenn man annimmt, daß die Hand 1 m weit mit gleichförmiger Beschleunigung bewegt wurde?

2.4.2. Kraft – Masse – Beschleunigung mit Reibung

1. Ein Eisstock bewegt sich 30,00 m weit, bis er zur Ruhe kommt. (Reibungszahl 0,04).
   a) Berechne die Anfangsgeschwindigkeit und
   b) die Zeit, die er zu dieser Strecke braucht!
   c) Stelle den Weg und die Geschwindigkeit in Abhängigkeit von der Zeit graphisch dar!
2. Wie groß war die Geschwindigkeit eines Autos, welches bei blockierten Rädern eine Bremsspur von 20 m hinterließ, wenn dabei $\mu = 0,5$ war?
3. Wie lange muß die konstante Kraft 200 N auf einen Körper der Masse 35 kg einwirken, damit er die Geschwindigkeit 15 m/s erhält, wenn er
   a) ohne Reibung gleitet,
   b) wenn die Reibungszahl $\mu = 0,04$ beträgt?
4. In einem Güterwagen steht eine Kiste von 200 kg Masse. Der Wagen fährt mit der Geschwindigkeit 45 km/h.
   a) Welche Bremsdauer ist mindestens erforderlich, wenn die Kiste nicht von ihrem Platz wegrutschen soll? ($\mu = 0,15$)
   b) Wie verhält sich dabei eine Kiste doppelter Masse?
5. Welche Kraft ist erforderlich, um einem 10 Tonnen schweren Wagen innerhalb von 2 Minuten die Geschwindigkeit 3 m/s zu erteilen, wenn
   a) die Reibung nicht berücksichtigt wird,
   b) die Reibungszahl $\mu = 0,01$ ist?

2.4.3. Beschleunigung auf der schiefen Ebene

1. Welche Beschleunigung erfährt ein Körper, der eine schiefe Ebene mit einem Neigungswinkel von 15° reibungslos herabgleitet?
2. Ein Körper gleitet reibungslos über eine schiefe Ebene mit dem Neigungswinkel 24°.
   a) Welche Beschleunigung erfährt er?
   b) Welchen Weg legt er in den ersten drei Sekunden zurück?
   c) Welche Geschwindigkeit hat er nach 3 Sekunden?
   d) Nach welcher Zeit beträgt seine Geschwindigkeit 2 m/s?
3. Welchen Neigungswinkel muß eine schiefe Ebene haben, damit ein auf ihr gleitender Körper die Hälfte der Beschleunigung des freien Falles erfährt?
4. Ein Körper erreicht beim reibungslosen Gleiten auf einer schiefen Ebene in 4 s die Geschwindigkeit 6 m/s. Wie groß ist der Neigungswinkel der Ebene?
5. Ein Körper braucht die fünffache Zeit, um die Länge einer schiefen Ebene zu durchgleiten wie längs ihrer Höhe frei zu fallen. Wie groß ist ihr Neigungswinkel?
♦ 6. Gleitet ein Körper ohne Reibung an einer beliebigen Sehne durch den höchsten Punkt eines vertikalen Kreises herab, dann hat die Fallzeit einen festen Wert, gleichgültig, welchen Neigungswinkel die Sehne besitzt (Abb.). Beweise diesen von Galilei aufgestellten Satz!

2.4.3.6

Aufgaben Kapitel 2

7. Ein vertikal fallender Körper der Masse 6 kg zieht über eine Schnur einen Körper der Masse 10 kg reibungslos an einer schiefen Ebene mit 30° Neigung hoch. Welche Beschleunigung erfahren die beiden Körper? (Abb.)

8. Mit welcher Beschleunigung muß man eine schiefe Ebene mit der Neigung α horizontal bewegen, damit ein auf ihr liegender Körper mit der Masse m nicht abwärts gleitet? (Ohne Reibung!)

9. Auf einer schiefen Ebene liegt ein Körper der Masse m. Reibungszahl 0,25.
a) Wie groß muß der Neigungswinkel α sein, damit der Hangabtrieb die Reibung überwindet? b) Zeige, daß α von der Gewichtskraft des Körpers unabhängig ist!

10. Ein Körper braucht 1,80 s, um eine schiefe Ebene von 2 m Länge und 25° Neigung herabzugleiten. Berechne hieraus die Reibungszahl μ.

2.5. Arbeit, Leistung und Energie

2.5.1. Arbeit

1. Ein Körper der Masse 20 kg wird 10 m hoch gehoben. Berechne die aufgewendete Arbeit.

2. Auf einen Körper der Masse 10 kg wirkt die Kraft 4 N.
a) Berechne die Beschleunigung!
b) Welche Arbeit wird in 5 s verrichtet?
c) Welche Arbeit ist erforderlich, den Körper 15 m zu bewegen?

3. Ein Mann trägt einen Koffer mit 200 N Gewicht über eine 3,5 m lange Treppe zum 2,5 m höher gelegenen Obergeschoß.
a) Welche Arbeit hat er verrichtet?
b) Begründe die Art der Berechnung!

4. Ein Eisenbahnzug von 10 je 175 kN schweren Wagen und einer 350 kN schweren Lokomotive durchläuft gleichförmig eine 10 km lange horizontale Strecke.
a) Welche Arbeit muß die Maschine verrichten, wenn die Reibung 0,3 % beträgt?
b) Wie groß ist die Arbeit, wenn der Zug eine gleich lange Steigung von 0,2 % mit derselben Geschwindigkeit überwinden soll?

5. Ein Kraftmesser mit dem Meßbereich 20 N und einer 10 cm langen Skala wird ganz ausgezogen.
a) Zeichne ein Diagramm der Kraft in Abhängigkeit von der Verlängerung! (x-Achse 1 cm ≙ 1 cm; y-Achse 1 cm ≙ 2 N)
b) Wie kann die aufgewendete Arbeit aus dem Diagramm entnommen werden?
c) Wie groß ist die Arbeit?
d) Wie groß ist die Arbeit, wenn die Feder nur halb ausgezogen wird?

2.5.2. Leistung

1. Welche Wassermenge wird durch eine Pumpe mit der Leistung 37,5 kW in 10 Stunden aus einem 250 m tiefen Schacht gefördert?

Aufgaben Kapitel 2

2. Ein 8 kN schwerer Personenwagen fährt auf horizontaler Straße mit der Geschwindigkeit 75 km/h. Die Reibung mit der Straße beträgt 2 %, der Luftwiderstand beträgt bei dieser Geschwindigkeit 4 %.
   a) Wieviel Watt leistet der Motor?
   b) Welche Höchstgeschwindigkeit kann der Wagen fahren, wenn der Motor 15 kW besitzt und der Luftwiderstand dabei auf 5 1/2 % steigt?

3. Das Tauernkraftwerk nützt einen Höhenunterschied von 890 Metern aus und kann eine Spitzenleistung von 220 000 kW abgeben. Berechne den Wasserverbrauch je Stunde, wenn der Wirkungsgrad 0,785 beträgt!

4. Ein Sessellift mit 80 Sesseln hat eine mittlere Steigung von 30°. Das Seil wiegt 55 kN, ein Sessel 350 N, die Reibung beträgt 2 % der Gesamtgewichtskraft. Wieviel kW muß die Antriebsmaschine leisten, wenn aufwärts jeder, abwärts aber nur jede zweite Sessel besetzt ist, pro Person 750 N gerechnet werden und die Geschwindigkeit 2 m/s beträgt?

5. Ein Rammbär mit der Masse 300 kg fällt aus 2,00 m Höhe auf die Schiene einer Spundwand.
   a) Welche Geschwindigkeit besitzt er beim Aufprall?
   b) Welche Arbeit braucht man zum Heben?
   c) Wieviel Kilowatt leistet der Motor, wenn zum Heben 3 s benötigt werden?

6. Ein Auto mit einem 45-kW-Motor hat eine Beleuchtungsanlage, die bei Vollbetrieb 117 Watt erfordert. Welcher Bruchteil der Gesamtleistung wird für die Beleuchtung aufgewendet?

7. Ein Motor hat ein Drehmoment von 40 Nm, das auf eine Riemenscheibe von 15 cm Durchmesser wirkt.
   a) Welche Kraft wirkt am Riemen?
   b) Welche Leistung in Watt gibt der Motor bei 1500 Umdrehungen je Minute ab?

8. Eine Feuerspritze soll in jeder Sekunde 20 l Wasser mit der Geschwindigkeit 30 m/s liefern. Welche Leistung ist hierfür nötig?

9. Um die Leistung eines Elektromotors zu ermitteln, wird ein Gewichtsstück von 10 N mit einer Schnur an einen Kraftmesser gehängt und die Schnur einmal um die 6,0 mm dicke Achse des Motors geschlungen. Läßt man nun den Motor laufen, so zeigt der Kraftmesser bei 30 Umdrehungen des Motors in der Sekunde die Kraft 24 N an.
   a) Welche Leistung gibt der Motor ab?
   b) Wie groß ist sein Wirkungsgrad, wenn ein gleichzeitig eingeschaltetes Wattmeter 34,6 W anzeigt?

10. Ein 6-Zylinderviertaktmotor hat Zylinder von 8 cm Durchmesser und 10 cm Hubhöhe. Der im Mittel wirksame Druck ist 9 bar, die Drehfrequenz 2500/min. Berechne die Leistung!

11. Ein Auto braucht bei der Geschwindigkeit 50 km/h auf 100 km 7,5 l Benzin (Dichte 0,7 g/cm^3) mit einem Heizwert von 40 MJ/kg. Der Wirkungsgrad des Motors ist 0,36. Welche Reibungskraft üben Straße und Luft auf das Auto aus?

12. Ein Auto der Masse 1200 kg wird aus der Geschwindigkeit 100 km/h mit der konstanten Verzögerung 0,5 m/s^2 gebremst. Bestimme die von den Bremstrommeln aufgenommene Leistung als Funktion der Zeit!

Aufgaben Kapitel 2

2.5.3. Lagenenergie – Bewegungsenergie

1. Welche potentielle Energie erhält ein Körper von 5 kg Masse, wenn man ihn 1,5 m hoch hebt?
2. Wie hoch kann man einen Körper von 6 kg Masse mit der Energie 8 Joule heben?
3. Welche potentielle Energie steckt in einem Turm aus 5 aufeinandergestellten Würfeln von je 60 cm Kantenlänge, wenn die Würfel die Dichte 2,7 kg/dm^3 haben?
◆ 4. Am oberen Ende einer schiefen Ebene befindet sich eine Rolle. Über die Rolle läuft eine Schnur. Am einen Ende der Schnur hängt ein Wagen der Masse m_1, der an der schiefen Ebene auf- und abfahren kann. Am anderen Ende der Schnur ist frei hängend ein Gewichtsstück der Masse m_2 befestigt. Es herrscht Gleichgewicht.
   a) Zeichne die Anordnung!
   b) Zeige, daß bei einer Verschiebung der Masse m_2 um die Strecke s die potentielle Energie nicht geändert wird!
   c) Zeige an weiteren Beispielen, daß im indifferenten Gleichgewicht bei Lageverschiebungen keine Energieänderung auftritt!
5. Auf einen Körper der Masse 3 kg wirkt die Kraft 2 N.
   a) Berechne die Beschleunigung!
   b) Welchen Weg legt der Körper in 3 s zurück?
   c) Berechne die aufgewendete Arbeit aus „Kraft mal Weg"!
   d) Welche Geschwindigkeit hat der Körper nach 3 s?
   e) Berechne die kinetische Energie nach 3 s!
6. Ein Auto mit der Masse 1,2 t hat die Geschwindigkeit 72 km/h. Berechne seine kinetische Energie   a) in Joule;   b) in kWh!
7. Wie groß ist die kinetische Energie eines α-Teilchens mit der Geschwindigkeit 10000 km/s und der Masse $0,6 \cdot 10^{-27}$ kg?
   Wie viele derartige Teilchen hätten zusammen die Energie 1 Joule?
8. Ein Körper hat die Geschwindigkeit 40 m/s. Seine kinetische Energie beträgt 3 kWh. Berechne seine Masse!
9. Ein Körper mit der Masse 6,8 kg hat die kinetische Energie 54 Joule. Berechne seine Geschwindigkeit!
10. Welche Arbeit wird von einem Geschoß mit der Masse 10 g verrichtet, wenn es beim Durchschlagen eines Brettes seine Geschwindigkeit von 400 m/s auf 300 m/s vermindert?
11. Ein Eisenbahnzug aus 8 je 17,5 t schweren Wagen wird von einer 40 t schweren Lokomotive mit der Kraft $1,5 \cdot 10^5$ N auf horizontaler Strecke aus dem Stand beschleunigt. ($g = 10$ m/s^2)
    a) Berechne die Beschleunigung!
    b) Wann erreicht der Zug seine normale Geschwindigkeit von 20 m/s?
    c) Wie groß ist seine kinetische Energie bei dieser Geschwindigkeit?
    d) Wie groß muß die Gleitreibungszahl sein, damit der Zug auf 80 m zum Stehen gebracht werden kann?

2.5.4. Energieumwandlung

1. Ein Vollgummiball wird aus der Höhe h fallen gelassen. Beschreibe die dadurch ausgelösten Energieumwandlungen und Verluste!

2. Eine Kugel aus Aluminium (Dichte 2,70 g/cm^3) wird 5,13 m hoch gehoben. Ihr Radius beträgt 5,0 cm.
   a) Welche Arbeit ist notwendig?
   b) Welche kinetische Energie besitzt die Kugel beim Auftreffen, wenn sie wieder herunterfällt?
   c) Wie groß ist ihre Verzögerung, wenn sie beim Auftreffen 5,0 cm tief in den Boden eindringt?
   d) Welche Zeit braucht sie, diese 5,0 cm zurückzulegen?

3. Ein Gefäß, das mit einer Flüssigkeit der Dichte ρ gefüllt ist, hat in der Seitenwand in der Tiefe h ein Loch.
   a) Welche potentielle Energie geht verloren, wenn durch dieses Loch 1 cm^3 Flüssigkeit ausfließt?
   b) In welcher Form tritt diese „verlorene Energie" wieder auf?
   c) Beweise hieraus das Torricellische Theorem: Die Flüssigkeit tritt mit einer Geschwindigkeit aus, als ob sie die Höhe h frei durchfallen hätte.

♦ 4. Berechne die Beschleunigung des Wagens (Abb.) mit Hilfe des Energiesatzes!

5. Auf einen Körper der Masse 20 kg wirkt 10 s lang die Kraft 5 N. (Ohne Reibung!)
   a) Wie groß sind Beschleunigung, Endgeschwindigkeit und zurückgelegter Weg?
   b) Wie groß ist die kinetische Energie des Körpers?
   c) Welche Wärmemenge entsteht beim Abbremsen des Körpers?

* 6. Ein Beil, dessen Wangen einen Winkel von 15° einschließen, saust mit der Energie 150 Joule auf einen Pflock und dringt 5 cm tief ein. Welche Kraft wirkt senkrecht zu den Wangen?

* 7. Ein Körper der Masse 25 g gleitet reibungslos eine 2 m lange schiefe Ebene von 8°31' Neigungswinkel herab.
   a) Berechne seine Beschleunigung und die Geschwindigkeit am Ende der schiefen Ebene!
   b) Welche potentielle Energie hat der Körper dabei verloren?
   c) Welche kinetische Energie hat er gewonnen?
   d) Welche kinetische Energie würde der Körper gewinnen, wenn er denselben Höhenunterschied frei durchfiele?

8. Ein Körper der Masse 3 kg wird unter einem Winkel von 45° mit der Geschwindigkeit 20 m/s abgeschleudert. Stelle in einem Diagramm die Abhängigkeit der potentiellen und der kinetischen Energie und ihrer Summe von der Zeit graphisch dar! (Abszisse: 1 cm $\triangleq$ 0,5 s; Ordinate: 1 cm $\triangleq$ 100 Joule)

9. Welche Energie ist mindestens erforderlich, um einen Ball mit 0,1 kg Masse 60 m weit zu werfen?

* 10. Eine schiefe Ebene von 2,5 m Länge und 25° Neigung befindet sich mit ihrem unteren Ende 2 m über dem Erdboden (Garagendach!). Über die schiefe Ebene gleitet ein Körper

Aufgaben Kapitel 2

der Masse 1 kg und fällt anschließend auf den Erdboden. Reibungszahl $\mu = 0{,}08$.
a) Wann und wo fällt der Körper auf?
b) Welche kinetische Energie besitzt er beim Auftreffen?

*11. Ein Körper der Masse m wird mit der kinetischen Energie E unter einem Winkel α schräg nach oben geworfen.
Berechne   a) Steighöhe, b) Wurfweite, c) Flugdauer!

12. Eine Federpistole kann mit der Kraft 50 N gespannt werden, wobei die Feder um 0,8 cm verkürzt wird.
a) Welche Steighöhe erreicht ein senkrecht abgeschossener Pfeil von 20 g Masse? ($g = 10$ m/s^2)?
b) Welche Energieumwandlungen spielen sich bei dem Vorgang ab?
c) Welche Anfangsgeschwindigkeit hat das Geschoß?

♦13. Eine 20 cm lange Schraubenfeder der Masse 50 g wird auf die Häfte zusammengedrückt und so losgelassen, daß sie lotrecht nach oben schnellt. Welche Höhe erreicht das untere Ende, wenn die Federkonstante 150 N/m beträgt? (Die Eigenschwingung der Feder soll unberücksichtigt bleiben!)

14. Ein Körper befindet sich in stabiler (labiler, indifferenter) Gleichgewichtslage, wenn seine potentielle Energie bei einer Verschiebung aus der Ruhelage zunimmt (abnimmt, gleich bleibt). Führe einige Beispiele dazu auf!

2.6.1. Impuls und Kraftstoß

1. Zeige, daß der Kraftstoß (Kraft mal Zeit) und die Impulsänderung (Masse mal Geschwindigkeit) dieselbe Dimension haben!

2. Auf einen ruhenden Körper der Masse 5 kg wirkt 0,01 s lang die Kraft 20 Newton.
a) Welchen Impuls erhält der Körper dadurch?
b) Berechne mit Hilfe dieses Impulses die Geschwindigkeit, die der Körper durch diesen Stoß erhält!
c) Welche Beschleunigung erfährt der Körper durch die Kraft?
d) Berechne mit dieser Beschleunigung die Geschwindigkeit, die der Körper erreicht!

3. Welchen Impuls erhält ein ruhender Körper der Masse 1000 kg, wenn auf ihn die Kraft 500 N 0,1 s lang einwirkt? Welche Geschwindigkeit erhält der Körper?

4. Ein Mann mit 100 kg Masse läuft mit der Geschwindigkeit 5 m/s vom Bug bis zum Heck eines 3 t-Bootes, das in stillem Wasser liegt. Mit welcher Geschwindigkeit fährt das Boot dabei in entgegengesetzter Richtung?

♦ 5. Auf einen Körper der Masse 5 kg, der sich mit der Geschwindigkeit 3 m/s bewegt, wirkt der Kraftstoß 20 N s. Berechne die Geschwindigkeit des Körpers nach dem Kraftstoß für folgende Fälle:
a) Der Kraftstoß wirkt in Bewegungsrichtung des Körpers.
b) Der Kraftstoß wirkt entgegen der Bewegungsrichtung des Körpers.
c) Der Kraftstoß wirkt senkrecht zur Bewegungsrichtung des Körpers.

6. Ein Gewehr mit 6 kg Masse feuert eine Kugel von 30 g mit der Geschwindigkeit 700 m/s ab. Welche Geschwindigkeit erreicht das frei hängende Gewehr durch den Rückstoß?

7. Aus einem Boot der Masse 160 kg springt ein Junge von 40 kg in flachem Startsprung ins Wasser, wobei der Kahn durch den Rückstoß die Geschwindigkeit 0,75 m/s erhält.

a) Mit welcher Geschwindigkeit sprang der Junge ins Wasser?
b) Mit welcher mittleren Kraft erfolgte der Absprung, wenn für die Absprungdauer (1/3) s angenommen wird?

♦ 8. Eine waagrecht fliegende Granate explodiert. Wie verändert sich durch die Explosion
a) der Impuls,   b) die Energie? (Der Luftwiderstand soll vernachlässigt werden.)

9. In dem abgebildeten Lauf stecken zwei Geschosse mit den Massen $m_1 = 10$ g und $m_2 = 20$ g. Das dazwischenliegende Pulver gibt bei der Zündung die Energie 10 Joule ab. Berechne die Geschwindigkeiten von m_1 und m_2, wenn a) nur der Lauf, b) der Lauf und m_1, c) der Lauf und m_2 festgehalten wird!

2.6.1.9

2.6.2. Unelastischer Stoß

1. Ein Körper der Masse 6 kg trifft in vollkommen unelastischem Stoß mit der Geschwindigkeit 5 m/s auf einen zweiten ruhenden Körper der Masse 8 kg.
a) Berechne die Geschwindigkeit der beiden Körper nach dem Stoß!
b) Berechne den Energieverlust!

2. Mit einem Luftgewehr schießt man auf ein bifilar aufgehängtes Brett von 109 g (Länge der Aufhängefäden je 238 cm). Die Auslenkung durch den Stoß beträgt 28 cm. Berechne die Geschwindigkeit des Geschosses von 0,55 g Masse!

3. Ein Körper der Masse m_1 trifft mit der Geschwindigkeit v in vollkommen unelastischem Stoß auf den ruhenden Körper der Masse m_2.
a) Berechne die gemeinsame Geschwindigkeit u der beiden Körper nach dem Stoß!
b) Zeige, daß der auftretende Energieverlust $\frac{1}{2}Mv^2$ ist, wobei $\frac{1}{M} = \frac{1}{m_1} + \frac{1}{m_2}$ ist (Satz von Carnot).

4. Ein Rammbär von 300 kg Masse fällt aus 2 m Höhe auf die Schiene mit 160 kg Masse einer Spundwand und schlägt sie dabei um 1 cm tiefer in den Boden.
a) Mit welcher Geschwindigkeit trifft der Rammbär auf die Schiene?
b) Welche Geschwindigkeit besitzen Rammbär und Schiene unmittelbar nach dem völlig unelastischen Stoß?
c) Welche Verzögerung erfahren Rammbär und Schiene durch die Reibung am Erdreich?
d) Wie groß ist die Gleitreibungskraft des Erdreiches und damit die Tragkraft der Schiene?
e) Welche kinetische Energie besitzen Rammbär und Schiene zusammen unmittelbar nach dem unelastischen Stoß?
f) Welche Reibungskraft ist nötig, um diese Energie auf einem Wege von 1 cm in Wärme umzuwandeln?

5. Auf eine waagrechte Fläche fallen Hagelkörner der Masse 5 g mit der Geschwindigkeit 15 m/s unelastisch auf. Es sind 60 solcher Hagelkörner in 1 m³ enthalten.
a) Berechne den Druck, der auf dieser Fläche entsteht!
b) Wie groß wäre der Druck bei vollelastischem Auftreffen der Körner?

Aufgaben Kapitel 2

2.6.3. Elastischer Stoß

1. Auf einen ruhenden Körper der Masse $m_1 = 10$ kg trifft in elastischem Stoß ein zweiter Körper der Masse $m_2 = 6$ kg mit der Geschwindigkeit $v = 5$ m/s.
   a) Berechne den Impuls des Systems vor dem Stoß und stelle ihn durch einen Vektor dar!
   b) Berechne den Impuls des Systems nach dem Stoß und stelle ihn ebenfalls durch einen Vektor dar!
2. Ein 10 t schwerer Güterwagen wird mit der Geschwindigkeit 3 m/s gegen einen zweiten stehenden gestoßen. Dieser bewegt sich nach dem Stoß mit der Geschwindigkeit 2 m/s. Welche Masse hat der zweite Güterwagen? Mit welcher Geschwindigkeit bewegt sich der erste Wagen nach dem Stoß? (Der Vorgang wird völlig elastisch angenommen!)
3. Newton hat sein zweites Gesetz in folgendem Sinn formuliert: Kraft gleich Impulsänderung durch Zeit. Zeige, daß bei unveränderlicher Masse diese Formulierung dasselbe aussagt, wie: Kraft gleich Masse mal Beschleunigung.
4. Ein Körper der Masse 24 g und der Geschwindigkeit 15 m/s wird von einem zweiten Körper der Geschwindigkeit 20 m/s eingeholt und in zentralem, völlig elastischem Stoß getroffen. Der erste Körper hat nach dem Stoß die Geschwindigkeit 21 m/s. Welche Geschwindigkeit hat der zweite Körper danach? Wie groß ist seine Masse?
5. Sieben gleiche und völlig elastische Kugeln der Masse m sind an Fäden so aufgehängt, daß sie eine gerade Reihe bilden und sich in Ruhelage ohne Druck berühren. Man hebt nun rechts zwei Kugeln hoch und läßt sie los, so daß sie mit der Geschwindigkeit v auf die restliche Reihe der Kugeln aufprallen.
   a) Zeige, daß Energie- und Impulssatz erfüllt sind, wenn zwei Kugeln links abgestoßen werden und dabei die Geschwindigkeit v erhalten!
   b) Zeige, daß das nicht der Fall wäre, wenn links nur eine Kugel mit doppelter Geschwindigkeit abgestoßen würde!
6. Beweise, daß zwei elastische Kugeln gleicher Masse beim zentralen Stoß ihre Geschwindigkeiten austauschen!
7. Beweise, daß eine Kugel, die in elastischem Stoß senkrecht auf eine ruhende Wand stößt, mit derselben Geschwindigkeit zurückgeworfen wird!
8. Ein Eisstock prallt mit der Geschwindigkeit v_1 in zentralem, völlig elastischem Stoß auf eine kleine Eisscheibe. Welche Geschwindigkeit erhält diese, wenn ihre Masse so klein ist, daß man sie gegenüber dem Eisstock vernachlässigen darf?
9. Ein Ball mit der sehr kleinen Masse m stößt mit der Geschwindigkeit u senkrecht gegen eine in derselben Richtung mit der Geschwindigkeit $\frac{u}{2}$ bewegte Wand sehr großer Masse in völlig elastischem Stoß.
   a) Ermittle die Geschwindigkeit des Balles nach dem Stoß durch Überlegung! (Anleitung: Ein Junge wirft im fahrenden Eisenbahnwagen einen Tennisball gegen die Stirnwand des Wagens. Beschreibe dabei den Vorgang vom Standpunkt eines ruhenden und eines mitfahrenden Beobachters!)
   b) Ermittle die Geschwindigkeit durch Rechnung!
   c) Beweise daraus: Eine Turbine hat dann ihren höchsten Wirkungsgrad, wenn die Geschwindigkeit der Schaufeln halb so groß ist wie die des einströmenden Wassers.
10. An eine elastische Wand wird mit gleichen Geschwindigkeiten a) ein völlig elastischer Tennisball, b) ein gleichschwerer unelastischer Tonklumpen geworfen. Wie verhalten sich die beiden Kraftstöße?

◆ 11. Wie verhält sich ein reibungsfrei beweglicher Wagen, wenn auf seine feste Wagenoberfläche schräg von oben geworfen wird
a) ein völlig elastischer Ball,
b) ein völlig unelastischer Tonklumpen?

12. Auf eine Wand stoßen in einer Sekunde N Teilchen der Masse m mit der Geschwindigkeit v und werden elastisch zurückgeworfen. Welche Kraft erfährt die Wand dadurch im Mittel?

13. Zeige, daß zur Abbremsung von Neutronen (relative Atommasse 1) wasserstoffhaltige Substanzen, z. B. Paraffin, besonders geeignet sind!
Anleitung: Zeige, daß der stoßende Körper der Masse m_1 seine Energie vollständig verliert, wenn der gestoßene (vorher in Ruhe befindliche) Körper die Masse $m_2 = m_1$ hat.

2.7. Kreisbewegung

2.7.1. Winkelgeschwindigkeit

1. Wie viele Umdrehungen je Sekunde macht ein Autoreifen von 72 cm Durchmesser bei der Fahrgeschwindigkeit 90 km/h?

◆ 2. Trägt man für eine Bewegung die Geschwindigkeitsvektoren in einem Punkt an und verbindet deren Endpunkte, so erhält man den sog. „Hodographen" (Polardiagramm der Geschwindigkeit). Zeichne den Hodographen für
a) eine Kreisbewegung, b) den waagrechten, c) den schiefen Wurf!

3. Ein rotierender Körper hat die Winkelgeschwindigkeit $400\ \text{s}^{-1}$.
a) Berechne die Drehzahl/Sekunde! b) Berechne die Umlaufzeit T!

4. Welche Winkelgeschwindigkeit hat
a) der Stundenzeiger, b) der Minutenzeiger, c) der Sekundenzeiger einer Uhr?

5. Welche Geschwindigkeit hat ein Punkt des Äquators bei der Erdrotation?

6. Wie groß ist die Geschwindigkeit eines Punktes des 60. Breitengrades?

7. Welche Winkelgeschwindigkeit hat die Erde?

◆ 8. Eine Glimmlampe wird an das Wechselstromnetz (50 Hz) angeschlossen und zur Beleuchtung einer stroboskopischen Scheibe verwendet.
a) Wie muß die Scheibe aussehen, wenn man 20 Umdrehungen je Sekunde bzw. 50 Umdrehungen je Sekunde feststellen will?
b) Zeige, daß diese Bestimmung nicht völlig eindeutig wird!

◆ 9. Die abgebildete Scheibe wird auf die Achse eines Elektromotors mit $16\frac{2}{3}$ Umdrehungen/Sekunde gesetzt und mit einer Glimmlampe (100 Lichtblitze/Sekunde) stroboskopisch beleuchtet.
a) Was ist zu beobachten?
b) In welcher Richtung und mit welcher Winkelgeschwindigkeit scheinen die äußeren Punkte zu rotieren?
c) Beantworte dieselbe Frage für die inneren Punkte!

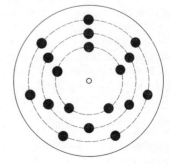

2.7.1.9

Aufgaben Kapitel 2

2.7.2. Zentralkraft

1. Wenn die Straßenbahn eine Linkskurve fährt, wird ein stehender Fahrgast an die rechte Außenwand gedrückt. Beschreibe die Kraft, die das bewirkt!

2. Auf einem Kreis mit dem Radius r bewegt sich ein Körper der Masse m mit der Geschwindigkeit v. Ohne Zentralkraft würde der Körper eine geradlinige Bewegung in tangentialer Richtung ausführen und in der Zeit t den Weg l zurücklegen. Durch die Zentralkraft wird der Körper in dieser Zeit t um den Weg s auf den Mittelpunkt zu beschleunigt bewegt. Berechne die Beschleunigung a mit Hilfe des Tangentensatzes!

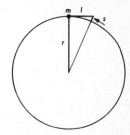

2.7.2.2

3. Auf einen rotierenden Körper wirkt die Zentrifugalkraft 40 Newton.
Wie groß wird die Zentrifugalkraft,
a) wenn bei gleichbleibendem Radius seine Geschwindigkeit doppelt so groß wird,
b) wenn er mit gleicher Geschwindigkeit auf eine Kreisbahn mit dem 1 1/2 fachen Radius übergeht?

4. Die Zentripetalbeschleunigung eines Körpers, der sich auf einem Kreis von 90 cm Radius bewegt, beträgt 500 m/s².
a) Berechne die Umlaufdauer!
b) Wie groß müßte die Umlaufdauer sein, damit die Zentripetalbeschleunigung gleich der Erdbeschleunigung wird?

5. Eine Ultrazentrifuge hat 4 cm Radius und rotiert mit 200 U/s. Welche Zentrifugalkraft wirkt am Rande auf ein Teilchen der Masse 1 mg?

6. Ein Karussell mit 6 m Durchmesser macht in 5 Sekunden 2 Umdrehungen.
a) Welche Kraft wirkt am Rande auf eine Person der Masse 70 kg?
b) Welche Arbeit muß die Person leisten, wenn sie radial zum Mittelpunkt des Karussells geht?

7. Ein Variosrotor auf einem Volksfest hat einen Durchmesser von 5 m.
a) Welche <u>Geschwindigkeit</u> muß die Seitenwand besitzen, daß man den Boden senken kann, ohne daß ein Körper von der Wand abgleitet? (Reibungszahl $\mu = 0{,}25$)
b) Wie viele Umdrehungen je Sekunde macht der Rotor dabei?
c) Welche Kraft übt dabei ein Mann der Masse 60 kg auf die Seitenwand aus? ($g = 10$ m/s²)

2.7.2.7

8. In einer Schiffsschaukel befindet sich ein Mann der Masse 80 kg. Sein Schwerpunkt ist 2,5 m von der Drehachse entfernt. Beim Schaukeln erreicht er den höchsten Punkt über der Achse mit der Geschwindigkeit $v = 0$.
a) Welche Richtung hat die an dem Mann angreifende Gesamtkraft in dem Augenblick, in dem sich sein Schwerpunkt in Höhe der Achse befindet?
b) Mit welcher Kraft wird der Mann auf den Boden der Schaukel gedrückt, wenn sich diese im tiefsten Punkt befindet?

9. Eine Kugel wird an einer Schnur in einem vertikalen Kreis mit dem Radius r geschwungen.
   a) Wie groß muß die Geschwindigkeit der Kugel im höchsten Punkt des Kreises mindestens sein, damit die Schnur gespannt bleibt?
   b) Wie groß ist in diesem Fall die Geschwindigkeit im tiefsten Punkt?
   c) Wie groß ist die Fadenspannung im tiefsten Punkt?
   d) Wie hoch stiege die Kugel, wenn der Faden in dem Augenblick abgebrannt würde, in dem sich die Kugel genau vertikal nach oben bewegt?

10. Aus welcher Mindesthöhe h muß ein Körper eine vertikale Schleifenbahn durchfahren, damit er im höchsten Punkt der kreisförmigen Schleife nicht abfällt? (Schleifenradius $= r$) Die Reibung darf vernachlässigt werden.

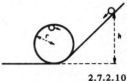

2.7.2.10

11. Ein Körper der Masse 500 g hängt an einem 0,9 m langen Faden. Er wird in einem 1,5 m über dem ebenen Erdboden liegenden horizontalen Kreis immer schneller herumgeschleudert, so daß der Faden praktisch waagrecht gespannt ist und schließlich reißt. Nach dem Reißen fliegt der Körper noch 15 m weit, bis er auf dem Boden aufschlägt.
    a) Welche Bewegung beschreibt der Körper nach dem Reißen des Fadens und welche Bewegungsgleichungen sind anzuwenden? ($g = 10$ m/s^2)
    b) Bei welcher Bahngeschwindigkeit riß der Faden?
    c) Wie groß ist die Bewegungsenergie des Körpers beim Aufprall?
    d) Wie groß ist die Reißfestigkeit des Fadens?

12. Zwei Körper mit den Massen m_1 und m_2, die punktförmig angenommen werden sollen, sind durch einen 20 cm langen Faden verbunden (Abb.). Sie können aber an der Stange frei verschoben werden.

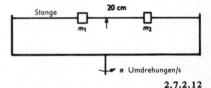

2.7.2.12

    a) Welche Abstände müssen m_1 und m_2 vom Drehpunkt haben, damit bei Rotation Gleichgewicht herrscht?
    b) Welche Art von Gleichgewicht besteht?

▸ 13. Ein Wägelchen der Masse m läuft vom höchsten Punkt einer Kugel mit dem Radius r ohne Anfangsgeschwindigkeit herab.
    a) Welche Geschwindigkeit besitzt es, wenn es den Bogen α durchlaufen hat?
    b) Welche Normalkraft übt es in dieser Stellung auf die Unterlage aus?
    c) Bei welchem Winkel β löst es sich von der Unterlage ab?

2.7.3. Zentralkraft im Kräfteparallelogramm

1. Berechne die Umlaufdauer eines Kegelpendels der Länge 3 m. Warum ist diese nicht vom Öffnungswinkel abhängig?

2. Eine 8 m breite Straße hat in einer Kurve mit dem Krümmungsradius 300 m die Überhöhung 30 cm. Für welche Geschwindigkeit ist die Kurve eingerichtet?

3. Die Kurve einer Rennbahn soll bei dem Kurvenradius 45 m für die Geschwindigkeit 25 m/s eingerichtet werden. Wie muß man ihre Neigung wählen?

4. Die Spurweite der Eisenbahn beträgt 1,435 m, der Schwerpunkt der Wagen liegt höchstens 1,2 m über den Schienen. Welche Geschwindigkeit darf ein Zug in einer nicht überhöhten Kurve mit 150 m Krümmungsradius höchstens fahren, damit er nicht kippt?

Aufgaben Kapitel 2

5. Ein Eisenbahnzug der Masse 600 t durchfährt mit der Geschwindigkeit 72 km/h eine Kurve mit dem Krümmungsradius 600 m.
   a) Um wieviel muß bei der Spurweite 1,2 m die äußere Schiene gegen die innere überhöht sein, damit kein Kippmoment auftritt?
   b) Um wieviel erhöht sich die Schienenbelastung in der Kurve?

♦ 6. Wann ist die Gewichtskraft eines Zuges größer, bei der Fahrt in östlicher oder in westlicher Richtung?

♦ 7. Am Rande eines Drehschemels steht unter einer Glasglocke eine brennende Kerze. In welcher Richtung brennt die Flamme, wenn man den Drehschemel mit gleichbleibender Winkelgeschwindigkeit dreht? Begründung!

2.8. Gravitation und Raumfahrt

1. Ein Körper wiegt auf der Erdoberfläche 5,000 N (Erdradius 6370 km).
   a) Wie groß ist seine Gewichtskraft in 5 km bzw. 100 km Höhe?
   b) In welcher Höhe wiegt er nur 4,950 N?

2. Berechne die mittlere Dichte der Erde auf Grund des Gravitationsgesetzes! (Gravitationskonstante $G = 6{,}7 \cdot 10^{-11}$ m^3/(kg s^2); $R = 6370$ km)

3. Mit welcher Kraft ziehen sich zwei Ozendampfer mit je 5000 t Wasserverdrängung in der Entfernung 100 m gegenseitig an?

4. a) Stelle die Gewichtskraft eines Körpers der Masse 1 kg in Abhängigkeit von der Höhe h über dem Erdboden (bis 10 000 km Höhe) auf Millimeterpapier graphisch dar! ($g = 10$ m/s^2)
   (Abszisse: 1 cm $\triangleq$ 1000 km; Ordinate: 1 cm $\triangleq$ 1 N)
   b) Bestimme durch Auszählen der Quadrate die Arbeit, die verrichtet werden muß, wenn man den Körper 5000 km hebt!

5. Ein Erdsatellit soll die Erde in 900 km Höhe umkreisen.
   a) Welchen Wert hat die Erdbeschleunigung in dieser Höhe?
   b) Welche Geschwindigkeit muß der Satellit haben?

6. Welche Geschwindigkeit muß eine Rakete haben, die in 100 km Höhe am Äquator um die Erde kreisen soll? ($g = 9{,}55$ m/s^2)

7. Leite das 3. Keplersche Gesetz aus dem Newtonschen Gravitationsgesetz ab!

8. Wie lang wäre das Jahr, wenn die Erde nur halb so weit von der Sonne entfernt wäre?

9. Der Abstand Erde-Sonne beträgt $1{,}5 \cdot 10^8$ km, die Gravitationskonstante $G = 6{,}7 \cdot 10^{-11}$ m^3/(kg s^2).
   a) Berechne daraus und aus der Umlaufdauer der Erde die Masse der Sonne!
   b) Die Sonne erscheint uns unter einem Winkel von 31'. Berechne ihren Durchmesser und ihre mittlere Dichte!
   c) Wie groß ist demnach die Fallbeschleunigung auf der Sonne?

10. Der Halbmesser des Mondes beträgt 1740 km, seine Masse ist 1/81 der Erdmasse.
    a) Berechne die Fallbeschleunigung auf dem Mond!
    b) Welche Gewichtskraft erfährt ein Körper der Masse 70 kg auf dem Mond?
* ♦ c) Wievielmal größer ist die Wurfweite beim schiefen Wurf auf dem Mond gegenüber der auf der Erde?

11. Auf der Zentralen zwischen Erde und Mond erscheint ein Körper in einem bestimmten Punkt schwerelos. In welcher Entfernung vom Mondmittelpunkt (in Erdradien R aus-

gedrückt) ist das der Fall? (Entfernung Erdmittelpunkt − Mondmittelpunkt = 60 Erdradien, Masse Erde : Masse Mond = 81:1).

12. Der Planetoid Eros hat den mittleren Sonnenabstand $4{,}15 \cdot 10^{11}$ m. Berechne seine Umlaufdauer!

13. Einer der Jupitermonde besitzt die Umlaufzeit 42,5 Stunden. Sein mittlerer Abstand vom Jupiter beträgt 427 000 km. Wie groß ist die Masse des Planeten Jupiter?

14. Beim Doppelstern Castor beträgt die Umlaufdauer der beiden Sterne 306,3 Jahre. Sie erscheinen unter dem Winkelabstand $6''$, während ihre Entfernung aus der jährlichen Parallaxe von $0{,}073''$ bestimmt werden kann. Berechne die Masse des Doppelsternes! (Als jährliche Parallaxe bezeichnet man den Winkel, unter dem der Radius $R = 150 \cdot 10^9$ m der Erdbahn vom Stern Castor aus erscheint.)

15. Die Abb. zeigt die Erdbahn (Abstand der Erde E von der Sonne $S = 1{,}0$ AE, d.h. eine astronomische Einheit) und die Marsbahn (Abstand des Mars von der Sonne = 1,52 AE). Die Umlaufdauer der Erde beträgt 1 Jahr.
a) Berechne die Umlaufdauer des Mars!
b) Ein Satellit soll auf der dargestellten Bahn, einer sog. Hohmannbahn, von der Erde zum Mars geschossen werden. Wie lange dauert der Flug?

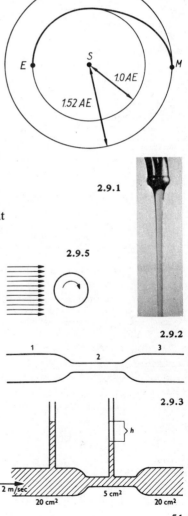

2.8.15

* 2.9. Dynamik der Flüssigkeiten

1. Warum nimmt der Querschnitt eines abwärts ausfließenden Wasserstrahles nach unten ab?(Abb.!)
2. Eine Flüssigkeit oder ein Gas durchströmt das abgebildete Rohr, das an den Stellen 1 und 3 gleich dick, an der dazwischen liegenden Stelle 2 aber verengt ist.
a) Was kann man über die Strömungsgeschwindigkeit an den Stellen 1, 2 und 3 aussagen?
b) Was geschieht demnach mit der Flüssigkeit auf dem Wege von 1 nach 2 bzw. von 2 nach 3?
c) Von welcher Seite muß also zwischen 1 und 2 bzw. 2 und 3 der größere Druck auf die Flüssigkeit wirken?
3. Berechne den Höhenunterschied h in der Abbildung unter Vernachlässigung der Reibung!
4. Ausflußtheorem von Torricelli: In einem Gefäß sei im Abstand h unter der Oberfläche eine Öffnung. Wende die Bernoullische Gleichung auf den Flüssigkeitsspiegel in der Tiefe h und die Öffnung an! Dabei soll angenommen werden, daß der Querschnitt des Gefäßes so viel größer ist als der Querschnitt der Öffnung, daß die Geschwindigkeit des Flüssigkeitsspiegels vernachlässigt werden darf.
5. In welcher Richtung bewirkt der Magnuseffekt auf den rotierenden Zylinder (Abb.) eine Kraft?

Aufgaben Kapitel 3

3. Schwingungen – Wellen – Akustik

3.1. Schwingungen

3.1.1. Harmonische Schwingungen

1. Eine Kugel durchläuft mit konstanter Geschwindigkeit eine Kreisbahn mit 12 cm Radius einmal je Sekunde. Ihr Schatten führt auf einem Schirm harmonische Schwingungen aus. Bestimme die Geschwindigkeit und die Beschleunigung des Schattens
   a) im Mittelpunkt seiner Bewegung,
   b) im Endpunkt seiner Bewegung,
   c) in der Mitte zwischen Mittelpunkt und Endpunkt seiner Bewegung!

2. An einer Schraubenfeder hängt ein Körper der Masse 400 g. Durch einen Stoß in vertikaler Richtung wird die Feder in Schwingungen versetzt. Die Amplitude beträgt 5 cm, die maximale Geschwindigkeit 20 cm/s. ($g = 10$ m/s^2)
   a) Warum ist die entstehende Schwingung harmonisch?
   b) Wie lautet die Weg-Zeit-Gleichung, wenn der Körper zur Zeit $t = 0$ durch die Gleichgewichtslage schwingt?
   c) Wie lange dauert eine Schwingung?
   d) Berechne die größte und die kleinste Kraft, mit der die Feder im Laufe einer Schwingung belastet wird!
   e) Welche Energie wurde beim Anstoß dem System zugeführt?

3. An eine unbelastete Feder wird ein Körper der Masse 200 g gehängt. Er dehnt die Feder 20 cm aus. Nun zieht man die Feder weitere 10 cm aus und läßt sie zur Zeit $t = 0$ los.
   Stelle die Bewegungsgleichung $s = f(t)$ für den entstehenden Schwingungsvorgang auf!

♦ 4. Berechne für die dargestellten Fälle (Abb.) die Schwingungsdauer! (Fall b ohne Reibung!)

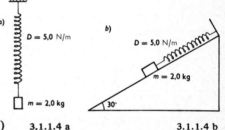

3.1.1.4 a   3.1.1.4 b

♦ 5. In ein U-Rohr vom Querschnitt 1 cm^2 werden 408 g Quecksilber eingefüllt und dann zum Schwingen angeregt. ($g = 10$ m/s^2, Dichte von Hg $= 13,6$ g/cm^3)
   a) Beweise, daß die entstehenden Schwingungen harmonisch sind!
   b) Berechne die Schwingungsdauer!
   c) Wieviel Wasser müßte man an Stelle von Quecksilber in die Röhre füllen, um dieselbe Schwingungsdauer zu erzielen?

♦ 6. In ein U-Rohr mit dem Querschnitt 0,8 cm^2 werden 34 cm^3 Hg gegossen.
   a) Berechne die Schwingungsdauer der Hg-Säule!
   b) Welche Arbeit ist nötig, um das Quecksilber 4 cm aus der Ruhelage zu bringen?
   c) Berechne die Energie der Schwingung bei der Amplitude 4 cm!
   d) Mit welcher Geschwindigkeit geht das Quecksilber im Fall c durch die Ruhelage?
   e) Welche Schwingungsdauer erhält man, wenn man in den rechten Schenkel zusätzlich 10 cm^3 Wasser gießt?

7. Zeige, daß die abgebildete Kette harmonische Schwingungen ausführt! (Die Masse des Rades ist zu vernachlässigen!)

Aufgaben Kapitel 3

8. Zeige, daß das Tauchpendel (Abb.) harmonische Schwingungen ausführt! Wie hängt dabei die Schwingungsdauer vom Querschnitt ab?
9. Ein Aräometer wird zuerst in Alkohol und dann in Wasser zum Schwingen gebracht. Wo ist die Schwingungsdauer größer? Begründung!
10. Ein Körper vollführt einfache harmonische Schwingungen, und zwar 40 Schwingungen je Minute bei der Amplitude 12 cm. Wie groß ist die Auslenkung 2 s nach dem Durchgang durch die Ruhelage?
11. Ein Körper der Masse 7,5 g hängt an einer Schraubenfeder und führt harmonische Schwingungen mit der Amplitude 10 cm und der Frequenz 2,0 Hz aus.
Berechne Lage, Beschleunigung und rücktreibende Kraft des Körpers 0,60 s nach dem Durchgang durch den höchsten Punkt!

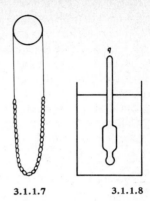

3.1.1.7   3.1.1.8

12. Das freie Ende einer waagrecht einseitig eingespannten elastischen Blattfeder senkt sich unter der Gewichtskraft eines 5 cN schweren Körpers, der am freien Ende befestigt ist, um 4 mm.
a) Wie groß ist die Schwingungsdauer des Körpers, wenn die Feder hochkant eingespannt in waagrechter Ebene schwingt? (Die Eigenmasse der Feder ist zu vernachlässigen!)
b) Mit welcher Geschwindigkeit schwingt der Körper durch die Ruhelage, wenn er 4 mm aus der Ruhelage abgelenkt wurde?
c) Wie groß ist beim Durchgang durch die Ruhelage die kinetische Energie der am freien Ende angebrachten Masse?
d) Wie muß das Ende belastet werden, damit die Blattfeder mit der doppelten Frequenz schwingt?
13. Das mittlere Stück einer Klaviersaite schwinge mit der Amplitude 1 mm und mit der Frequenz 500 Hz. Berechne die maximale Geschwindigkeit und Beschleunigung!

* 3.1.2. Mathematisches Pendel

1. Hat ein Fadenpendel in Wasser dieselbe Schwingungsdauer wie in Luft, wenn man von der Reibung absieht? Begründe die Antwort!
2. Wenn man bei einem Fadenpendel einen schwereren Pendelkörper benutzt, so ändert sich die Schwingungsdauer nicht. Wenn man aber unter den Pendelkörper aus Eisen einen Magneten stellt, wird die Schwingungsdauer kleiner. Warum?
3. Wird die errechnete Schwingungsdauer zu groß oder zu klein, wenn man bei der Ableitung der Pendelformel $\sin\alpha$ durch den Bogenwinkel α ersetzt?
4. Berechne bei einem 70 cm langen Pendel (Masse des Pendelkörpers 30 g) die rücktreibende Kraft, wenn das Pendel 5° aus der Ruhelage entfernt ist! Wie groß ist die Direktionskraft?
5. Ein Sekundenpendel ($T = 2$ s) wurde an einem Ort mit der Erdbeschleunigung $g = 9,810$ m/s² abgestimmt. An einem anderen Ort macht es täglich 100 Schwingungen weniger. Wie groß ist dort g?

53

Aufgaben Kapitel 3

6. Die Pendellänge eines Pendels ist häufig nicht mit Genauigkeit feststellbar. Um die Messung der Pendellänge zu umgehen, hat Bessel folgendes Verfahren verwendet: Die Schwingungsdauer eines Pendels, dessen Länge nicht bekannt sein muß, beträgt T_1: Verkürzt man das Pendel um d, so ergibt sich die Schwingungsdauer T_2.
   a) Berechne hieraus die Erdbeschleunigung!
   b) Warum ist dieses Verfahren zur Bestimmung von g günstiger als das übliche Verfahren, bei dem l bestimmt werden muß?

7. Ein Pendel hat die Schwingungsdauer 3,0 s, ein anderes die Schwingungsdauer 3,1 s. Beide Pendel werden zur selben Zeit losgelassen. Welche Zeit dauert es, bis sie wieder in gleicher Phase sind?

8. Berechne die Direktionskraft bei einem Fadenpendel der Länge l und der Masse m!

9. Um einen Pendelkörper der Masse 3 kg in horizontaler Richtung 15 cm aus der Ruhelage entfernt zu halten, braucht man die Kraft 1,50 N. Berechne
   a) die Pendellänge,
   b) die Schwingungsdauer!

10. Ein Pendelkörper der Masse 1 kg hängt an einem Faden der Länge 1,5 m. Es wird ihm die Geschwindigkeit 2 m/s erteilt. Wie hoch steigt das Pendel aus der Ruhelage nach oben?

11. Die Abbildung zeigt das Galileische Hemmungspendel.
    a) Berechne die Schwingungsdauer!
    ♦ b) Skizziere das Weg-Zeit-Diagramm der Schwingung!

♦ 12. a) Zeige, daß die Geschwindigkeit, mit der ein Pendel durch die Ruhelage geht, seiner Amplitude proportional ist!
    b) Beweise mit Hilfe von a, daß der Ausschlag eines ruhenden Pendels dem treibenden Kraftstoß proportional ist!
    c) Übertrage die gewonnenen Ergebnisse auf das ballistische Galvanometer und zeige, daß der Ausschlag proportional der hindurchgegangenen Elektrizitätsmenge ist!

3.1.2.11

♦ 13. Dimensionsanalyse: Durch Versuch sei festgestellt, daß die Schwingungsdauer eines Pendels nur von der Länge l und der Erdbeschleunigung g abhängig ist. Man kann dann probeweise den Ansatz schreiben: $T = C \cdot l^x \cdot g^y$; wobei C eine Konstante ist.
    a) Welche Werte müssen x und y haben, damit sich T als eine Zeit ergibt?
    b) Wie lautet demnach das Pendelgesetz?

♦ 14. Bei der experimentellen Bestimmung der Schwingungsdauer eines Pendels in Abhängigkeit von der Länge hat man folgende Werte erhalten:

Länge l:	0,5 m	1,0 m	1,5 m	2,0 m
Schwingungsdauer T:	1,42 s	2,00 s	2,46 s	2,84 s

a) Zeichne ein Diagramm mit der Abszisse $\log \frac{l}{l_0}$ und der Ordinate $\log \frac{T}{T_0}$! Was ergibt sich? Welchen Schluß kann man ziehen? ($l_0 = 1$ m; $T_0 = 1$ s)
b) Gib eine allgemeine Regel an, wie man im Potenzgesetz $y = C \cdot b^x$ durch Logarithmieren und graphische Darstellung C und x bestimmen kann!

Aufgaben Kapitel 3

* **3.1.3. Physikalisches Pendel**

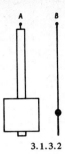

3.1.3.2

1. Ein Uhrpendel aus Messing schlägt bei der Temperatur 15°C genau die Sekunden ($T = 2$ s). Um wieviel Sekunden wird die Uhr in 24 Stunden falsch gehen, wenn die Temperatur auf 0°C absinkt?
Längenausdehnungs-Koeffizient von Messing $\alpha = 0,000018/K$.

♦ 2. Kuckucksuhren haben häufig ein Pendel der nebenstehenden Form A. Welchen Vorteil hat diese Form gegenüber der Form B beim Regulieren der Ganggeschwindigkeit der Uhr?

3.1.4. Koppelschwingungen, Resonanz

♦ 1. Wie kann auch ein kleines Kind eine schwere Pendeltüre zum Schwingen anregen?

2. Beschreibe mit Skizzen die drei Arten von Koppelung gleich langer Fadenpendel! Ergänze die Ausführungen durch graphische Erläuterung des jeweils erfolgenden Energieüberganges! (Anleitung: Stelle die Auslenkung der beiden Pendel jeweils untereinander in Abhängigkeit von der Zeit graphisch dar!)

3. Die Körper mit den Massen $m_1 = 1$ kg und $m_2 = 4$ kg werden nebeneinander an gleich langen Fäden aufgehängt und durch eine Gummischnur lose gekoppelt. Pendel I (Masse m_1) hat die Schwingungsdauer 1,5 s. Es wird 10 cm ausgelenkt und dann losgelassen, während sich Pendel II (Masse m_2) zu diesem Zeitpunkt in Ruhe befindet. Die Aufhängung der beiden Pendel ist so zu denken, daß beide Pendel nur ebene Schwingungen ausführen können und zwar in der durch ihre Ruhelage bestimmten Ebene. Außerdem sei durch genügend großen Abstand der Pendel ein Zusammenstoß ausgeschlossen.
a) Beschreibe den nun ablaufenden Vorgang und mache dabei Aussagen über die Amplitude der auftretenden Schwingungen und über den Einfluß der Festigkeit der Koppelung auf den Vorgang.
b) Welche Höchstgeschwindigkeit kann der Körper der Masse m_2 bei seinen erzwungenen Schwingungen nur erhalten und wie weit kann er sich höchstens aus der Ruhelage entfernen? (Führe eine Energiebetrachtung durch, aus der sich diese Fragen beantworten lassen!)

4. Führe Beispiele für Resonanz aus dem praktischen Leben an!

3.1.5. Überlagerung und Interferenz von Schwingungen

1. Folgende fünf Schwingungen sind gegeben:

$y_1 = 3 \sin \omega t$; $\quad y_2 = 3 \sin\left(\omega t - \frac{\pi}{3}\right)$; $\quad y_3 = 2 \sin\left(\omega t - \frac{\pi}{2}\right)$;

$y_4 = 1,5 \sin(2\omega t)$ $\quad y_5 = 1,5 \sin\left(2\omega t + \frac{\pi}{2}\right)$

Überlagere graphisch ($T \triangleq 6$ cm):
a) y_4 und y_4;
b) y_1 und y_2;
c) y_1 und y_3;
d) y_1 und y_4;
e) y_1 und y_5;
f) y_2 und y_3!

2. Zwei Schwingungen mit gleichen Amplituden $a = 5$ cm sollen so überlagert werden, daß die resultierende Schwingung eine Amplitude von 7 cm erhält. Welchen Phasenunterschied müssen die beiden ursprünglichen Schwingungen haben?

Aufgaben Kapitel 3

3. Zwei Schwingungen derselben Frequenz mit den Amplituden $a_1 = 5$ cm und $a_2 = 3$ cm werden mit dem Phasenunterschied 50° überlagert.
   a) Bestimme die Amplitude der resultierenden Schwingung!
   b) Berechne ihre Phasendifferenz gegenüber der Schwingung mit der Amplitude 5 cm!

4. Zwei Schwingungen mit gleichen Amplituden $a_1 = a_2 = 1$ cm und den Schwingungsdauern $T_1 = 1$ s und $T_2 = 0,9$ s werden überlagert. Stelle die resultierende Schwingung für die Zeit $t = 0$ bis $t = 20$ s graphisch dar! Maßstab: 1 cm $\triangleq$ 1 s.

5. Zwei Pendel mit den Schwingungsdauern $T_1 = 1,5$ s und $T_2 = 1,6$ s werden gleichzeitig losgelassen.
   a) Wie lange dauert es, bis die Pendel wieder in gleicher Phase sind?
   b) Wie viele Schwingungen führt jedes der beiden in dieser Zeit aus?

6. In der Abb. ist das Frequenzspektrum einer zusammengesetzten Schwingung dargestellt.
   a) Stelle ihre Gleichung auf!
   ♦ b) Warum ist durch das Frequenzspektrum die Gleichung nicht eindeutig festgelegt?

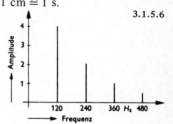

3.1.5.6

7. a) Zeichne das Frequenzspektrum folgender zusammengesetzter Schwingung:
   $y = 8(\sin\omega t - \frac{1}{3}\sin 3\omega t + \frac{1}{5}\sin 5\omega t)$;
   b) Stelle eine Periode dieser Schwingung graphisch dar! $f = 1$ Hz.
   Maßstäbe: 1 s $\triangleq$ 12 cm; 1 cm $\triangleq$ 2 cm.

♦ 8. Zwei sinusförmige Wechselspannungen U_x und U_y werden direkt an die Plattenpaare eines Kathodenstrahloszillographen gelegt. Der Schirm zeigt das Überlagerungsbild zweier Schwingungen, deren Schwingungsebenen aufeinander senkrecht stehen. Es erscheinen die Bilder a) bis h) der Abb. 315.8. Berechne jeweils
   1) den Quotienten der Amplituden a_y/a_x,
   2) den Quotienten der Frequenzen f_y/f_x,
   3) für die Fälle a) bis e) den Phasenunterschied.

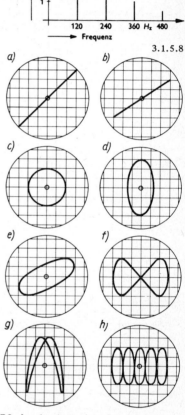

3.1.5.8

3.2. Wellen

3.2.1. Querwellen

1. Über eine Reihe von 25 gekoppelten Pendeln ($T = 0,72$ s) schreitet eine Querwelle mit der Amplitude 1,5 cm und der Wellenlänge 6 cm. Die Pendel haben den Abstand 0,5 cm. Zeichne Bilder der Welle nach 0,36 s, 1,08 s und 1,26 s!

2. Eine Welle hat die Geschwindigkeit 12 cm/s, die Frequenz 2 Hz und die Amplitude 1 cm. Zeichne die Welle $1\frac{1}{12}$ s nach Beginn der Wellenbewegung!

3. Eine Reihe von Fadenpendeln mit der Länge je 40 cm wird durch eine Holzleiste senkrecht zur Pendelreihe aus der Ruhelage verschoben, dann wird die Leiste parallel zur Pendelreihe mit der Geschwindigkeit 0,8 m/s weggezogen. Berechne die Wellenlänge der entstehenden Welle!

4. Wie groß ist die Fortpflanzungsgeschwindigkeit einer Welle, wenn die Wellenlänge 90 cm und die Schwingungsdauer der Teilchen 0,6 s beträgt?

5. Auf einer Wasseroberfläche gehen von einem Wellenzentrum je Sekunde 6 Wellenberge aus. Der erste Wellenberg erreicht das 12 m entfernte Ufer nach 5 s. Welche Wellenlänge haben die Wellen?

♦ 6. Das Ende eines langen Seiles wird senkrecht zur Seilrichtung gleichmäßig hin- und herbewegt.
   a) Was für eine Welle entsteht?
   b) Was haben die Schwingungen der einzelnen Teilchen des Seiles gemeinsam, wodurch unterscheiden sie sich?
   c) Wie ändert sich die Wellenlänge, wenn man die Frequenz verdoppelt?

7. Das erste Teilchen eines längeren Seiles führt harmonische Schwingungen aus. In einer Minute erfolgen 40 Durchgänge durch die Gleichgewichtslage mit der Geschwindigkeit 6 cm/s.
   a) Wie lautet die Bewegungsgleichung $y = f(t)$, falls zur Zeit $t = 0$ ein Durchgang durch die Gleichgewichtslage erfolgt?
   b) Mit welchem Phasenunterschied schwingen zwei Teilchen des Seiles, die den Abstand 1 m haben, wenn die Geschwindigkeit der Welle 5 m/s beträgt?

8. In der positiven x-Richtung breitet sich mit der Geschwindigkeit $v = 2$ m/s eine Transversalwelle aus, die zur Zeit $t = 0$ im Nullpunkt beginnt. Die Amplitude beträgt 10 cm, die Frequenz 0,5 Hz.
   a) Berechne die Wellenlänge!
   b) Wann beginnt das Teilchen bei $x = 150$ cm zu schwingen?
   c) Berechne Phase und Auslenkung dieses Teilchens zur Zeit $t = 2$ s!
   d) Welche Abszisse hat das Teilchen, das zur Zeit $t = 0,5$ s zum erstenmal die Auslenkung 4 cm erfährt?

3.2.2. Fortschreitende Längswellen

1. Über eine Punktreihe von 15 Punkten mit je 1 cm Abstand läuft eine Längswelle, die zur Zeit $t = 0$ beim ersten Punkt beginnt und die Wellenlänge 8 cm besitzt. Zeichne ein Momentbild der Welle (Amplitude 1 cm)
   a) für den Zeitpunkt, in dem das 6. Teilchen zu schwingen beginnt,
   b) für die Zeit $t = \frac{5}{4} T$,
   c) für den Zeitpunkt, in dem das 4. Teilchen erstmalig die größte Auslenkung erreicht! Welche Phase hat im letzten Fall das erste Teilchen?

2. Längs einer Schraubenfeder bewegt sich eine Längswelle mit der Geschwindigkeit 6 m/s fort. Der Abstand zwischen zwei Verdichtungen beträgt 120 cm. Das mittlere Teilchen einer Verdichtung hat die Geschwindigkeit 10 cm/s.
   a) Welche Amplitude erreichen die Teilchen der Welle?
   b) Welchen Abstand von der vorauseilenden Verdichtung hat ein Teilchen, das sich entgegen der Ausbreitungsrichtung auf die Gleichgewichtslage zu bewegt und von ihr noch 2 mm entfernt ist?

3. In welcher Phase befindet sich in einer fortschreitenden Längswelle das mittlere Teilchen
   a) einer Verdünnung?
   b) einer Verdichtung?

Aufgaben Kapitel 3

* 4. Berechne die Geschwindigkeit einer Längswelle in einer Stahlstange, deren Elastizitätsmodul $E = 2,2 \cdot 10^5 \, \text{N/mm}^2$ und deren Dichte $7,3 \, \text{g/cm}^3$ beträgt!

* 5. In einer Stahlstange der Dichte $7,3 \, \text{g/cm}^3$ beträgt die Fortpflanzungsgeschwindigkeit einer Längswelle 5 km/s. Berechne ihren Elastizitätsmodul!

3.2.3. Überlagerung von Wellen, Interferenz

1. Eine Welle hat die Frequenz 1,37 kHz, eine zweite Welle hat dieselbe Frequenz, eilt aber 0,000547 s nach. Wie groß ist die Phasenverschiebung der beiden Wellen und ihr Gangunterschied in Wellenlängen?

2. Zwei gleichphasig schwingende Wellenzentren haben den Abstand 3 cm und senden Wellen der Wellenlänge 1 cm aus. Konstruiere die Interferenzhyperbeln, auf welchen Auslöschung erfolgt!

3. Zwei gleichphasig schwingende Wellenzentren W_1 und W_2 haben den Abstand 4,5 cm und senden Wellen der Wellenlänge 0,8 cm aus. Parallel zur Verbindungsgeraden $W_1 W_2$ ist ein Schirm aufgestellt. Wie viele Maxima und Minima können auf dem Schirm höchstens entstehen?

♦ 4. Die Abbildung zeigt die beiden Geländer einer Brücke.
a) Deute die beobachtete Verteilung der Stäbe als Schwebung!
(Anleitung: Wodurch kommt die „Schwebung" zustande, obwohl alle Stäbe beider Geländer gleiche Abstände haben?)
b) Wie verändert sich das Bild, wenn man sich der Brücke nähert?

3.2.3.4

3.2.4. Reflexion von Wellen, stehende Wellen

1. Ein 3,6 m langes Seil ist an einem Ende befestigt. Bewegt man das andere Ende mit der Frequenz 1 Hz auf und ab, so entsteht eine stehende Welle mit je einem Knoten an den beiden Enden und in der Mitte des Seiles. Bei welchen anderen Frequenzen ergeben sich ebenfalls stehende Wellen?

♦ 2. Beschreibe die Schwingungen der einzelnen Teilchen (Frequenz, Amplitude, Phase)
a) bei einer fortschreitenden, b) bei einer stehenden Längswelle! Wie ist in jedem Fall die Wellenlänge festgelegt?

♦ 3. Beschreibe die Schwingungen der einzelnen Teilchen (Frequenz, Amplitude, Phase)
a) bei einer fortschreitenden, b) bei einer stehenden Querwelle! Wie ist in jedem Fall die Wellenlänge festgelegt?

♦ 4. Begründe folgende Erscheinungen:
a) Dreht man einen schraubenförmig gebogenen Draht um die Schraubenachse und projiziert ihn an die Wand, so sieht man im Schattenbild eine fortschreitende Welle.
b) Dreht man einen sinusförmig gebogenen Draht um die gedachte Abszissenachse und projiziert ihn an die Wand, so sieht man im Schattenbild eine stehende Welle.

◆ 5. Zeichne eine Sinuskurve für die Werte $x = 0$ bis $x = 4\pi$!
   a) Betrachte diese Kurve als Momentbild einer fortschreitenden Welle zur Zeit $t = t_1$ und zeichne die Welle für die Zeiten $t_2 = t_1 + \frac{T}{4}$, und $t_3 = t_1 + \frac{T}{2}$!
   b) Betrachte diese Kurve als Momentbild einer stehenden Welle zur Zeit $t = t_1$ und zeichne die Welle für die Zeiten $t_2 = t_1 + \frac{T}{4}$, und $t_3 = t_1 + \frac{T}{2}$!

◆ 6. Zeichne eine gerade Punktreihe von 25 Punkten mit je 5 mm Abstand. Betrachte diese Punktreihe als Momentbild einer stehenden Querwelle, deren Teilchen gerade durch die Nullage gehen, deren Amplitude 10 mm und deren Wellenlänge 12 cm betrage. An den Enden befinden sich je ein Schwingungsknoten.
   Zeichne darunter dieselbe Welle für die Zeiten $t = \frac{T}{8}, \frac{T}{4}, \frac{3}{8}T, \frac{T}{2}, \frac{5}{8}T, \frac{3}{4}T, \frac{7}{8}T$, und T und betrachte die Bewegung der einzelnen Punkte!

◆ 7. Zeichne eine gerade Punktreihe von 9 Punkten mit je 10 mm Abstand! Betrachte diese Punktreihe als Momentbild einer stehenden Welle zur Zeit $t = 0$! Am ersten, mittleren und letzten Punkt seien Knoten. Der dritte Punkt bewege sich im Augenblick nach rechts. Zeichne das Momentbild dieser Welle für die Zeit $t = 1{,}75\,T$, wenn die Amplitude $a = \frac{\lambda}{8}$ beträgt!

8. Das eine Ende eines 8 m langen Gummischlauches ist unter Zwischenschaltung eines Bindfadens an der Wand befestigt. Das andere Ende wird mit der Frequenz $f = 2$ Hz auf- und abbewegt. Es entsteht eine stehende Welle mit 3 Knoten, einer davon bei der erregenden Hand. Bei welcher Frequenz ergeben sich 4 Knoten?

3.2.5. Huygenssches Prinzip

◆ 1. Ein punktförmiges Wellenzentrum liegt 10 cm vor einer reflektierenden Ebene. Konstruiere mit Hilfe des Huygensschen Prinzips die reflektierte Welle für den Zeitpunkt, in dem die Welle ohne Reflexion die Strecke 12 cm zurückgelegt hätte!

2. Auf die Grenzfläche zweier Medien (Verhältnis der Ausbreitungsgeschwindigkeiten = 4 : 3) fällt vom dünneren Medium her kommend eine 5 cm breite ebene Welle unter dem Einfallswinkel 60°.
   a) Konstruiere mit Hilfe des Huygensschen Prinzips die gebrochene Welle!
   b) Berechne den Ausfallswinkel!

3. Auf die Grenzfläche zweier Medien (Verhältnis der Ausbreitungsgeschwindigkeiten = 2 : 3) trifft vom dichteren Medium her kommend eine ebene Welle unter dem Einfallswinkel 35°.
   a) Konstruiere mit Hilfe des Huygensschen Prinzips die gebrochene Welle!
   b) Berechne den Ausfallswinkel!
   ◆ c) Wie groß darf der Einfallswinkel höchstens sein, damit man die Konstruktion noch durchführen kann? (Grenzwinkel der Totalreflexion!)

4. Die Kopfwelle eines Geschosses bildet einen Kegel mit dem Öffnungswinkel 40°. Berechne die Geschwindigkeit des Geschosses! (Schallgeschwindigkeit 340 m/s)

◆ 5. Der Parabelabschnitt $y^2 = 9x; |y| \leq 6$ soll einen parabolischen Hohlspiegel darstellen. Von rechts kommt eine ebene Welle und trifft auf den Spiegel.
   a) Fasse jeden Punkt des Spiegels als Zentrum von Elementarwellen auf und ermittle durch Konstruktion, wo sich die Elementarwellen in dem Zeitpunkt vereinigen, in dem die ebene Welle ohne Hohlspiegel bei $x = -1$ angekommen wäre!

Aufgaben Kapitel 3

b) Zeichne die Wellenfläche für den Zeitpunkt, in dem die einfallende ebene Welle ohne den Hohlspiegel bei $x = -3$ angekommen wäre!

6. Zeichne eine Ellipse mit den Halbachsen $a = 5$ cm und $b = 4$ cm. In einem der beiden Brennpunkte befindet sich ein Wellenzentrum; die Wellen werden an der Ellipse reflektiert. Zeichne mit Hilfe des Huygensschen Prinzips das Bild einer Wellenfront, die 9 cm zurückgelegt hat.
(Anleitung: Zeichne zuerst die Lage der Wellenfront ohne Reflexion an der Ellipse und bestimme hieraus die Radien der Elementarwellen.)

3.3. Akustik

3.3.1. Hörbare Schwingungen

1. Die untere Hörgrenze des menschlichen Ohres liegt bei 16 Hz, die obere bei 18 000 Hz. Berechne hieraus für die Luft (Schallgeschwindigkeit 340 m/s) die Wellenlänge des tiefsten und höchsten Tones, den der Mensch hören kann!
2. Ein Ton hat die Frequenz 800 Hz. Berechne die Wellenlänge
   a) in Luft (Schallgeschwindigkeit 340 m/s),
   b) in Wasser (Schallgeschwindigkeit 1450 m/s)!
3. Ein Schiff ermittelt die Wassertiefe durch Echolot. Das ausgesandte Signal wird nach 3,54 s empfangen. Berechne die Tiefe, wenn die Schallgeschwindigkeit in Wasser 1450 m/s beträgt!
4. Zur Messung der Frequenz einer Stimmgabel wird folgender Versuch ausgeführt: Man erzeugt denselben Ton mit einer Lochsirene von 24 Löchern. Die Scheibe macht dabei in 22,8 Sekunden 420 Umdrehungen. Berechne die Frequenz der Stimmgabel!
♦ 5. Warum hört man eine Biene fliegen, einen Schmetterling aber nicht?

3.3.2. Intervalle

1. Wie viele Oktaven umfaßt der Hörbereich des Menschen (16 Hz bis 18 kHz)?
2. Eine Sirene mit drei Lochreihen erzeugt einen Durdreiklang, dessen tiefster Ton durch eine Reihe mit 24 Löchern hervorgerufen wird.
   a) Bei welcher Umdrehungszahl besitzt dieser Ton die Frequenz 440 Hz?
   b) Wie viele Löcher haben die beiden anderen Reihen?
3. Eine Lochsirene soll einen Vierklang (Prim, große Terz, reine Quint, Oktave) ergeben.
   a) Welche Anzahl von Löchern muß jede Reihe mindestens aufweisen?
   b) Welche Frequenzen ergeben sich bei 3600 Umdrehungen je Minute?
   c) Welche Tonart ergibt sich bei 33 Umdrehungen je Sekunde?
4. Von einem beliebigen Ton (Frequenz f) geht man eine Oktave aufwärts und von dem so erhaltenen Ton eine Quart abwärts, wodurch sich ein Ton mit der Frequenz f' ergibt. Welches Intervall bilden die Töne mit den Frequenzen f und f'?
5. Zwischen die Töne mit den Frequenzen 600 Hz und 850 Hz ist ein dritter Ton so einzuschieben, daß er mit den beiden gegebenen Tönen dasselbe Intervall bildet. Welche Frequenz hat der gesuchte Ton?

6. Wie viele Oktaven und welches weitere Intervall ergeben das Frequenzverhältnis 1:12?
7. a) Bestimme von a^1 (440 Hz) ausgehend die Frequenzen der C-Dur-Tonleiter von c^1 bis c^2 in reiner Stimmung!
   b) Bestimme die Frequenzen derselben Tonleiter in der gleichschwebend-temperierten Stimmung!
8. Eine Schallplatte für $33\frac{1}{3}$ Umdrehungen je Minute wird versehentlich mit 45 Umdrehungen je Minute abgespielt. In welcher Tonart hört man das Musikstück, wenn es in G-Dur geschrieben ist?
9. Ein Ton hat die Frequenz 480 Hz.
   a) Berechne die Frequenz der beiden Töne, die mit ihm eine Quint ergeben!
   b) Welches Intervall bilden diese beiden Töne?
10. Welche Töne sind in der C-Dur-Tonleiter zu verändern und wie sind sie zu verändern, damit sich a) die D-Dur-Tonleiter, b) die Es-Dur-Tonleiter ergibt?
11. Welchen Differenzton hört man beim Erklingen von a^3 und c^4?
♦ 12. Zeige, daß unserem Notensystem eine logarithmische Skala zugrunde liegt!

* 3.3.3. Tonerreger

1. Die 1,2 m lange Saite eines Monochordes ist auf den Ton c^1 (264 Hz) gestimmt.
   a) Welche Frequenz ergibt die Saite, wenn man sie um 24 cm verkürzt?
   b) Welcher Ton ist das?
2. Eine Saite (Grundfrequenz 360 Hz) wird (mit Hilfe von Resonanz) mit der Frequenz 1440 Hz erregt.
   a) Zeichne die schwingende Saite in der größten Auslenkung!
   b) Um welche Oberschwingung handelt es sich?
3. Eine Saite ist 1,2 m lang. Wo ist ein Steg unterzustellen, damit die beiden Teile der Saite mitsammen a) eine Oktave, b) eine Quint, c) eine große Terz, d) eine Septime ergeben?
♦ 4. Eine Saite der Länge 1,2 m schwingt gleichzeitig in der Grundschwingung (Amplitude 1 cm) und in der ersten Oberschwingung (Amplitude 0,5 cm). T sei die Schwingungsdauer der Grundschwingung. Stelle das Bild der schwingenden Saite für folgende Zeiten durch Zeichnung dar: 0 s, $T/8$, $T/4$, $(3/8)\cdot T$, $T/2$, $(5/8)\cdot T$. Maßstab für die Länge 1:10, für die Auslenkung 1:1. Beide Schwingungen sollen zur Zeit $t=0$ in der Ruhelage beginnen.
5. Die Saite eines Monochordes ist 96 cm lang, sie wird durch einen Steg im Verhältnis 1:3 geteilt. Der Ton des längeren Teilstückes hat die Frequenz 440 Hz. Auf welchen Grundton ist die Saite gestimmt?
6. Eine Saite gibt in der Grundschwingung den Ton g. Welche Töne erscheinen als 1. bis 4. Oberschwingung?
7. Wie lang muß eine offene Pfeife sein, damit sie den Grundton a) F, b) f^1, c) a^1 gibt?
8. Berechne die Länge einer gedeckten Pfeife, die den Ton a) a^1, b) f^1, c) E gibt!
9. Eine Stimmgabel hat die Frequenz 660 Hz.
   Wie lang muß eine offene Pfeife sein, damit sie denselben Ton a) als Grundton, b) als ersten Oberton hervorbringt?

Aufgaben Kapitel 3

10. Drei offene Pfeifen ergeben, wenn man sie zusammen anbläst, einen Durdreiklang (Grundton, große Terz, reine Quint). Wie verhalten sich ihre Längen?

11. a) Berechne die Wellenlängen und Frequenzen einer offenen und einer gedeckten Pfeife der Länge 0,6 m für den Grundton und die beiden ersten Obertöne.
    b) Welche Frequenzen haben die entstehenden Grundtöne, wenn man die Pfeifen in einer Wasserstoffatmosphäre (Schallgeschwindigkeit 1370 m/s) anbläst?
    c) Stelle für a die Frequenzen der möglichen Töne im Frequenzspektrum dar!

12. Die Frequenz einer einseitig eingespannten Blattfeder hängt folgendermaßen von ihrer Länge ab:

Länge in cm:	2	4	6	8	10
Frequenz in Hz:	1870	468	209	117	75

a) Stelle die Frequenz in Abhängigkeit von der Länge graphisch dar!
b) Stelle die Abhängigkeit durch eine Gleichung dar!
c) Bei welcher Länge ergibt sich die Frequenz 440 Hz?
d) Bestimme die Frequenz bei 7 cm Länge!

3.3.4. Überlagerung und Interferenz von Schallwellen

* ♦ 1. Eine Langspielplatte rotiert mit 33 $\frac{1}{3}$ Umdrehungen je Minute.
    a) Stelle ein 0,5 cm langes Stück der Plattenrille im Maßstab 1:20 dar, wenn die Platte gerade den Ton a^1 wiedergibt und der Saphir 12,6 cm Abstand vom Plattenmittelpunkt hat. Amplitude in der Zeichnung 5 mm; die kreisförmige Krümmung der Rille soll vernachlässigt werden.
    b) Zeichne die Rille im gleichen Maßstab, wenn zugleich der Ton A (Amplitude 5 mm) erklingen soll!

* ♦ 2. Ein Quinckesches Interferenzrohr hat zwei Zweige der Länge 80 cm bzw. 62 cm. Gib je zwei Frequenzen für Schallwellen an, die sich auslöschen bzw. verstärken.

* ♦ 3. Eine Lochsirene mit 15 Schlitzen und eine mit 16 Schlitzen werden aufeinandergelegt. Schlitz und Zwischenraum zwischen zwei Schlitzen sollen dabei gleich groß sein. Skizziere die entstehende Lochsirene und deute das Ergebnis!

4. Schallwellen gleicher Länge fallen in gleicher Phase senkrecht auf einen Doppelspalt. Die Entfernung der Spaltmitten A und B ist 10 cm. Die Mitte von AB ist O. Wird auf der anderen Seite des Spaltes ein Schallempfänger in die Richtung OE senkrecht zu AB gebracht, so zeigt er höchste Lautstärke an, welche bei seitlichem Verschieben ab und dann wieder zunimmt. Beim ersten seitlichen Schallmaximum in P bildet die Richtung OP mit OE den Winkel 11,5°.
    a) Erkläre die Ursache dieser Erscheinungen!
    b) Berechne die Wellenlänge!
    c) Konstruiere die Richtungen, in denen die übrigen Schallmaxima liegen und begründe die Konstruktion!

5. Auf einen 10 cm breiten Spalt fallen Schallwellen der Wellenlänge 3 cm. Konstruiere die Richtungen der durch die Beugung auftretenden Maxima und Minima und begründe die Konstruktion!

6. Die zwei a^1-Saiten zweier Harfen schwingen genau mit der Frequenz 440 Hz. Die g^1-Saite der einen Harfe ist natürlich rein gestimmt, die g^1-Saite der anderen Harfe hin-

gegen gleichschwebend temperiert. Welche Frequenz hat die Schwebung beim Ertönen beider g^1-Saiten?

7. Zwei Lautsprecher L_1 und L_2 werden nebeneinander in der Entfernung 0,5 m aufgestellt und in Reihe an einen Tonfrequenzgenerator angeschlossen. An einer zur Verbindungsstrecke von L_1 und L_2 parallelen, 5 m entfernten Wand wird ein Schallempfänger aufgestellt und der Wand entlang verschoben. Welche Frequenz muß man wählen, damit das Hauptmaximum und das erste Nebenmaximum in dem Abstand 50 cm auftreten?

3.3.5. Stehende Schallwellen

1. Über einem langen Glasrohr ist eine Stimmgabel (Frequenz 440 Hz) befestigt, die man zum Schwingen erregt. Dabei läßt man aus der Röhre langsam Wasser ausfließen. Bei dem Abstand 19,5 cm bzw. 58,5 cm des Wasserspiegels vom oberen Ende ist der Ton der Stimmgabel sehr laut zu hören.
   a) Berechne hieraus die Schallgeschwindigkeit in Luft!
   b) Bei welcher Stellung des Wasserspiegels wäre das nächste Maximum der Lautstärke?

2. Um die Schallgeschwindigkeit in Leuchtgas zu bestimmen, werden mittels einer Stimmgabel a) in Luft und b) in Leuchtgas Kundtsche Staubfiguren erzeugt und dabei jeweils der Abstand d von je zwei aufeinanderfolgenden Knoten gemessen: $d_{Luft} = 8,3$ cm, $d_{Leuchtgas} = 10,8$ cm. Berechne die Schallgeschwindigkeit in Leuchtgas, wenn sie in Luft 340 m/s beträgt!

3. Ein 60 cm langer, in der Mitte eingespannter Kupferstab erzeugt in einer Kundtschen Röhre stehende Schallwellen. Der Abstand von zwei benachbarten Knoten beträgt 5,5 cm. Berechne die Schallgeschwindigkeit in Kupfer! ($c_{Luft} = 340$ m·s^{-1})

4. Bei einem Versuch mit der Kundtschen Röhre ergab sich bei Benutzung eines 100 cm langen, an zwei Stellen eingeklemmten Glasstabes in Luft der Abstand zweier benachbarter Knoten 3,4 cm, in Wasserstoff 12,8 cm. Berechne die Schallgeschwindigkeit in Glas und in Wasserstoff!

* 3.3.6. Dopplereffekt

◆ 1. An einem Beobachter fährt alle 10 Minuten eine Straßenbahn mit der Geschwindigkeit 30 km/h vorbei. In welchem zeitlichen Abstand folgen sie für den Beobachter aufeinander, wenn er sich mit der Geschwindigkeit 5 km/h in Richtung der fahrenden Straßenbahn bzw. in der entgegengesetzten Richtung bewegt? Löse die Aufgabe a) durch Rechnung, b) durch graphische Darstellung. Maßstab im Weg-Zeit-Diagramm: Abszisse: 1 cm $\triangleq$ 10 min; Ordinate: 3 cm $\triangleq$ 5 km.

◆ 2. Eine Schallquelle hat die Frequenz 34 kHz. Zeichne die Lage der sechs zuletzt ausgesandten Verdichtungen für folgende Fälle:
   a) die Schallquelle ist in Ruhe,
   b) sie bewegt sich mit der Geschwindigkeit $v = 170$ m/s,
   c) sie bewegt sich mit der Geschwindigkeit $v = 340$ m/s,
   d) sie bewegt sich mit der Geschwindigkeit $v = 680$ m/s.

◆ 3. Eine Schallquelle S (Frequenz 500 Hz) sendet Schallwellen aus.
   a) Welcher Zeit T dauert das Aussenden einer einzelnen Welle?
   b) Berechne die Wellenlänge λ'!

Aufgaben Kapitel 3

c) Welchen Weg legt die Schallquelle S in der Zeit T zurück, wenn sie sich mit der Geschwindigkeit $v = 20$ m/s einem ruhenden Beobachter B nähert?
d) Berechne aus b) und c) die Wellenlänge λ' am Ort des Beobachters!
e) Welche Frequenz f' gehört zu dieser Wellenlänge λ'?

4. Eine mit der Frequenz 1kHz pfeifende Lokomotive fährt mit der Geschwindigkeit 17 m/s über einen Bahnübergang. Welche Frequenz hört der Schrankenwärter vorher und nachher?

5. Eine vor einem Haltesignal stehende Lokomotive pfeift mit der Frequenz 1 kHz. Welche Frequenz hören die Fahrgäste eines vorbeifahrenden Zuges, wenn der Zug die Geschwindigkeit 17 m/s hat?

6. Um welches Intervall ändert sich die Tonhöhe einer Autohupe, wenn das Auto mit der Geschwindigkeit 72 km/h an einem ruhenden Beobachter vorbeifährt?

7. Zwei Stimmgabeln, die in einer beliebigen Entfernung aufgestellt sind, haben die Frequenzen 550 bzw. 554 Hz. In welcher Richtung und mit welcher Geschwindigkeit muß sich ein Beobachter zwischen beiden bewegen, damit er keine Schwebungen wahrnimmt?

8. Eine Stimmgabel mit der Frequenz 1700 Hz wird mit der Geschwindigkeit 2 m/s von einem Beobachter weg senkrecht gegen eine Wand hin bewegt. Wieviel Schwebungen hört der Beobachter in einer Sekunde?

4. Optik

4.1. Eigenschaften des Lichtes

4.1.1. Lichtgeschwindigkeit

◆ 1. Galilei versuchte die Lichtgeschwindigkeit auf folgende Weise zu messen: Zwei mit einer starken Lichtquelle ausgerüstete Beobachter stellen sich auf zwei ca. 20 km entfernten Bergen auf. Die Messung soll nun so vor sich gehen: A gibt seine Lichtquelle frei, B die seine dann, wenn er das Licht von A aufleuchten sieht. A mißt die Zeit vom Aufblenden seiner Laterne bis zum Eintreffen des Lichtes von der Laterne von B. Aus dem doppelten Abstand AB und der gemessenen Zeit wollte Galilei die Lichtgeschwindigkeit bestimmen. Warum war eine Messung auf diese Weise nicht möglich?

2. Fizeau verwendete bei seiner Messung der Lichtgeschwindigkeit c ein Zahnrad mit $z = 720$ Zähnen, die Entfernung s des Spiegels vom Zahnrad betrug 8,638 km. Zum ersten mal trat Dunkelheit ein, als sich das Zahnrad mit der Umlauffrequenz $n = 12,6$ je Sekunde drehte. Berechne die Lichtgeschwindigkeit c a) allgemein aus z, s und n; b) aus den angegebenen Werten!

3. Die Abbildung zeigt schematisch die Anordnung von Foucault zur Messung der Lichtgeschwindigkeit.
a) Erkläre an Hand der Zeichnung, wie die Messung vor sich geht!
b) In welcher Richtung wird das Spaltbild S ausgelenkt, wenn sich der Drehspiegel in der angegebenen Richtung dreht?
c) Wie wird aus der Umlauffrequenz n, dem Weg s, der Entfernung r und der Auslenkung d des Spaltbildes die Lichtgeschwindigkeit c berechnet?

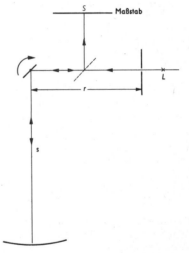

4.1.1.3

* 4.1.2. Photometrie

1. 2 m über der Mitte eines Tisches hängt eine Glühlampe mit der Lichtstärke 200 cd. Wie groß ist die Beleuchtungsstärke
a) in der Mitte des Tisches,
b) an einer 4 m entfernten Wand?

2. a) Stelle die Beleuchtungsstärke, die eine Glühlampe der Lichtstärke 12 cd hervorruft, in Abhängigkeit von der Entfernung graphisch dar! Maßstab: Abszisse: 1 m $\triangleq$ 2 cm; Ordinate: 1 Lux $\triangleq$ 1 cm.
b) Gib die Beleuchtungsstärke in 2,5 m Entfernung an!
c) In welcher Entfernung beträgt die Beleuchtungsstärke 1,5 Lux?

3. Zum Lesen ist eine Beleuchtungsstärke von mindestens 75 Lux erforderlich. Welchen Abstand vom Buch darf daher eine Glühlampe der Lichtstärke 120 cd höchstens haben?

Aufgaben Kapitel 4

♦ 4. Lichtquelle L_1 ist 120 cm vom Schirm (Abb.) entfernt, L_2 90 cm. Der Schatten S' ist dunkler als der Schatten S. Wenn man L_1 um 15 cm verschiebt, erscheinen beide Schatten gleich dunkel. Bestimme die Lichtstärke von L_2, wenn die von L_1 30 cd beträgt!

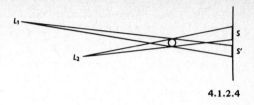

4.1.2.4

♦ 5. L_1 ist eine Lichtquelle (Abb.) der Lichtstärke 15 cd, die Lichtstärke von L_2 soll durch ein Fettfleckphotometer bestimmt werden. Der Fettfleck erscheint, aus der Richtung von L_2 her gesehen, dunkler als seine Umgebung. Nach einer Verschiebung der Lichtquelle L_2 um 25 cm verschwindet der Fettfleck.
a) Erkläre an Hand einer Zeichnung, in welcher Richtung L_2 verschoben wurde!
b) Berechne die Lichtstärke von L_2!

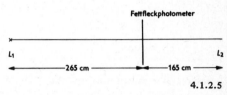

4.1.2.5

6. Eine Fläche, die 3,2 m von einer Lichtquelle entfernt ist, wird mit der Beleuchtungsstärke 5 Lux beleuchtet. Welche Beleuchtungsstärke bringt dieselbe Lichtquelle auf einer 5,4 m entfernten Fläche hervor?

7. Um welchen Winkel muß man die Fläche AB (Abb.) drehen, damit die Beleuchtungsstärke auf die Hälfte absinkt?

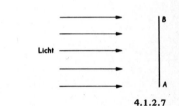

4.1.2.7

4.2. Reflexion

4.2.1. Ebener Spiegel

1. Ein Lichtstrahl fällt unter dem Winkel α auf einen ebenen Spiegel. Um welchen Winkel dreht sich der reflektierte Strahl, wenn man den Spiegel um den Winkel δ dreht?

2. Wie viele von A ausgehende Strahlen (Abb.) gelangen nach B? Konstruiere sie!

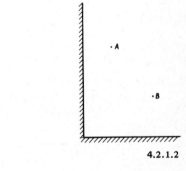

4.2.1.2

3. Auf einen Winkelspiegel (Abb.) fällt ein Lichtstrahl unter dem Winkel δ ein.
a) Berechne den Ablenkungswinkel β!
b) Wie groß wird β, wenn $\alpha = 45°$ bzw. $90°$ beträgt? Zeichnung!

♦ 4. Mit welcher Geschwindigkeit nähert sich eine Person ihrem Bild in einem ebenen Spiegel, wenn sie sich mit der Geschwindigkeit 1 m/s auf den Spiegel zu bewegt?

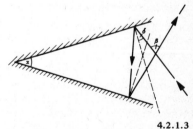

4.2.1.3

Aufgaben Kapitel 4

5. Warum sieht man abends das Bild einer Lichtquelle im Doppelfenster zweimal? Welchen Abstand haben die beiden Bilder voneinander?

6. An einer Wand hängt senkrecht ein Spiegel, daran angelehnt ein Maßstab, dessen Anfang am Boden steht. Ein Beobachter sieht das Bild seiner Augen in 174 cm Höhe, das seines Scheitels in 179 cm Höhe. Wie groß ist er?

7. Ein Autofahrer sieht in seinem ebenen Rückspiegel eine unbezifferte Bahnhofsuhr. Es scheint $17^h 23^{min}$ zu sein. Wieviel Uhr ist es in Wirklichkeit?

4.2.2. Hohlspiegel

1. a) Konstruiere eine Katakaustik! Anleitung: Zeichne einen Halbkreis mit dem Radius 10 cm und parallel einfallende Strahlen mit 1 cm gegenseitigem Abstand!
   b) Zeichne den Brennpunkt des Spiegels ein!

2. Der Lichtkegel eines Hohlspiegelscheinwerfers ist divergent. Wie muß die Lichtquelle verschoben werden, damit sich ein Parallellichtbündel ergibt?

3. Bei einer Abbildung mit Hilfe eines Hohlspiegels sei G die Gegenstandsgröße, g die Gegenstandsweite, B die Bildgröße, b die Bildweite, r der Krümmungsradius, f die Brennweite. Berechne in jeder Zeile die fehlenden Größen!

	g	b	f	r	G	B
a)	120 cm	?	?	60 cm	12 cm	?
b)	200 cm	70 cm	?	?	?	3,5 cm
c)	?	55 cm	?	?	190 cm	3 cm
d)	30 cm	?	30 cm	?	2 cm	?
e)	?	?	?	40 cm	20 cm	5 cm

4. 2 cm vor einem Hohlspiegel mit der Brennweite 6 cm steht ein Gegenstand der Größe 1 cm. Bestimme a) durch Zeichnung und b) durch Rechnung Ort und Größe des Bildes!

5. Welches Bündel der von P ausgehenden Lichtstrahlen (Abb.) gelangt über den Hohlspiegel ($f = 4$ cm) in die Pupille?

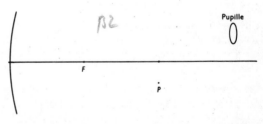

4.2.2.5

6. Welche Form nimmt die Hohlspiegelgleichung $\frac{1}{g} + \frac{1}{b} = \frac{1}{f}$ an, wenn man statt g und b die Größen $x = $ (Abstand Brennpunkt-Gegenstand) und $y = $ (Abstand Brennpunkt-Bild) einführt?

7. Stelle für einen Hohlspiegel mit der Brennweite 2 cm die Bildweite b in Abhängigkeit von der Gegenstandsweite g für den Bereich $0 < g < 10$ cm graphisch dar! Einheit: 1 cm.

8. Der Hohlspiegel auf dem Mt. Palomar hat die Brennweite 17 m. Berechne die Größe des vom Mond entworfenen Bildes aus folgenden Angaben:
   a) Entfernung 384 000 km, Durchmesser 3500 km,
   b) der Durchmesser der Mondscheibe erscheint uns unter einem Winkel von 31'.

Aufgaben Kapitel 4

4.2.3. Erhabener Spiegel

1. Ein Konvexspiegel mit der Brennweite 5 cm entwirft von einem 8 cm entfernten 2 cm hohen Gegenstand ein Bild. Bestimme a) durch Zeichnung und b) durch Rechnung Ort und Größe des Bildes!

2. In 45 cm Entfernung von einem Konvexspiegel mit dem Krümmungsradius 30 cm steht ein 10 cm hoher Gegenstand. Berechne Lage und Größe des virtuellen Bildes!

4.3. Brechung

4.3.1. Brechung an ebenen Flächen

1. Ein Lichtstrahl trifft unter dem Einfallswinkel von 45°, 60°, 80° auf eine Wasseroberfläche (Brechzahl $n = 4/3$). Bestimme a) durch Konstruktion, b) durch Rechnung den Brechungswinkel!

2. Ein Lichtstrahl fällt, von Luft ($n = 1$) her kommend, auf die Grenzfläche eines Mediums. Einfallswinkel = 50°, Ausfallswinkel = 30°.
   a) Bestimme durch Zeichnung die Brechzahl des Mediums!
   b) Berechne die Brechzahl!

♦ 3. Ein junger Südseeinsulaner wirft einen Speer in die Richtung, in der er einen Fisch sieht. Geht der Speer über oder unter dem Fisch vorbei?

4. Ein Lichtstrahl trifft unter dem Einfallswinkel 60° auf eine 5 cm dicke, planparallele Platte aus Kronglas ($n = 1{,}5$).
   a) Konstruiere den durchgehenden Strahl und bestimme aus der Zeichnung die seitliche Verschiebung des Strahles!
   b) Berechne die seitliche Verschiebung!

5. Ein Prisma, dessen Querschnitt ein gleichseitiges Dreieck ist, wird so von einem Lichtstrahl getroffen, daß dieser innen parallel zur dritten Seite des Dreiecks verläuft. Der Strahl wird insgesamt um den Winkel 45° abgelenkt. Bestimme a) durch Rechnung und b) durch Zeichnung die Brechzahl n des Prismas!

6. Unter welchem Einfallswinkel muß ein Lichtstrahl auf ein Prisma (brechender Winkel 45°, $n = 1{,}6$) auffallen, damit sich das Minimum der Ablenkung ergibt?

7. Die Brechzahl von Wasser beträgt 4/3. Berechne hieraus die Lichtgeschwindigkeit in Wasser, wenn sie im Vakuum 300 000 km/s ist!

♦ 8. Die Brechzahl der höheren Luftschichten ist kleiner als die der tieferen.
   a) Skizziere den Weg des Lichtstrahles S, der vom Stern A kommt!
   b) Steht der Stern in Wirklichkeit höher oder tiefer als er von der Erde aus gesehen wird?
   c) Zeige, daß man die Sonne auch dann noch sieht, wenn sie in Wirklichkeit schon untergegangen ist!

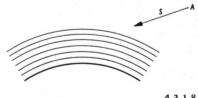

4.3.1.8

4.3.2. Totalreflexion

1. Bestimme a) durch Konstruktion und b) durch Rechnung den Grenzwinkel der Totalreflexion beim Übergang eines Lichtstrahles von Kronglas ($n = 1{,}5$) in Vakuum!
2. Bestimme für Aufgabe 4.3.1.2 a) durch Zeichnung und b) durch Rechnung den Grenzwinkel der Totalreflexion!
3. Auf eine Kathetenfläche eines gleichschenklig-rechtwinkligen Prismas ($n = 1{,}5$) fällt parallel zur Hypotenusenfläche ein Lichtstrahl.
   a) Konstruiere den weiteren Verlauf!
   b) Zeichne parallel zu diesem Strahl zwei weitere Strahlen!
   c) Drücke das Ergebnis in Worten aus!

4.3.3. Linsen

1. Berechne in folgender Tabelle die fehlenden Größen:

	Gegenstandsweite	Bildweite	Brennweite	Dioptrien
a)	80 cm	40 cm	?	?
b)	5 m	?	20 cm	?
c)	35 cm	?	-20 cm	?
d)	10 cm	?	50 cm	?
e)	?	3 m	?	$+10$

2. In 5 m Entfernung von einer Wand befindet sich ein 10 cm hoher leuchtender Gegenstand. In welcher Entfernung von diesem muß eine Sammellinse mit der Brennweite $f = 19{,}2$ cm aufgestellt werden, damit an der Wand ein scharfes Bild entsteht? Wie groß wird es?
3. Warum gilt die Konstruktion eines Bildes bei einer Linse mit Hilfe der ausgezeichneten Strahlen auch dann, wenn der Gegenstand bzw. das Bild größer als die Linse ist?
4. Mit Hilfe einer Linse mit der Brennweite 140 mm soll ein Gegenstand in dreifacher Vergrößerung abgebildet werden. In welcher Entfernung von der Linse muß der Gegenstand stehen?
5. Verfahren von Bessel zur Bestimmung der Brennweite von Sammellinsen (Abb.): Eine Sammellinse in der Stellung L_1 entwirft von einem Gegenstand G auf dem Schirm S ein Bild, ebenso in d Stellung L_2. Abstand $L_1 L_2 = 106$ cm, Abstand $GS = 150$ cm. Berechne die Brennweite und begründe den Gang der Rechnung!

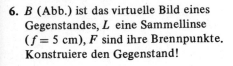

4.3.3.5

6. B (Abb.) ist das virtuelle Bild eines Gegenstandes, L eine Sammellinse ($f = 5$ cm), F sind ihre Brennpunkte. Konstruiere den Gegenstand!

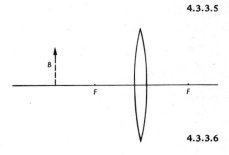

4.3.3.6

Aufgaben Kapitel 4

♦ 7. Warum kann man virtuelle Bilder nicht mit einem Schirm auffangen, wohl aber photographieren?

8. Der Winkeldurchmesser der Sonne beträgt 32'. Berechne den Durchmesser des Bildes der Sonne, das von einer Linse mit der Brennweite 60 cm entworfen wird!

♦ 9. Ein sehr weit entfernter Gegenstand (z. B. der Mond) wird zuerst mittels eines Objektes mit der Brennweite 45 mm, dann mittels eines Objektives mit der Brennweite 135 mm (sog. Teleobjektiv) aufgenommen. In welchem Verhältnis stehen die Größen der Bilder zueinander? Begründung!

♦10. Eine Bikonvexlinse ($f = 12$ cm) aus Kronglas ($n = 1,5$) wird a) in Wasser ($n = 4/3$), b) in Zedernholzöl ($n = 1,5$), c) in Schwefelkohlenstoff ($n = 1,6$) getaucht. Berechne für die drei Fälle die Brennweite!

11. Aus einem Flugzeug (Höhe 5000 m über dem Erdboden) werden mit einer Kamera mit der Brennweite 40 cm senkrecht nach unten Aufnahmen gemacht. Welchen Maßstab hat das entstehende Luftbild?

12. Auf eine Linse mit der Brennweite 4 cm fällt von links her ein Parallellichtbündel parallel zur Achse ein. Auf der rechten Seite befindet sich, 7 cm von der Linse entfernt, ein Spiegel, der senkrecht zur Achse steht. Bestimme a) durch Konstruktion und b) durch Rechnung, wo sich die Strahlen des Bündels nach der Reflexion am Spiegel wieder schneiden!

13. In einer Meßreihe werden für ein und dieselbe Sammellinse mehrere zusammengehörige Werte der Gegenstandsweite g und der Bildweite b bestimmt, dann in der dargestellten Art und Weise in ein Koordinatensystem eingetragen und zusammengehörige Punkte durch Gerade verbunden.
a) Zeige, daß sich alle Geraden im Punkt P schneiden!
b) Für welchen Fall sind b und g gleich groß?
c) Zeichne die Gerade für den Fall, daß der Gegenstand in der Brennebene steht!

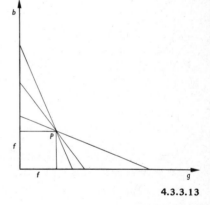

4.3.3.13

* 4.3.4. Linsensysteme

1. Die Brennweite einer Zerstreuungslinse soll auf folgende Art bestimmt werden: Eine Sammellinse gibt für sich allein ein scharfes Bild, wenn die Gegenstandsweite 24,5 cm und die Bildweite 78,0 cm beträgt. Stellt man unmittelbar vor diese Sammellinse die Zerstreuungslinse, deren Brennweite bestimmt werden soll, so erhält man bei der Gegenstandsweite 31,5 cm und bei der Bildweite 120,0 cm ein scharfes Bild. Berechne die Brennweite der Zerstreuungslinse!

2. Eine Sammellinse ($f_1 = 30$ cm) und eine Zerstreuungslinse ($f_2 = -20$ cm) stehen im Abstand 50 cm hintereinander. Ein 10 cm hoher Gegenstand befindet sich 45 cm vor der Sammellinse. Bestimme Lage und Größe des entstehenden Bildes a) durch Zeichnung im Maßstab 1:10 und b) durch Rechnung!

3. 50,0 cm vor einer Sammellinse ($f_1 = 20,0$ cm) befindet sich auf der optischen Achse ein 10 cm hoher Gegenstand. 60,0 cm hinter der Linse steht, mit ihr koaxial, eine weitere Sammellinse ($f_2 = 15,0$ cm). Bestimme a) durch Zeichnung im Maßstab 1:10 und b) durch Rechnung den Ort des Bildes, welches das Linsensystem entwirft!

4.4. Optische Geräte

4.4.1. Photoapparat

◆ 1. Vergleiche Auge und Photoapparat! a) Was haben sie gemeinsam? b) Wodurch unterscheiden sie sich?

2. Von einem Bild soll eine im Maßstab 1:10 verkleinerte Reproduktion hergestellt werden. In welchem Abstand vom Bild muß die Kamera, deren Objektiv die Brennweite 12 cm hat, aufgestellt werden?

3. Die Linse einer Flugzeugkamera hat die Brennweite 30 cm. Welche Fläche auf der Platte entspricht der Fläche 1 km^2 auf der Erde, wenn die Aufnahmen aus 4500 m Höhe gemacht ist?

◆ 4. Auf das Objektiv einer photographischen Kamera wird eine Vorsatzlinse mit der Brennweite 30 cm aufgesteckt und ein 30 cm vom Objektiv entfernter Gegenstand aufgenommen. Auf welche Entfernung muß die Kamera eingestellt werden? Begründung!

◆ 5. a) Mit Hilfe eines Photoapparates wird ein Gegenstand in sehr großer Entfernung (Einstellung ∞) mit verschiedenen Objektiven mehrmals aufgenommen. Zeige, daß die Bildgröße der Brennweite des jeweiligen Objektives direkt proportional ist!
b) Erkläre hieraus den Vorteil der „Gummilinse"!

6. Das Verhältnis des Öffnungsdurchmessers der Blende zur Brennweite bezeichnet man als Blendenzahl.
a) Welchen Durchmesser und welche Fläche hat die Blende einer Kleinbildkamera ($f = 50$ mm) bei der Blendenzahl 1:5,6?
b) Welche Fläche hat die Öffnung der Blende bei den Blendenzahlen 1:4 und 1:2,8?

◆ 7. Ein Gegenstand kann bei der Blendenzahl 1:11 mit einer Belichtungszeit von 1/25 s aufgenommen werden. Wie groß muß die Belichtungszeit bei der Blendenzahl 1:8 sein?

8. Zwei Photoapparate (Abb.) sind auf einen Gegenstand 1 scharf eingestellt.
a) Bestimme durch Konstruktion die Stelle, an der die Platte stehen muß, damit Gegenstand 1 scharf abgebildet wird!
b) Bestimme in beiden Fällen den Ort des Bildes von Gegenstand 2!

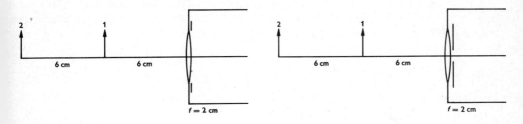

4.4.1.8

Aufgaben Kapitel 4

c) Bestimme in zwei neuen Zeichnungen für beide Fälle das Lichtbündel, das von Punkt *A* ausgeht und zur Platte gelangt!
♦ d) Wie wirkt sich also die verschiedene Größe der Blende auf die Abbildung von Punkten in verschiedenen Entfernungen aus?
e) Welche Regel ergibt sich hieraus für den Photographen?

♦ 9. Ein Photograph hat im Auto eine Aufnahme gemacht. Die im Rückspiegel sichtbare Landschaft erscheint dabei auf dem Bild scharf. Welche Entfernung hatte der Photograph eingestellt, wenn der Rückblickspiegel bei der Aufnahme 1,5 m vom Photoapparat entfernt war und
a) ein ebener Spiegel,
b) ein Konvexspiegel ($f = -0,5$ m) war?

4.4.2. Projektor

1. Ein Projektor hat ein Objektiv mit der Brennweite 200 mm und dem Durchmesser 100 mm, einen Doppelkondensor aus zwei plankonvexen Linsen mit je 250 mm Brennweite, 200 mm Durchmesser und 50 mm Abstand.
Das Diapositiv soll sich unmittelbar vor dem Kondensor befinden; der Abstand Objektiv-Schirm beträgt 1 m.
a) Zeichne den Projektor im Maßstab 1:10 mit Strahlengang!
♦ b) Zeichne den Strahlengang für den Fall, daß man den Kondensor herausnimmt und begründe aus dieser Zeichnung die Notwendigkeit des Kondensors!
2. Ein Kleinbildprojektor (Format der Diapositive 24 × 36 mm) hat die Brennweite 120 mm. Welchen Abstand muß das Dia vom Objektiv haben, wenn der Schrim 4,5 m vom Objektiv entfernt ist? Welche Größe hat das Bild?

4.4.3. Lupe

1. Wie groß muß die Brennweite einer Lupe sein, damit sich bei der deutlichen Sehweite 25 cm 5fache Vergrößerung ergibt?
2. Warum kann ein Kurzsichtiger auf eine Lupe meist verzichten, während ein Weitsichtiger sie zur Betrachtung von kleinen Gegenständen dringend braucht?
3. Ein Haar hat 0,04 mm Durchmesser.
a) Unter welchem Winkel erscheint es in der deutlichen Sehweite?
b) Wie groß ist der Sehwinkel, wenn man eine Lupe mit der Brennweite 2,5 cm verwendet?

4.4.4. Mikroskop

1. Das Objektiv eines Mikroskopes hat die Brennweite $f_1 = 10$ mm, das Okular $f_2 = 20$ mm. 11 mm vor dem Objektiv liegt ein 1 mm großer Gegenstand.
a) Berechne Ort und Größe des Bildes, welches das Objektiv von diesem Gegenstand entwirft!
b) Zeichne auf Grund dieser Rechnung den Verlauf des Lichtbündels, das von der Spitze des Gegenstandes ausgeht! Das Okular soll dabei 20 mm vom Bild entfernt sein!

c) Berechne die Vergrößerung des Mikroskopes!
d) Unter welchem Winkel erscheint der 1 mm große Gegenstand dem unbewaffneten Auge in der Entfernung 25 cm?
e) Wie groß ist der Sehwinkel mit dem Mikroskop?
f) Berechne die Vergrößerung des Mikroskopes aus d) und e)!

2. Aus einer Linse mit der Brennweite 10 mm als Objektiv und einer Linse mit der Brennweite 15 mm als Okular soll behelfsmäßig ein Mikroskop mit der Tubuslänge 200 mm hergestellt werden. Berechne
a) den Abstand des Objektes vom Objektiv,
b) die Vergrößerung!

4.4.5. Fernrohre

1. Ein astronomisches Fernrohr hat ein Objektiv mit der Brennweite 10 cm und dem Durchmesser 3,0 cm, ein Okular mit der Brennweite 1,0 cm und dem Durchmesser 1,5 cm.
a) Berechne die Vergrößerung, wenn das Fernrohr auf ∞ eingestellt ist!
b) Bestimme durch Konstruktion den Verlauf eines Parallellichtbündels, das unter dem Winkel $3°$ gegen die optische Achse auf das Objektiv fällt!
c) Unter welchem Winkel gegen die optische Achse fällt das Lichtbündel aus?
d) Welche Bezeichnung (z. B. 6×25) kommt dem Fernrohr zu?

2. Aus folgenden Linsen ist ein terrestrisches Fernrohr herzustellen: Objektiv: Brennweite 80 mm, Durchmesser 30 mm; Umkehrlinse: Brennweite 20 mm, Durchmesser 20 mm; Okular: Brennweite 10 mm, Durchmesser 25 mm.
Es ist eine Zeichnung in natürlicher Größe anzufertigen! Das Fernrohr soll dabei so kurz wie möglich sein, d. h. Gegenstands- und Bildweite bei der Umkehrlinse sollen jeweils $2f$ sein. Zeichne den Strahlengang für ein unter dem Winkel $3°$ einfallendes Parallellichtbündel!

3. Zeichne ein Galileisches Fernrohr mit folgenden Linsen: Das Objektiv hat die Brennweite 80 mm und den Durchmesser 30 mm, das Okular die Brennweite $-$ 20 mm und den Durchmesser 20 mm.
a) Zeichne den Strahlenverlauf für ein unter dem Winkel $5°$ einfallendes Parallellichtbündel!
b) Berechne die Vergrößerung!

♦ 4. Warum hat neben der Brennweite des Objektives auch dessen Durchmesser einen Einfluß auf die Güte eines Fernrohres? Begründung!

5. Mit Hilfe eines Keplerschen Fernrohres wird ein 2,5 m hoher, 3 km entfernter Gegenstand beobachtet.
a) Wie groß ist der Sehwinkel ohne Instrument?
b) Berechne den Sehwinkel mit Instrument (Brennweite des Objektives 400 mm, Brennweite des Okulars 16 mm).

6. Zur Beobachtung von Sonnenflecken wird ein astronomisches Fernrohr so eingestellt, daß ein reelles Bild 18 cm hinter dem Okular entsteht. Das Objektiv hat die Brennweite 180 cm, das Okular die Brennweite 2 cm.
a) Wie weit sind die beiden Linsen voneinander entfernt?
b) Welchen Durchmesser hat das Bild der Sonne, wenn uns die Sonne ohne Instrument unter dem Winkel $31'$ erscheint?

Aufgaben Kapitel 4

7. Vor ein astronomisches Fernrohr (Abb.) kommt eine kreisrunde Blende von $D = 18$ mm Durchmesser.
   a) Zeichne das Fernrohr in natürlicher Größe und konstruiere den Strahlengang für ein in Richtung der optischen Achse einfallendes Bündel von 18 mm Durchmesser!
   b) Berechne die Vergrößerung des Fernrohres!
   c) Berechne den Durchmesser d des Lichtbündels nach dem Durchgang durch das Fernrohr!
   d) Zeige: $\frac{D}{d}$ = Vergrößerung!

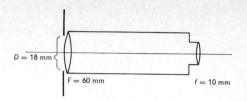

4.4.5.7

♦ 8. a) Ein astronomisches, b) ein holländisches Fernrohr ist auf ∞ eingestellt. Ist das Fernrohr zu verlängern oder zu verkürzen, damit ein Kurzsichtiger damit scharf sieht?

♦ 9. Wie sieht der Buchstabe R aus, wenn man ihn
   a) durch einen ebenen Spiegel, der auf seiner linken Seite steht,
   b) durch ein Mikroskop,
   c) durch ein Galileisches Fernrohr betrachtet?

♦ 10. Ein Fernrohr hat sechsfache Vergrößerung, ein anderes zehnfache Vergrößerung. Berechne die Vergrößerung, wenn man beide Fernrohre hintereinander benutzt!

11. Der Spiegel des Teleskopes am Mt. Palomar hat die Brennweite 17 m und den Durchmesser 5 m.
    a) Berechne die Größe des Bildes, das der Spiegel vom Mars entwirft, wenn uns der Mars unter dem Sehwinkel 25″ erscheint!
    b) Wieviel mal größer ist der Lichtstrom, den dieser Spiegel von einem Fixstern erhält, als der Lichtstrom, der die Pupille des Auges (Durchmesser 3 mm) erreicht?

12. Durch ein Fernrohrobjektiv mit Durchmesser 80 mm fällt die 100fache Lichtmenge ein wie durch die auf 8 mm geöffnete Pupille unseres Auges. Wieso sehen wir die Gegenstände durch das Fernrohr also nicht heller als mit bloßem Auge?

4.5. Wellenoptik

4.5.1. Medium und Wellenlänge

1. Die Wellenlänge des Lichtes der D_1-Linie des Natriums beträgt 589 nm. Wie groß ist sie in Glas mit der Brechzahl 1,5?

2. Ein gelber Lichtstrahl der Wellenlänge 600 nm fällt unter dem Einfallswinkel 64° auf die Grenzfläche Luft-Glas. Im Glas wird er um 27° dem Einfallslot zu gebrochen. Bestimme daraus die Wellenlänge des Lichtes im Glas! Zeichnung!

3. Für eine Glassorte gilt: $n_{rot} = 1{,}60$, $n_{blau} = 1{,}64$. Aus dieser Glassorte wird eine bikonvexe Linse ($r_1 = r_2 = 10$ cm) hergestellt. Berechne die Brennweite für rotes und blaues Licht!

4. Luft hat bei dem Druck 1013 mbar die Brechzahl 1,00029. Um wieviel Prozent nimmt die Wellenlänge eines Lichtstrahles ab, wenn dieser von Vakuum in Luft übertritt?

Aufgaben Kapitel 4

5. a) L ist eine Lichtquelle, die monochromatisches Licht ($\lambda = 600$ nm) aussendet. Wie viele Wellen treffen auf die Strecke 6 µm?
Zeichnung: 1 cm $\triangleq$ 0,5 µm
b) Wie viele Wellen treffen auf dieselbe Strecke, wenn man ein 2,4 µm dickes planparalleles Glasplättchen ($n = 1,5$) in der abgebildeten Weise in den Strahlengang bringt? Zeichnung!

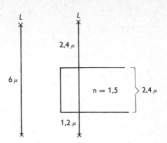

4.5.1.5

4.5.2. Interferenz

1. Bei einer Durchführung des Fresnelschen Spiegelversuches wurden folgende Daten festgehalten: Der Schirm ist 3,6 m vom Spalt entfernt, zwei benachbarte Interferenzstreifen haben den Abstand 3,2 mm. Der Abstand der beiden virtuellen Lichtquellen wird durch Abbildung mit einer Linse bestimmt: Eine Sammellinse, die vom Schirm 3,3 m entfernt ist, entwirft zwei Spaltbilder mit dem Abstand 7,2 mm. Berechne die Wellenlänge des Lichtes!

2. Zeichne einen Fresnelspiegel in ein Koordinatensystem ein und bestimme durch Konstruktion den Bereich, in dem Interferenzstreifen auftreten. Für die Zeichnung: Spiegel 1 von (1|2,5) bis (3,5|1), Spiegel 2 von (3,5|1) bis (6|0), Lichtquelle in (0|4,5); Schirm von (12|5) bis (12|−2).

3. Interferometer nach Michelson (Abb.): Infolge der halbdurchlässigen Glasplatte S gelangt in das Auge des Beobachters B sowohl Licht, das am Spiegel S_1, als auch Licht, das am Spiegel S_2 reflektiert wurde.
a) Was beobachtet B, wenn man den Spiegel S_1 parallel zu sich selbst verschiebt, während man S_2 festhält?
b) Bei einer solchen Verschiebung von S_1 um 0,354 mm ergibt sich 1200 mal der Wechsel von hell nach dunkel und wieder hell. Berechne hieraus die Wellenlänge des zur Beleuchtung verwendeten monochromatischen Lichtes!

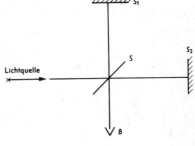

4.5.2.3

* 4.5.3. Interferenz an dünnen Schichten

1. Eine Luftschicht zwischen zwei Glasplatten hat die Dicke 750 nm. Es fällt senkrecht monochromatisches Licht der Wellenlänge 500 nm auf. Ergibt sich im senkrecht reflektierten Licht Helligkeit oder Dunkelheit?

♦ 2. Eine senkrecht stehende Seifenlamelle erscheint zuerst farblos, dann treten fahle Mischfarben auf und erst dann erscheinen satte Farben. Kurz vor dem Zerreißen ist in den meisten Fällen ein schwarzer Fleck zu sehen. Erkläre die Erscheinungen!

3. Eine Seifenlamelle ist a) 0,6 µm, b) 1,2 µm, c) 2,4 µm dick. Brechzahl $n = 1\frac{1}{3}$. Es fällt weißes Licht auf. Welche Bereiche des sichtbaren Spektrums (400 bis 800 nm) werden bei senkrechtem Auffall im reflektierten Licht durch Interferenz ausgelöscht?

Aufgaben Kapitel 4

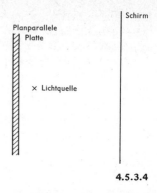

4.5.3.4

♦ 4. Welche Form haben die Interferenzerscheinungen auf dem Schirm (Abb.), wenn man eine sehr dünne planparallele Platte mit monochromatischem Licht bestrahlt? Begründung!

♦ 5. Welche Form müßte die Linse bei einem Newtonschen Interferenzversuch haben, damit man Interferenzringe erhält, die gleichen Abstand voneinander haben?

6. Der vierte dunkle Ring bei einem Newtonschen Interferenzversuch hat den Radius 1,32 mm.
   a) Welchen Radius hat der 6. dunkle Ring?
   b) Welche Radien erhalten diese beiden Ringe, wenn man den Zwischenraum zwischen Linse und Platte mit Wasser ($n = 4/3$) ausfüllt?

7. a) Berechne die Radien der drei innersten dunklen Ringe beim Newtonschen Interferenzversuch, wenn man zur Beleuchtung Licht der Wellenlänge 600 nm verwendet und die plankonvexe Linse den Krümmungsradius 1 m hat!
   b) Berechne die Dicke der Luftschicht bei jedem dieser Ringe!

8. Bei der Beobachtung von Newtonschen Ringen erzielte man folgende Meßergebnisse:

Radius des	2.	4.	6.	8. dunklen Ringes
	2,6	3,7	4,5	5,2 mm

Der Krümmungsradius der plankonvexen Linse beträgt 5,75 m. Berechne die Wellenlänge des monochromatischen Lichtes im Mittel!

♦ 9. Auf einer Platte mit der Brechzahl 1,7 liegt eine plankonvexe Linse der Brechzahl 1,5. Wie verändern sich die im reflektierten Licht erhaltenen Interferenzringe, wenn man den Raum zwischen Platte und Linse mit einer Flüssigkeit der Brechzahl 1,6 ausfüllt?

♦ 10. Zur Bestimmung des Durchmessers d eines dünnen Drahtes (Abb.) beobachtet man die Streifen, die durch Interferenz des an den Glasplatten G_1 und G_2 reflektierten Lichtes ($\lambda = 650$ nm) entstehen. Im reflektierten Licht sieht man von oben bei A den ersten dunklen Streifen, bei B ergibt sich der 23. dunkle Streifen.

4.5.3.10

4.5.4. Doppelspalt

1. Beim Interferenzversuch mit einem Doppelspalt wurde bei rotem Licht auf einem 2,4 m entfernten Schirm ein System von Interferenzstreifen erzeugt, deren gegenseitiger Abstand 3,5 mm betrug. Der Abstand der beiden Spalte wurde durch optische Abbildung ermittelt: Eine in der Entfernung 20 cm vom Doppelspalt aufgestellte Linse ergab auf dem Schirm ein Bild des Doppelspaltes mit dem Spaltabstand 5,1 mm. Berechne die Wellenlänge des roten Lichtes!

2. Auf einen Doppelspalt läßt man Licht der Wellenlänge 589 nm fallen und erhält dadurch auf einem Schirm Interferenzstreifen mit dem Abstand 1,3 mm. Welche Wellenlänge hat Licht, das mit derselben Anordnung Interferenzstreifen mit dem Abstand 1,5 mm ergibt?

3. Zwei Spalte haben 0,3 mm Abstand. Berechne den Abstand der auf einem 10 m entfernten Schirm entstehenden Interferenzstreifen a) für rotes ($\lambda = 800$ nm), b) für grünes ($\lambda = 550$ nm) Licht!

Aufgaben Kapitel 4

◆ 4. Über den einen Spalt eines Doppelspaltes (Abb.) wird ein planparalleles Glasplättchen von einigen μm Dicke geschoben. Welchen Einfluß hat dies auf das System der Interferenzstreifen? Begründung!

4.5.5. Spalt

1. a) Auf einen Spalt (Breite 0,4 mm) fällt Licht der Wellenlänge $\lambda = 600$ nm. Bestimme durch Rechnung den Winkel, in dem das erste seitliche Maximum auftritt!
◆ b) Was ergibt sich in dieser Richtung, wenn man das erste Drittel I (Abb.) des Spaltes mit Hilfe eines undurchsichtigen Schirmes abdeckt?
c) Was ergibt sich in derselben Richtung, wenn man das mittlere Drittel (II) abdeckt? Begründung!

2. Auf einen 10 cm breiten Spalt fallen senkrecht ebene Schallwellen auf. Das erste seitliche Maximum hat von der Mittelsenkrechten den Winkelabstand $15°40'$.
a) Berechne die Wellenlänge!
b) Bestimme durch Konstruktion die Richtungen, in denen das zweite und dritte seitliche Schallmaximum liegt!

3. Violettes Licht fällt senkrecht auf einen 0,5 mm breiten Spalt auf. Auf der anderen Seite der Spaltebene ist parallel zu ihr ein Schirm im Abstand 3 m aufgestellt, auf dem die beiden mittleren dunklen Interferenzstreifen den Abstand 4,8 mm haben. Bestimme daraus die Wellenlänge des violetten Lichtes!

4.5.6. Gitter

1. Auf ein Gitter mit der Gitterkonstante 2,0 cm fallen senkrecht ebene Wellen mit der Wellenlänge $\lambda = 0,50$ cm.
a) Bestimme durch Zeichnung von kreisförmigen Elementarwellen die Richtungen der Maxima!
b) Berechne diese Richtungen!

2. Ein beleuchteter Spalt wird durch eine Sammellinse auf einem Schirm abgebildet, der von der Linse die Entfernung 1,2 m hat. Unmittelbar an der Linse wird ein Beugungsgitter mit 200 Linien je Zentimeter angebracht.
a) Welches Bild zeigt sich auf dem Schirm, wenn der Spalt mit Licht der Wellenlänge $\lambda = 600$ nm beleuchtet wird? Skizziere dieses Bild!
b) Was ergibt sich bei weißem Licht (400 bis 800 nm). Welche Breite hat das Spektrum erster Ordnung?
c) Skizziere auch dieses Bild!

3. Bei einem Gitter, das die Gitterkonstante 0,01 mm hat, erscheint das 2. seitliche Maximum in dem Winkelabstand $6°45'$.
a) Berechne die Wellenlänge des verwendeten monochromatischen Lichtes!
b) Welche Farbe hat es?

Aufgaben Kapitel 4

♦ 4. Auf ein Gitter mit der Gitterkonstante d fallen ebene Wellen der Wellenlänge λ auf.
   a) Wie verändert sich die Lage der Maxima, wenn man das Gitter durch andere mit immer kleiner werdender Gitterkonstante ersetzt?
   b) Was geschieht, wenn die Gitterkonstante d gleich der Wellenlänge λ bzw. $d < \lambda$ ist?
   c) Erkläre den Zusammenhang mit dem Huygensschen Prinzip!

♦ 5. Auf das abgebildete Gitter fällt monochromatisches Licht. Der Trog ist zur Hälfte mit Wasser gefüllt. Oberhalb des Wassers beträgt der Abstand der Maxima 3,6 mm, unterhalb 2,7 mm.
   a) Erkläre die Erscheinung!
   b) Berechne die Brechzahl von Wasser!

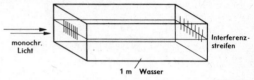

4.5.6.5

♦ 6. Die Abbildung zeigt ein Gitter, auf das monochromatisches Licht fällt. Wie ändert sich die Lage der Spektrallinien auf dem Schirm
   a) bei einer kleinen Verschiebung des Gitters in der x-Richtung,
   b) bei einer kleinen Verschiebung in der y-Richtung,
   c) bei einer Drehung um die y-Achse?

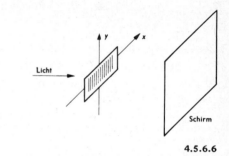

4.5.6.6

* 4.5.7. Auflösungsvermögen

1. Für das Auflösungsvermögen eines Fernrohres ist die Beugung an der Öffnung des Objektives maßgebend. Übereinkunftsgemäß spricht man zwei Bildpunkte dann noch als getrennt an, wenn das mittlere Maximum der einen Beugungsfigur in das erste Minimum der anderen Beugungsfigur fällt. Für die Beugung an einer kreisrunden Öffnung gilt die Formel
$$d \cdot \sin\alpha = 1{,}22 \cdot \lambda$$
(d = Durchmesser des Fernrohrobjektives, α = Winkelabstand des ersten dunklen Ringes).
   a) Welchen Winkelabstand dürfen die beiden Komponenten eines Doppelsternes höchstens haben, damit man sie mit einem Fernrohr mit dem Objektivdurchmesser 10 cm noch trennen kann? ($\lambda = 500$ nm)
   b) Welchen Durchmesser muß das Objektiv eines Fernrohres mindestens haben, damit man den Doppelstern Kastor (Abstand der beiden Komponenten $6''$) noch trennen kann?

2. Ein Gitter (Gitterkonstante 0,002 mm) wird mit dem gelben Licht der beiden D-Linien des Natriums (Wellenlängen 589,0 nm und 589,6 nm) beleuchtet.
   a) Welchen Winkelabstand haben diese beiden Linien in der 1., 2. und 3. Ordnung voneinander?
   b) Zeige hieraus, daß das Auflösungsvermögen des Gitters mit steigender Ordnung wächst!

4.5.8. Polarisation

♦ 1. Auf den abgebildeten Glasplattensatz (Abb.) fällt unter dem Polarisationswinkel unpolarisiertes Licht (Strahl 1). Beschreibe und begründe die Polarisationsverhältnisse der Strahlen 2 bis 7, wenn G Glasplatten sind, auf die die Strahlen ebenfalls unter dem Polarisationswinkel einfallen!

2. a) Unter welchem Winkel muß Licht auf Glas ($n = 1{,}6$) fallen, damit der reflektierte Strahl polarisiert ist?
   b) Berechne den Brechungswinkel!

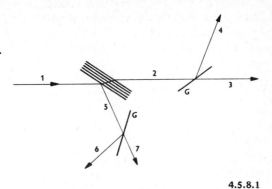

4.5.8.1

3. Wodurch zeichnet sich die optische Achse eines doppelbrechenden Kalkspatkristalles (oder Quarzkristalles) vor den anderen Kristallrichtungen optisch aus?

♦ 4. Auf einem Holztisch steht ein Sendedipol ($\lambda \approx 3$ cm), der in horizontaler Richtung ein paralleles Wellenbündel abstrahlt, weiter ein Empfangsdipol und ein Kunststoffprisma mit den Seitenflächen I, II und III (Grundriß: Gleichseitiges Dreieck).
Die Fortpflanzungsgeschwindigkeit c des Wellenbündels im Isolator soll auf zwei Arten ermittelt werden:
a) Brechungsgesetz von Snellius:
Man läßt das Wellenbündel in der Mitte der Seitenfläche I auftreffen, dann das Prisma durchsetzen, durch II austreten und auf den Empfänger treffen. Dabei wird die Stellung von Sender und Empfänger solange verändert, bis das Wellenbündel im Prisma parallel zu III verläuft.
Wie läßt sich diese Parallelität im äußeren Aufbau erkennen? Skizze der Anordnung von oben! Welche Winkel sind für die Messung von c wesentlich? Leite c in Abhängigkeit von diesen Winkeln und der Fortpflanzungsgeschwindigkeit in Luft her!
b) Brewstersches Gesetz:
Man läßt das Wellenbündel an einer Seitenfläche reflektieren und bestimmt den Polarisationswinkel α_0. Skizze! Welche Lage, bezogen auf die Tischebene, müssen Sendedipol und Empfangsdipol einnehmen? Was soll beobachtet werden? Leite c in Abhängigkeit von α_0 und der Fortpflanzungsgeschwindigkeit in Luft her!

* 4.5.9. Dopplereffekt beim Licht

1. Zur Bestimmung der Geschwindigkeit von Wasserstoffkanalstrahlen wird deren Spektrum beobachtet. Die H_β-Linie zeigt dabei eine Wellenlänge von 458 nm statt 486 nm. Berechne hieraus die Geschwindigkeit mit der Näherungsformel $f' = f(1 \pm \frac{v}{c})$!

2. Mit dem Hale-Spiegel-Teleskop auf dem Mt. Palomar wurde ein außergalaktischer Nebel beobachtet, bei dem die Na-Linie (589 nm) die Wellenlänge 736 nm zeigte. Berechne die Geschwindigkeitskomponente dieses Nebels in der Visierlinie! Näherungsformel wie in Aufgabe 1.

Aufgaben Kapitel 4

♦ 3. Der Astronom Keeler entwarf mit Hilfe einer Linse ein Bild des Saturns mit Ring so, daß der Äquator auf den Spalt eines Spektralapparates fiel (Abb.). Jede einzelne Spektrallinie erhielt dabei die Form *ABCDEF*.
a) Erkläre mit Hilfe des Dopplereffektes den Teil *CD* der Spektrallinie! Gib die Drehrichtung des Planeten an!
b) Wie müßten die Teile, die vom Ring herrühren, aussehen, wenn der Ring wie eine feste Scheibe rotieren würde?
c) Was kann man über die Rotation des Ringes infolge der tatsächlich beobachteten Teile *AB* und *EF* der Spektrallinie aussagen?

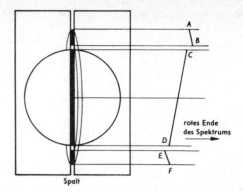

4.5.9.3

4. Die Abb. zeigt die beiden Komponenten eines Doppelsternes zu verschiedenen Zeiten. In der Stellung *AA'* ergibt sich das Spektrum *a*, in der Stellung *BB'* das Spektrum *b*.
a) Warum ergibt sich in der Stellung *BB'* eine Aufspaltung der Spektrallinien?
b) Berechne aus dem Spektrum *a* die Geschwindigkeit der beiden Komponenten!

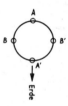

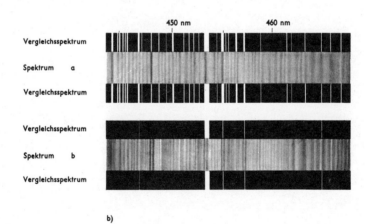

4.5.9.4

4.5.10. Elektromagnetisches Spektrum

1. Zeichne die Abb. und trage mit Farbstiften ein:
   a) ein kontinuierliches Spektrum
   b) das Na-Spektrum (D-Linie hat die Wellenlänge 589 nm),
   c) das Wasserstoffspektrum mit den Linien H_α(656 nm), H_β(486 nm), H_γ(434 nm) und H_δ(410 nm).
   d) das Sonnenspektrum mit den Absorptionslinien A(761 nm), B(687 nm), C(656 nm), D(589 nm), E(527 nm), F(486 nm), G(432 nm).
   Zur Zeichnung: Rot von 800 bis 640 nm, Orange von 640 bis 600 nm, Gelb von 600 bis 560 nm, Grün von 560 bis 490 nm, Blau von 490 bis 430 nm, Violett von 430 bis 400 nm.

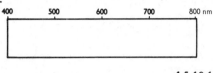

4.5.10.1

2. Goethe zeichnete auf weißes Papier einen schwarzen Strich, den er dann mit einem Prisma betrachtete. Da er dabei Spektralfarben sah, behauptete er, Schwarz sei eine Farbe, die man durch ein Prisma zerlegen könne. Gib einen Versuch an, der diese Behauptung widerlegt!

3. Zeichne eine logarithmische Skala von 10^4 m bis 10^{-14} m und trage folgende Bereiche ein: Sichtbares Licht, Ultraviolett, Röntgenstrahlen, γ-Strahlen, Ultrarot, Ultrakurzwellen, Kurzwellen, Mittelwellen, Langwellen!

4. Wieviel Oktaven umfaßt das elektromagnetische Spektrum, wenn man als Grenzen (willkürlich) die Wellenlängen 10^4 m und 10^{-14} m annimmt?

Aufgaben Kapitel 5

5. Wärmelehre

5.1. Temperatur

5.1.1. Temperaturmessung

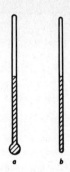

♦ 1. Warum hat ein Thermometer die in der Abb. dargestellte Form a und nicht die Form b?

2. Ein Thermometer zeigt in schmelzendem Eis + 2,0°C, in siedendem Wasser 100,0°C (bei 1013 mbar). Welche Temperatur hat eine Flüssigkeit, in der dieses Thermometer + 46,0°C anzeigt?

♦ 3. Warum kann man dem Weltenraum keine Temperatur zuschreiben?

5.1.1.1

5.1.2. Längenausdehnung

1. Wie groß ist der Längenausdehnungskoeffizient von Messing, wenn sich ein Stab der Länge 1,2 m bei Erwärmung von 18°C auf 98°C um 2,05 mm verlängert?

2. Welche Längenänderung erfährt eine 20 m lange Eisenbahnschiene, (Längenausdehnungskoeffizient 0,000012 $\frac{1}{K}$), wenn sie von − 20°C auf + 50°C erwärmt wird?

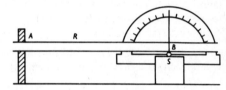

3. Wie groß ist die Längenausdehnung einer 250 m langen Eisenbrücke, wenn sie Temperaturschwankungen von − 30°C bis + 50°C ausgesetzt ist?

5.1.2.6

♦ 4. Mit einem bei 20°C geeichten Stahlmaßband wird bei 14°C eine Strecke zu 28,537 m gemessen. Berechne die wahre Länge der Strecke, wenn der Ausdehnungskoeffizient von Stahl 0,000015 $\frac{1}{K}$ beträgt?

♦ 5. Ein Stahlmaßband ist bei 0°C geeicht. Es wird bei 24°C zu Messungen verwendet.
a) Wird das Meßergebnis zu groß oder zu klein?
b) Wieviel Promille beträgt der Fehler?

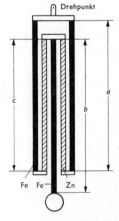

♦ 6. R ist ein Aluminiumrohr (Abb.), das bei A fest eingespannt ist und bei B auf einer Stricknadel S mit dem Durchmesser 2,0 mm liegt. $AB = 93,5$ cm. Das Rohr hat die Temperatur 17°C. Leitet man heißen Dampf (98°C) hindurch, dann dreht sich der an der Stricknadel S befestigte Zeiger Z um 50°. Berechne hieraus den Längenausdehnungs-Koeffizienten von Aluminium! Beachte: Die Stricknadel S rollt bei der Ausdehnung!

5.1.2.8

♦ 7. Warum stellt man Brücken usw. aus Eisenbeton und nicht aus „Aluminiumbeton" her?

8. Eisen hat den Längenausdehnungs-Koeffizienten 0,000012/K, Zink 0,000030/K. Welchen Wert muß das Verhältnis $(a + b) : c$ annehmen (Abb.), damit das Pendel bei Temperaturschwankungen keine Längenänderung erfährt?

9. Um wieviel cm² verändert sich die Fläche einer rechteckigen Tafel aus Aluminiumblech (Längenausdehnungs-Koeffizient 0,000023/K) der Seitenlänge 1,0 m und 1,6 m, wenn man sie um 30 K erwärmt?

5.1.3. Raumausdehnung von festen und flüssigen Körpern

◆ 1. Warum ist es sinnlos, bei Flüssigkeiten von Längenausdehnung zu sprechen?

2. a) Zeige, daß der „Flächenausdehnungs-Koeffizient" eines Körpers das Doppelte des Längenausdehnungs-Koeffizienten ist!
b) Zeige, daß der Raumausdehnungs-Koeffizient das Dreifache des Längenausdehnungs-Koeffizienten ist!

◆ 3. Ein Thermometer, das man schnell in eine warme Flüssigkeit taucht, zeigt zuerst ein Fallen der Quecksilbersäule, dann erst ein Steigen. Erkläre die Tatsache!

4. Die Quecksilbersäule eines Barometers ist bei 20°C 735,0 mm hoch. Berechne ihre Höhe bei 0°C, wenn der Raumausdehnungs-Koeffizient von Quecksilber 0,00018/K ist!

5. 1934 wurde in Amerika eine 20 t schwere Scheibe aus Borsilikatglas (Längenausdehnungs-Koeffizient 0,0000025/K, Dichte 2,24 g/cm³) für einen Teleskopspiegel gegossen und dann so abgekühlt, daß die Temperatur alle 30 Stunden um 1 K abnahm. Berechne die Volumenabnahme in cm³/Tag!

6. Wie hängt die Dichte einer Flüssigkeit (Raumausdehnungs-Koeffizient β) von der Temperatur ab, wenn ρ_0 die Dichte bei 0°C ist!

7. Quecksilber hat bei 18°C die Dichte 13,551 g/cm³. Wie groß ist sie a) bei 0°C und b) bei 100°C? Raumausdehnungs-Koeffizient von Quecksilber 0,00018/K.

8. Ein Pyknometer faßt bei 0°C 124,3 g und bei 100°C 121,6 g einer Flüssigkeit. Berechne den Raumausdehnungs-Koeffizienten der Flüssigkeit, wenn die Ausdehnung des Pyknometers vernachlässigt werden kann!

9. Der eine Schenkel verbundener Röhren wird durch schmelzendes Eis gekühlt, der andere Schenkel durch Dampf auf 98°C erwärmt. Die Höhen der Flüssigkeit in den Schenkeln betragen 35,7 bzw. 37,0 cm. Berechne den Raumausdehnungs-Koeffizienten der Flüssigkeit!

◆ 10. Welche Nachteile hat ein Wasserthermometer? Wie würde seine Skala zwischen 0°C und 10°C ungefähr aussehen?

5.1.4. Raumausdehnung von Gasen

1. In einer Kapillare befindet sich eine 21,0 cm lange Luftsäule von 16°C, die durch eine Quecksilbersäule abgeschlossen ist. Durch Erwärmen mit 98°C heißem Dampf dehnt sich das Luftvolumen auf die Länge 27,0 cm aus.
a) Berechne den Raumausdehnungs-Koeffizienten der Luft!
b) Ändert sich am Endergebnis etwas, wenn die Kapillare während des ganzen Versuches geneigt ist?
c) Warum ist es nicht sinnvoll, aus den Versuchsergebnissen den Längenausdehnungs-Koeffizienten der Luft zu bestimmen, obwohl die Veränderung der Länge beobachtet wurde?

Aufgaben Kapitel 5

2. Berechne das Volumen von 3,60 dm³ Luft von 0°C bei der Temperatur a) 18°C, b) 100°C, c) −40°C, d) 546°C, e) 1°C.

3. Eine Gasmenge hat bei Zimmertemperatur (18°C) das Volumen 4,7 l. Bei welcher Temperatur ist das Volumen doppelt so groß, wenn der Druck konstant bleibt?

4. 1 dm³ Luft hat bei der Temperatur 0°C die Masse 1,293 g. Berechne die Dichte bei der Temperatur a) 18°C, b) 100°C, c) −35°C!

5. Um wieviel Prozent ihres ursprünglichen Volumens dehnt sich eine Gasmenge bei Erwärmung von 18°C auf 65°C aus?

♦ 6. Warum klecksen Füllhalter meist dann, wenn sich wenig Tinte in ihnen befindet?

♦ 7. Das Gay-Lussacsche Gesetz lautet: Erwärmt man eine Gasmenge um 1 K, so vergrößert sich ihr Volumen, sofern der Druck konstant bleibt, um $\frac{1}{273}$ des Volumens, das sie bei der Temperatur 0°C hat. Wie lautet das Gesetz, wenn man als Ausgangstemperatur nicht 0°C, sondern 30°C annimmt?

8. In einer Kapillare ist die Luftsäule durch einen Quecksilberfaden abgeschlossen. Ihre Länge hängt folgendermaßen von der Temperatur ab:

Temperatur	0°C	18°C	34°C	52°C	71°C	93°C
Länge	10,08 cm	10,74 cm	11,33 cm	12,00 cm	12,70 cm	13,51 cm

a) Stelle die Länge der Luftsäule in Abhängigkeit von der Temperatur graphisch dar! Abszisse von −300°C bis +100°C, wobei 1 cm ≙ 20 K.
b) Bestimme aus der graphischen Darstellung den absoluten Nullpunkt!

5.2. Allgemeines Gasgesetz

1. Ein Gasvolumen V_1 steht bei der absoluten Temperatur T_1 unter dem Druck p_1.
a) Berechne das Volumen V der Gasmenge bei derselben Temperatur T_1, aber beim Druck p_2!
b) Berechne nunmehr das Volumen V_2 derselben Gasmenge, wenn man sie bei konstantem Druck p_2 auf die Temperatur T_2 erwärmt!
c) Leite aus a) und b) die Beziehung zwischen p_1, V_1 und T_1 bzw. p_2, V_2 und T_2, d.h. das allgemeine Gasgesetz ab!

2. Eine abgeschlossene Gasmenge hat bei 18°C und 954 mbar das Volumen 234 cm³. Berechne das Volumen
a) bei 35°C und 920 mbar,
b) bei −10°C und 1010 mbar!

3. Bei 15°C ist der Überdruck in einem Autoreifen 1,50 bar. Um wieviel nimmt der Druck zu, wenn sich die Luft um 30 K erwärmt?

4. Ein Gasbehälter vom Volumen $V = 25$ dm³ ist mit Sauerstoff der Temperatur 27°C und dem Druck 1,8 bar gefüllt.
a) Nun läßt man bei unveränderter Temperatur solange Gas ausströmen, bis der Druck auf 1,5 bar gesunken ist. Wieviel Gas von dem zweiten Zustand mußte man entweichen lassen?
b) Die noch abgeschlossene Gasmenge wird nun solange erwärmt, bis wieder der ursprüngliche Druck von 1,8 bar entsteht. Auf welche Temperatur muß das Gas gebracht werden?

5. Umgibt man das Vorratsgefäß des abgebildeten Gasthermometers mit schmelzendem Eis und stellt durch Heben des Schenkels A das Quecksilber auf die Marke M des Schenkels B ein, dann steht im Schenkel A das Quecksilber um $h_1 = 23$ mm höher. Äußerer Luftdruck 955 mbar.
   a) Berechne die Höhe h_2, wenn man die Luft auf 100°C erhitzt und erneut auf M einstellt!
   b) Welche Temperatur hat die Luft, wenn $h_2 = 142$ mm ist?
 ◆ c) Erhält man bei der Temperaturmessung im Fall b zu kleine oder zu große Werte, weil die Ausdehnung des Gefäßes nicht berücksichtigt wurde? Begründung!

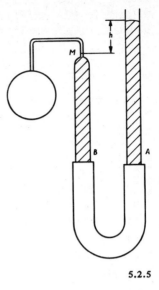

5.2.5

6. Wasserstoff hat bei 0°C und 1 bar die Dichte 0,000090 g/cm³. Welche relative Molekülmasse hat ein Gas mit der Dichte 0,001250 g/cm³?

7. Wie lautet die allgemeine Gasgleichung
   a) für 5 kg Sauerstoff (relative Molekülmasse 32)
   b) für 10 g Wasserstoff?

8. Die Dichte von Sauerstoff beträgt bei 0°C und 1013 mbar 1,429 g/dm³. Berechne hieraus das Molvolumen von Sauerstoff!

9. Der Rezipient einer Luftpumpe hat das Volumen 2,3 dm³, die Temperatur beträgt 18°C. Wieviel g Luft befinden sich noch im Rezipienten, wenn man ihn auf 27 Pa evakuiert?

10. In die abgebildete pneumatische Wanne wird solange Wasserstoff eingeleitet, bis der Meßzylinder 430 cm³ anzeigt. Dabei steht das Wasser im Kolben 68 mm über dem äußeren Wasserspiegel. Die Temperatur beträgt 21°C, der äußere Luftdruck 961 mbar. Berechne
    a) das Volumen bei Normbedingungen,
    b) die Masse des Wasserstoffes!

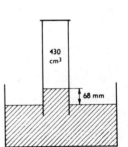

5.2.10

11. Die zwei abgebildeten Gefäße mit dem Volumen $V_1 = 1250$ cm³ bzw. $V_2 = 600$ cm³ sind durch einen (vorläufig geschlossenen) Hahn verbunden. Welcher Druck stellt sich beim Öffnen ein, wenn im großen Gefäß der Druck 1 bar, im kleinen Gefäß der Druck 560 mbar herrschte? Die Temperatur soll dabei konstant bleiben!

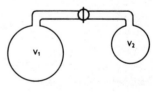

5.2.11

12. Zeige: Bei gleicher Temperatur und gleichem Druck verhalten sich die relativen Molekülmassen von zwei Gasen wie ihre Dichten!

◆ 13. Hat Luft mit dem Druck 10 bar einen anderen Ausdehnungs-Koeffizienten als Luft, die unter dem Druck 1 bar steht? Begründung!

14. Welches Volumen hat 1 kg Stickstoff (relative Molekülmasse 28) bei 960 mbar und 21°C? Berechne die Stoffmenge (in kmol)!

Aufgaben Kapitel 5

15. Berechne aus der relativen Molekülmasse von Sauerstoff und der Dichte 1,429 kg/m³ bei 0°C und 1013 mbar die allgemeine Gaskonstante R in $\frac{\text{Joule}}{\text{kmol} \cdot \text{K}}$!

5.3. Wärme und Energie

5.3.1. Wärmemenge

1. Welche Energie ist nötig, um a) 1,5 kg Wasser von 15°C auf 98°C, b) 60 cm³ Wasser von 8°C auf 60°C zu erwärmen?
2. Wie viele Joule geben 65 kg Wasser bei Abkühlung von 62°C auf 15°C ab?
3. Ein Tauchsieder, der in 1 s 250 J liefert, wird 5 min lang in 0,6 Liter Wasser getaucht. Berechne die Temperaturerhöhung unter der Annahme, daß keine Verluste eintreten!
4. Berechne die Temperatur, die eine Wassermenge von 6,5 Liter und 17,0°C nach Zufuhr von 200 kJ hat!
5. Das Wasser eines 60 m langen, 40 m breiten und 2,5 m tiefen Teiches erwärmt sich im Laufe eines Tages von 8°C auf 11°C. Welche Wärmemenge hat es aufgenommen?
6. 300 g Wasser von 8°C und 200 g von 38°C werden miteinander gemischt. Berechne die Mischungstemperatur!
7. Welche Temperatur stellt sich ein, wenn man 320 g Wasser von 15,4°C mit 145 g Wasser von 35,8°C mischt? Worauf ist es zurückzuführen, wenn die Mischungstemperatur nur 21,5°C beträgt?
8. Ein Kalorimeter enthält 250 g Wasser von 16,4°C. Durch Hinzugießen von 50 g Wasser von 35,6°C ergibt sich die Mischungstemperatur 19,5°C. Berechne den Wasserwert des Kalorimeters!
9. Es werden gemischt eine Wassermenge der Masse m_1 und der Celsiustemperatur ϑ_1 und eine Wassermenge der Masse m_2 und der Celsiustemperatur ϑ_2. Zeige, daß für die Mischungstemperatur ϑ_m ein dem Hebelgesetz analoges Gesetz gilt: der Schwerpunkt von zwei Massen m_1 und m_2, die von einem Nullpunkt die Entfernungen ϑ_1 und ϑ_2 haben (Abb.), liegt in einer Entfernung ϑ_m von diesem Nullpunkt!

5.3.1.9

5.3.2. Spezifische Wärmekapazität

1. Zum Erwärmen einer Stoffmenge der Masse m und der spez. Wärmekapazität c von der Temperatur ϑ_1 auf die Temperatur ϑ_2 ist die Wärmeenergie W nötig. Berechne in der folgenden Tabelle die fehlenden Größen!

	m	c	ϑ_1	ϑ_2	W
a) Cu	200 g	0,385	15°C	83°C	?
b) Al	25,4 g	0,88	12,8°C	?	600 J
c) Fe	5,2 t	0,46	20°C	1000°C	?
d) Zn	3,6 kg	?	11,5°C	37,2°C	36 kJ

2. Welche Wärmeenergie ist notwendig, um 3 kg Blei ($c_{\text{Blei}} = 0{,}13\ \frac{\text{J}}{\text{g} \cdot \text{K}}$) von $-10°\text{C}$ auf $+60°\text{C}$ zu erwärmen?

3. Zur Bestimmung der spez. Wärmekapazität von Cu werden 82 g Cu im Wasserbad auf 98°C erhitzt und in ein Kalorimeter mit 156 g Wasser von 15,4°C gebracht. Es ergibt sich die Mischungstemperatur 19,2°C. Berechne hieraus die spez. Wärmekapazität von Cu ohne dabei zu berücksichtigen, daß das Kalorimetergefäß Wärme aufnimmt! Wie ändert sich das Ergebnis, wenn man diese Wärmeenergie nicht vernachlässigt?

4. Ein Tauchsieder erwärmt 1 kg Wasser innerhalb von 2 min von 17,2°C auf 22,8°C, 1 kg Spiritus während derselben Zeit von 16,4°C auf 26,2°C. Berechne die spezifische Wärmekapazität von Spiritus!

5. Eine Messingkugel der Masse 60 g (spez. Wärmekapazität 0,385 J/(g·K) wird in der Flamme eines Bunsenbrenners erhitzt, dann in ein Kalorimeter mit 165 g Wasser von 17,0°C gebracht. Es ergibt sich die Mischungstemperatur 45,4°C. Berechne die Temperatur der Bunsenflamme!

6. Quecksilber hat die Dichte 13,6 g/cm^3 und die spez. Wärmekapazität 0,14 J/(g·K), Glas die Dichte 2,5 g/cm^3 und die spez. Wärmekapazität 0,75 J/(g·K).
a) Zeige, daß ungefähr dieselbe Wärmeenergie notwendig ist, um 1 cm^3 Quecksilber und 1 cm^3 Glas um 1 K zu erwärmen!
b) Ein Stabthermometer mit dem Durchmesser 8 mm taucht 6 cm tief in die Kalorimeterflüssigkeit ein. Berechne den Wasserwert des eintauchenden Teiles!

5.3.3. Schmelzen und Verdampfen

1. Einem Eisblock von 20 kg Masse und der Temperatur −20°C wird je s die Wärmeenergie 8 kJ zugeführt. Stelle die Temperatur dieser Stoffmenge in Abhängigkeit von der Zeit graphisch dar, und zwar im Bereich von −20°C bis +120°C! Abszisse: 1 cm ≙ 500 s. Spez. Wärmekapazität von Eis = 2,09 J/(g·K), Schmelzwärme von Eis = 335 kJ/kg, Verdampfungswärme von Wasser = 2260 kJ/kg, spez. Wärmekapazität von Wasserdampf = 1,67 kJ/(kg·K), Siedepunkt 100°C.

2. Welche Wärmeenergie ist notwendig, um 5 kg Eis von 0°C in Wasser von 70°C zu verwandeln?

3. Bei einer Mischung von 22,5 g Eis von 0°C mit 157 g Wasser von 26,2° ergibt sich die Endtemperatur 12,9°C. Berechne hieraus die Schmelzwärme von Eis!

4. 30 kg Wasser von 65°C sollen durch Einbringen von Eis der Temperatur 0°C auf 24°C gebracht werden. Welche Menge Eis ist nötig?

5. Ein Kalorimeter enthält eine Wassermenge der Masse m_1 und der Temperatur ϑ_1. In das Wasser wird eine 100°C heiße Dampfmenge der Masse m_2 eingeleitet. Dadurch steigt die Temperatur des Wassers auf ϑ_2.
a) Berechne die Kondensationswärme von Wasserdampf!
♦ b) In welcher Richtung wird das Meßergebnis verfälscht, wenn beim Einleiten des Dampfes ein Teil schon als Kondenswasser in das Kalorimeter kommt?

6. Welche Wärmeenergie muß man 500 g Eis von 0°C zuführen, um es a) in Wasser von 0°C, b) in Wasser von 98°C, c) in Dampf von 98°C zu verwandeln?

7. Der Verdampfungskühler einer Maschine liefert in einer Stunde 12 kg Wasserdampf von 98°C. Zur Kondensation verwendet man Kühlwasser von 10°C. Wieviel Kühlwasser ist je Stunde nötig, wenn es sich höchstens auf 40°C erwärmen soll?

Aufgaben Kapitel 5

8. 1 Kilogramm Wasser wird auf − 5°C unterkühlt. Durch Impfen mit einem kleinen Eiskristall wird die Unterkühlung aufgehoben. Wieviel Gramm Eis entstehen?

5.3.4. Ausbreitung der Wärme

1. Ein Auto steht im Winter eine Nacht im Freien. Warum fühlen sich am Morgen die Metallteile kälter an als die Polsterung?
2. Warum ist der Burnus der Araber weiß und nicht schwarz?
3. a) Welchen Vorteil haben Doppelfenster gegenüber einfachen Fenstern?
   b) Bei Doppelfenstern neuester Bauart ist der Raum zwischen beiden Glasscheiben weitgehend luftleer gemacht. Warum?
4. Aus welchem Grunde wäre es günstiger, den Pelz bei Pelzmänteln innen zu tragen statt außen?
5. Gib eine Erklärung dafür, daß in dem abgebildeten Fall a) das Eis sehr rasch schmilzt, während man in Fall b) das Wasser oben bis zum Sieden erhitzen kann, bis das (durch Umwickeln mit Draht beschwerte) Eis unten zum Schmelzen kommt.

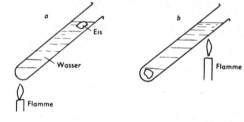

5.3.4.5

6. Warum taut Schnee leichter weg, wenn man ihn mit Asche bestreut?
7. Zwei Gefäße gleicher Größe werden mit kochendem Wasser gefüllt. Das eine Gefäß ist berußt, das andere blank. Welches kühlt zuerst auf Zimmertemperatur ab?
8. Warum befindet sich der Kühlkörper in den Kühlschränken oben und nicht unten?

* 5.3.5. Dampfdruck

1. Folgende Tabelle gibt den Dampfdruck des Wassers in Abhängigkeit von der Temperatur:

	0°C	10°C	20°C	30°C	40°C	50°C	60°C	70°C	80°C	90°C
mbar	6	12	24	43	73	124	198	311	472	701

	100°C	110°C	120°C
mbar	1013	1433	1985

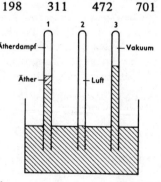

a) Zeichne die Dampfdruckkurve! Abszisse: 1 cm ≙ 10 K; Ordinate 1 cm ≙ 100 mbar.
b) Bestimme den Siedepunkt von Wasser bei 733 mbar!
c) In Wasser gelöste Stoffe erniedrigen den Dampfdruck. Zeige, daß sie den Siedepunkt erhöhen!

♦ 2. In Röhre 1 (Abb.) ist etwas Äther, in Röhre 2 Luft von Atmosphärendruck, Röhre 3 ist luftleer. Beschreibe die auftretenden Erscheinungen, wenn man die Röhren
a) stärker in das Quecksilber taucht, b) weiter herauszieht!

5.3.5.2

3. Warum benutzt man zum Kochen von Speisen häufig einen fest verschlossenen Dampftopf, obwohl das Wasser darin erst bei höherer Temperatur zum Kochen kommt?

* 5.3.6. Spezifische Wärmekapazität von Gasen

1. In einem Kasten von 1 m Länge, 1 m Breite und 1 m Höhe befindet sich Luft von 1 bar und 0°C. Eine Seitenfläche des Kastens ist ohne Reibung frei beweglich.
   a) Welche Wärmeenergie ist nötig, um die eingeschlossene Luft (Dichte = 1,293 g/dm³) um 1 K zu erwärmen, wenn der Kolben dabei festgehalten wird?
   ($c_v = 0{,}708$ J/(g·K))
   b) Welche Wärmeenergie ist nötig, wenn sich der Kolben bewegen kann?
   ($c_p = 0{,}996$ J/(g·K))
   c) Um welchen Weg verschiebt sich der Kolben dabei?
   d) Welche Arbeit wird gegen den äußeren Druck verrichtet?
   e) Vergleiche mit den Ergebnissen von a) und b)!

2. Warum muß man bei festen Körpern nicht zwischen der spez. Wärmekapazität bei konstantem Druck (c_p) und der spez. Wärmekapazität bei konstantem Volumen (c_v) unterscheiden?

3. Zur Bestimmung der spez. Wärmekapazität von Luft bei konstantem Druck pumpt man eine bestimmte Menge Luft durch eine Kupferspirale, die sich in einem Kalorimeter befindet. Die Luft wird vorher erwärmt; ihre Abkühlung im Kupferrohr mißt man mit einem Differentialthermoelement. Meßergebnisse:
Masse des Wassers im Kalorimeter 250 g, Anfangstemperatur des Wassers 14,8°C, Endtemperatur des Wassers 25,6°C. Es werden 400 l Luft von 960 mbar und 18°C angesaugt, erwärmt und hindurchgeleitet. Das Differentialthermoelement zeigt, daß sich die erhitzte Luft beim Durchströmen der Kupferspirale um 24,3 K abkühlt. Berechne c_p!

4. 1 m³ Luft von 0°C und 960 mbar wird bei konstantem Volumen die Wärmeenergie 21 kJ zugeführt. Auf welchen Betrag steigt der Druck an? Die Dichte der Luft bei 1 bar und 0°C beträgt 1,293 kg/m³, die spez. Wärmekapazität $c_v = 0{,}708$ kJ/(kg·K).

* 5.3.7. Isotherme und adiabatische Vorgänge

1. Ein komprimiertes Gas wird isotherm expandiert und verrichtet dabei Arbeit. Zeige, daß die Energie nicht dem Gas selbst entnommen wird, sondern seiner Umgebung!

2. Zeichne in ein p-V-Diagramm
   a) eine Isotherme für 600 cm³ Luft von 960 mbar und 207°C,
   b) eine Isotherme für dieselbe Luftmenge bei 87°C,
   c) eine Adiabate durch den Punkt $V = 600$ cm³, $p = 960$ mbar ($\kappa = 1{,}4$)! Abszisse: 1 cm $\triangleq$ 200 cm³ von 0 bis 2400 cm³; Ordinate: 1 cm $\triangleq$ 150 mbar von 0 bis 1650 mbar.
   d) Bestimme aus der Zeichnung, auf welches Volumen man 600 cm³ Luft von 960 mbar und 207°C expandieren muß, damit die Temperatur auf 87°C absinkt!
   e) Berechne dieses Volumen aus der Gleichung $T \cdot V^{\kappa-1} = \text{const}$ und vergleiche mit dem Ergebnis von d)!

3. Auf welchen Bruchteil des ursprünglichen Wertes muß man das Volumen einer Luftmenge ($\kappa = 1{,}4$) adiabatisch komprimieren, damit der Druck auf den doppelten Wert ansteigt?

Aufgaben Kapitel 5

4. Bei einer Wilsonkammer beträgt das Expansionsverhältnis 1,3; d. h., die Luft wird auf das 1,3fache ihres ursprünglichen Volumens expandiert. Die Anfangstemperatur ist 18°C. Welche Temperatur ergibt sich durch die Expansion?

5. Für ein einatomiges Gas hat κ den Wert 1,67, für ein zweiatomiges Gas den Wert 1,40. Bei welchem Gas ergibt sich bei derselben Expansion die größere Temperaturerniedrigung?

6. Erkläre die Temperaturerhöhung bei einer adiabatischen Kompression mit Hilfe der kinetischen Gastheorie!

5.3.8. Wärme und Arbeit

1. Das Walchenseekraftwerk hat die Leistung 150 000 kW. Wieviel Kohle (Heizwert 31,4 MJ/kg) würde ein Dampfkraftwerk derselben Leistung täglich brauchen, wenn der Wirkungsgrad der Dampfmaschine 23 % ist?

2. Berechne den größtmöglichen Wirkungsgrad für Dampfmaschinen mit der Kühlertemperatur 60°C und der Anfangstemperatur a) 120°C, b) 250°C, c) 500°C!

3. Warum werden Dampfmaschinen heute meist mit überhitztem Dampf (Temperatur höher als 100°C) betrieben?

4. Ein Auto fährt mit der gleichbleibenden Geschwindigkeit 80 km/h auf einer Autobahn, wobei der Motor 8,83 kW leistet. Benzinverbrauch 6 l/100 km; Dichte des Benzins 0,75 g/cm^3, Verbrennungswärme des Benzins 46 MJ/kg. Berechne den Wirkungsgrad des Motors!

5. Die Solarkonstante beträgt ca. 8,4 J/(cm^2 · min). Berechne die Leistung in kW, welche die Fläche 50 km^2 bei senkrechter Einstrahlung erhält!

6. Der Kolben einer Dampfmaschine hat den Durchmesser 40 cm, der Kolbenhub beträgt 90 cm.
   a) Berechne die Kraft des Dampfes auf den Kolben, wenn der Überdruck 10 bar beträgt!
   b) Berechne die Arbeit während eines Kolbenhubes, wenn der Überdruck während des ganzen Hubes 10 bar beträgt!
   c) Berechne die Leistung in kW, wenn die Maschine 70 Kolbenzüge/Minute ausführt!

7. Um wieviel Grad erwärmt sich ein Eisenmeteor (spez. Wärmekapazität 0,42 J/(g·K), wenn er beim Eintritt in die Atmosphäre seine Geschwindigkeit von 500 m/s auf 100 m/s verringert. Etwa 1/3 der entstehenden Wärmemenge wird abgestrahlt, den Rest nimmt der Meteor auf.

8. In einer 1 m langen, beiderseits verschlossenen Papprohre befinden sich 0,8 kg Bleischrot (spez. Wärmekapazität 0,130 J/(g·K)). Durch 25maliges Kippen durchfällt der Schrot 25 mal die Höhe 1 m. Dadurch steigt seine Temperatur um 1,8 K.
   a) Welche mechanische Energie wurde aufgewendet?
   b) Welche Wärmeenergie wurde dem Bleischrot zugeführt?
   c) Warum verwendet man zum Versuch Blei und nicht Aluminium?

6. Magnetismus und Elektrizität

6.1. Magnetische Grundtatsachen

1. Hängt man zwei lange dünne Nägel mit den Spitzen nach oben an den einen Pol eines Stabmagneten, so streben die Köpfe auseinander.
   a) Erkläre diese Erscheinung!
   b) Wie verhalten sich die Nagelköpfe, wenn man die Spitzen an je einen Pol eines Hufeisenmagneten hängt? Begründung!

♦ 2. Zwei zylindrische Eisenstäbchen haben nach außen ein völlig gleiches Aussehen. Das eine der beiden ist aber ein permanenter Stabmagnet, das andere besteht aus Weicheisen. Wie kann man ohne weitere Hilfsmittel durch Versuch herausbringen, welches der beiden der Magnet ist?

3. Auf einem Tisch liegen hintereinander je in Längsrichtung ein Stabmagnet, ein Weicheisenstab und ein Kompaß. Skizziere die Anordnung mit Bezeichnung der Pole und beschreibe die auftretenden Vorgänge!

♦ 4. In den vier Ecken eines Quadrates A, B, C, D liegt je ein magnetischer Pol. Beschreibe die Feldrichtung im Diagonalschnittpunkt M des Quadrates, wenn sich
   a) in A und B Nord-, in C und D Südpole gleicher Stärke,
   b) in A und C Nord-, in B und D Südpole gleicher Stärke befinden.

5. Die beiden Eisenstäbchen aus Aufgabe 2 sind so aneinander gehängt, daß der Magnet den Längsbalken, das Weicheisenstäbchen den Querbalken eines „T" bildet. Skizziere das Feldlinienbild in der Umgebung!

♦ 6. Warum können Feldlinien
   a) niemals einander schneiden,
   b) niemals ineinander einmünden?

7. Wie groß sind Deklination und Inklination an den geographischen und an den magnetischen Polen?

♦ 8. Gibt es auf der Erde Punkte, an denen die Deklination 180° beträgt? Wo?

6.2. Die Wirkungen des elektrischen Stromes

6.2.1. Die magnetischen Wirkungen des Stromes

1. Zeige, daß die Amperesche Schwimmerregel und die Schraubenregel (Korkzieher-, Faustregel) gleichwertig sind.

2. In dem abgebildeten zylindrischen, mit Wasser gefüllten Gefäß befindet sich entlang seiner Achse ein stromführender Leiter. Auf der Wasseroberfläche schwimmt ein Kork, durch den eine magnetisierte Stricknadel mit dem Südpol nach unten gesteckt ist. Welche Bewegung führt die Stricknadel aus?

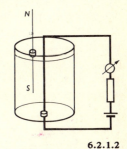

6.2.1.2

3. Einer der beiden Schenkel des abgebildeten Weicheisenkernes ist falsch bewickelt. Welcher muß umgewickelt werden, damit die Angabe der magnetischen Pole richtig ist?

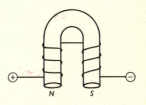

6.2.1.3

Aufgaben Kapitel 6

4. Eine Leiterschaukel hängt zwischen den Polen eines Magneten (Abb.). Die Pfeile zeigen die Stromrichtung an. In welcher Richtung wird die Leiterschaukel bewegt?

5. Zeichne einen Morseapparat mit Relais und beschreibe seine Wirkungsweise!

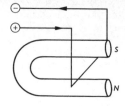
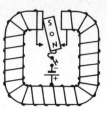

6.2.1.4   6.2.1.6

♦ 6. Was erfolgt bei der skizzierten Anordnung, wenn mit dem Schalter der Stromkreis geschlossen wird?

7. In zwei parallelen Drähten fließt Strom. Warum stoßen sich die Leiter ab, wenn die Ströme in entgegengesetzter Richtung fließen, bzw. ziehen sich an, wenn die Ströme gleiche Richtung haben?

♦ 8. Beschreibe die auslenkende und die rücktreibende Kraft bei
 a) Nadelgalvanometer,   c) Dreheiseninstrument,   e) Drehspulgalvanometer.
 b) Hitzdrahtamperemeter, d) Drehspulamperemeter,

♦ 9. Wie bestimmen auslenkende und rücktreibende Kraft die Empfindlichkeit eines Instrumentes?

10. Welcher Unterschied besteht zwischen „Empfindlichkeit" und „Genauigkeit" eines Strommeßgerätes?

11. Wie ändert sich mit der Empfindlichkeit der Meßbereich eines elektrischen Meßgerätes?

12. Bei welchen elektrischen Meßgeräten ist die magnetische Influenz von Bedeutung? Welche besondere Eigenschaft verleiht sie diesen?

♦ 13. Warum sind Strommeßgeräte mit einem permanenten Magneten immer Gleichstrommeßgeräte?

14. Welche Stromstärke bzw. Spannung zeigt das abgebildete Meßgerät bei folgenden Meßbereichen:

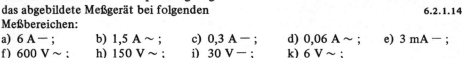

6.2.1.14

a) $6 A-$; b) $1,5 A \sim$; c) $0,3 A-$; d) $0,06 A \sim$; e) $3 mA-$;
f) $600 V \sim$; h) $150 V \sim$; i) $30 V-$; k) $6 V \sim$;

6.2.2. Chemische Wirkungen des Stromes

1. Eine Plakette mit einer Oberfläche von 15,0 cm² soll mit einer 0,20 mm dicken Silberschicht überzogen werden. Wie lange muß ein Strom von 1,5 Ampere in dem Silbernitratbad fließen? (Elektrochemisches Äquivalent $\ddot{A}$ von Silber 1,118 mg/As; Dichte von Silber 10,5 g/cm³)

2. Wie stark war ein Strom, der in einem Silbervoltameter in 15,0 min 503 mg Silber abschied?

Aufgaben Kapitel 6

3. Bei einer Elektrolyse von Kupfer wog die Kathode vorher 34,5 g, nach Stromdurchgang von 1,00 h Dauer 37,452 g. Wie stark war der Strom? ($\ddot{A} = 0{,}329$ mg/As)

4. Durch eine Silbersalzlösung fließen in 15,00 h 1350 As.
   a) Wie viele Milliampere beträgt die Stromstärke?
   b) Wieviel Gramm Silber werden dabei abgeschieden?

5. Erkläre, warum eine bestimmte Ladung von einem zweiwertigen Stoff nur halb soviel abscheiden kann wie von einem einwertigen!

♦ 6. Aus einer $FeCl_3$-Lösung wird 2,4 g Eisen durch einen Strom der Stromstärke I in der Zeit t abgeschieden. Welche Menge Eisen würde von demselben Strom I in derselben Zeit t aus einer $FeSO_4$-Lösung abgeschieden!

7. Das beim elektrolytischen Verchromen benützte Metall Chrom ist sechswertig und hat die relative Atommasse 52.
   a) Berechne sein elektrochemisches Äquivalent!
   b) Welche Stromstärke braucht man, damit in 2,00 Stunden 320 Gramm Chrom abgeschieden werden?

8. Welche Ladung muß durch den Stromkreis fließen, damit in einem Knallgasvoltameter 4,50 g Knallgas abgeschieden werden?
   relative Atommasse von Sauerstoff: 16 (2wertig)
   relative Atommasse von Wasserstoff: 1 (1wertig).

9. Berechne aus dem elektrochemischen Äquivalent 1,118 mg/As von Silber das von Quecksilber! Silber ist einwertig und hat die relative Atommasse 107,9. Quecksilber ist zweiwertig und hat die relative Atommasse 200,6.

10. Aus einer $HgSO_4$-Lösung werden von einem Strom von 2,500 A in 0,5000 h 4,680 g Quecksilber abgeschieden. Die relative Atommasse von Quecksilber beträgt 200,6. Berechne hieraus die Faradaysche Konstante und mit Hilfe der Avogadroschen Konstanten ($6{,}023 \cdot 10^{26}$/kmol) die Ladung des Elektrons.

11. Erkläre auf Grund des zweiten Faradayschen Gesetzes, warum Anlagen zur elektrolytischen Gewinnung von Aluminium einen sehr hohen Strombedarf haben!

* 6.3. Galvanische Elemente

1. Ein Voltaelement (Zink-Kupfer-Elektroden) gibt die Spannung 1,08 V, ein Element mit Blei-Kupfer-Elektroden die Spannung 0,59 V. Welche Spannung gibt ein Blei-Zink-Element? Welche Elektrode ist der Pluspol?

2. Was geschieht bei der skizzierten Versuchsanordnung, wenn man den Stabmagneten der Spule nähert?

3. Warum muß bei der Ladung eines Akkumulators der Pluspol mit dem Pluspol der Ladestromquelle verbunden werden?

4. Beschreibe mit Skizzen und chemischen Formeln den Lade- und Entladevorgang eines Bleiakkumulators!

5. Warum kann man aus der Dichte der Schwefelsäure Rückschlüsse auf den Ladungszustand eines Akkumulators ziehen?

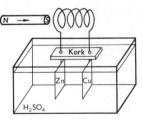

6.3.2

Aufgaben Kapitel 6

6.4. Der Stromkreis (Gleichstrom)

6.4.1. Der Widerstand

◆ 1. Von den Gleichungen $\frac{U}{I} = R$ und $\frac{U}{I}$ = const. beschreibt die eine ein Naturgesetz, während in der anderen eine Definition enthalten ist. Welche? Begründung!

2. Ein Quecksilberfaden mit dem Querschnitt 1 mm² und der Länge 1,063 m hat 1,00 Ω Widerstand. Berechne daraus den spez. Widerstand von Quecksilber!

3. Welchen Widerstand besitzt eine Doppelleitung mit der Länge 25 km und dem Querschnitt 5 mm² a) aus Kupfer ($\rho = 0{,}017\ \Omega \cdot \text{mm}^2/\text{m}$), b) aus Aluminium ($\rho = 0{,}032\ \Omega \cdot \text{mm}^2/\text{m}$)?

4. In einen Elektrolyten von 10%igem $CuSO_4$ sind als Elektroden zwei Platten von je 1 dm² im Abstand 10 mm getaucht. Berechne den Widerstand! (Spezifischer Widerstand $0{,}31\ \Omega \cdot \text{m}$).

5. Ein Elektroschweißer benützt einen Schweißdraht aus Eisen mit der Länge 20 cm und dem Durchmesser 4 mm. Wie groß ist dessen Widerstand ($\rho = 0{,}1\ \Omega \cdot \text{mm}^2/\text{m}$)?

6. Ein Bleistiftstrich von 1 mm Breite und 5 cm Länge hat den Widerstand 113 Ohm. Wie dick ist die Graphitschicht, wenn der spezifische Widerstand von Graphit $11\ \Omega \cdot \text{mm}^2/\text{m}$ ist?

◆ 7. Ein Kupferdraht von der Länge l und dem Durchmesser d wird so gezogen, daß der Durchmesser auf die Hälfte des ursprünglichen Wertes abnimmt. Volumen und spezifischer Widerstand ändern sich beim Ziehen nicht. Wie ändert sich der Widerstand des Drahtes?

8. Auf eine Porzellanröhre mit dem Durchmesser 6 cm sollen soviel Windungen Konstantandraht mit dem Durchmesser 1 mm gewickelt werden, daß ein Widerstand von 20 Ohm entsteht. Wieviel Windungen sind erforderlich? ($\rho = 0{,}5\ \Omega \cdot \text{mm}^2/\text{m}$)

9. Eine Porzellanröhre mit der Länge 6 cm und dem Durchmesser 2 cm wird mit einer Graphitschicht der Dicke 0,01 mm überzogen und dann eine schraubenförmige Rille in den Graphitmantel gefräst, so daß ein 2 mm breites Graphitband entsteht ($\rho = 11\ \Omega \cdot \text{mm}^2/\text{m}$).
a) Berechne den Widerstand!
b) Welcher Widerstand hätte sich ergeben, wenn man die Rille für ein 1 mm breites Graphitband gefräst hätte?

10. Wieviel Kupfer (Dichte 8,9 g/cm³; $\rho = 0{,}017\ \Omega \cdot \text{mm}^2/\text{m}$) braucht man zur Herstellung einer einfachen Leitung von 5 km Länge und 10 Ohm Widerstand?
Die wievielfache Kupfermenge braucht man für eine Leitung doppelter Länge aber gleichen Widerstandes?

11. Durch Messung hat man festgestellt, daß der spezifische Widerstand von supraleitendem Blei kleiner als $10^{-20}\ \Omega \cdot \text{mm}^2/\text{m}$ ist. Welchen Widerstand hätte demnach ein supraleitender Bleidraht, der von der Erde zum Mond reicht (384 000 km) und 1 µm Durchmesser hat?

◆ 12. Den reziproken Wert des spezifischen Widerstandes bezeichnet man als die spezifische Leitfähigkeit $\sigma = 1/\rho$.
Was besagt $\sigma = 59\ \dfrac{\text{m}}{\Omega \cdot \text{mm}^2}$ für einen Draht mit dem Querschnitt 1 mm² und dem Widerstand 1 Ω?

6.4.2. Ohmsches Gesetz

1. Ein elektrischer Heizofen hat den Widerstand 40 Ohm. Welche Stromstärke hat der bei 220 V hindurchfließende Strom?
2. Durch ein elektrisches Bügeleisen fließt bei der Spannung 220 V ein Strom von 2,2 Ampere. Wie groß ist sein Widerstand?
3. Berechne die fehlenden Größen:

	Spannung U	Widerstand R	Stromstärke I
a)	220 V	1500 Ω	?
b)	350 V	0,75 MΩ	?
c)	?	2,3 kΩ	5,2 mA
d)	12,5 mV	?	3,8 µA
e)	2,5 kV	?	4,8 A
f)	?	180 Ω	36,5 A
g)	110 V	?	5,6 A

4. Wie groß ist der Widerstand des glühenden Wolframdrahtes in einem Glühlämpchen mit der Aufschrift „2 V | 0,3 A"?

6.4.3. Widerstände in Reihe

1. Eine elektrische Christbaumbeleuchtung besteht aus 16 in Reihe geschalteter Glühlämpchen. Sie wird an das 220-Volt-Netz angeschlossen.
   a) Welche Spannung tritt in jedem Lämpchen auf?
   b) Was geschieht, wenn ein Lämpchen durchbrennt?
   c) Warum ist es ungünstig, das ausgefallene Lämpchen einfach zu überbrücken?
2. Ein Stromkreis besteht aus dem Festwiderstand 150 Ω und aus einem Konstantendraht mit dem Durchmesser 0,5 mm und der Länge 2,6 m ($\rho = 0,5 \cdot 10^{-6} \Omega \cdot m$). Das Amperemeter zeigt die Stromstärke 400 mA. Wie groß ist die angelegte Spannung?
3. Zwischen den Enden eines 2 m langen Eisendrahtes mit dem Querschnitt 3 mm² wird die Spannung 0,2 V gemessen.
   a) Wie groß ist die Stromstärke in dem Draht?
   b) Welches Spannungsgefälle besteht längs des Drahtes?
4. Eine Elektronenröhre für 2,3 V Heizspannung soll an einem Akkumulator mit der Spannung 4 V betrieben werden. Wie muß der vorgeschaltete Heizwiderstand gewählt werden, wenn der Heizstrom a) 0,2 A, b) 60 mA betragen soll?
5. Eine Schmalfilmlampe für die Stromstärke 5 A muß bei der Netzspannung 220 V mit dem Vorschaltwiderstand 30 Ω betrieben werden.
   a) Für welche Spannung ist die Lampe gebaut?
   b) Welchen Widerstand besitzt sie in Betrieb?
6. Die Spannung am Lichtbogen einer Bogenlampe soll 40 V, die Stromstärke 4,5 A betragen. Welchen Vorschaltwiderstand muß man bei 220 V wählen?
7. Ein Voltmeter zeigt an einer Steckdose die Spannung 220 V an. Schaltet man den Widerstand 15 kΩ vor, so geht der Ausschlag auf 128 V zurück. Berechne daraus den Eigenwiderstand des Voltmeters!

Aufgaben Kapitel 6

8. Ein Voltmeter mit dem Meßbereich 0 bis 10 V hat den Eigenwiderstand 4,5 kΩ. Welcher Widerstand ist vorzuschalten, wenn das Gerät den Meßbereich 220 V erhalten soll?

9. Ein Drehspulsystem mit 100 Ω Eigenwiderstand ergibt bei 0,2 mA Stromstärke den Vollausschlag. Welche Widerstände R_1, R_2, R_3, R_4 sind vorzuschalten (Abb.), daß es als Vielfachvoltmeter für die Meßbereiche 10 V, 50 V, 150 V und 300 V Verwendung finden kann?

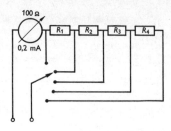

6.4.3.9

♦10. Kann man den Meßbereich eines Braunschen Elektrometers mit Hilfe eines Vorschaltwiderstandes erweitern? Begründung!

11. Ein Spiegelgalvanometer soll mit Hilfe der abgebildeten Schaltung geeicht werden. Bei der Spannung 2 V und den angegebenen Widerständen ergibt sich der Ausschlag von 23,4 Skalenteilen. Berechne die Empfindlichkeit des Galvanometers! (Empfindlichkeit ist die Stromstärkeänderung, die eine Ausschlagänderung von 1 Skalenteil hervorruft!)

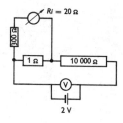

6.4.3.11

6.4.4. Innerer Widerstand

1. Die Platten eines Akkumulators haben die Fläche 160 cm² und den Abstand 10 mm. Berechne den inneren Widerstand! ($\rho = 15\,000\ \Omega \cdot \text{mm}^2/\text{m}$)

2. Eine Nickel-Eisen-Batterie wird mit einem Schiebewiderstand und einem in Reihe geschalteten Amperemeter zu einem Stromkreis geschlossen. Im Nebenschluß ist ein Voltmeter an die Klemmen der Batterie gelegt. Bei der ersten Einstellung des veränderlichen Widerstandes zeigt das Amperemeter 1,8 A, das Voltmeter 4,5 V an. Bei der zweiten Einstellung ergeben sich 6,4 A und 4,0 V. Der Widerstand des Amperemeters beträgt 0,2 Ω.
a) Wieviel Ohm hatte jeweils der stromdurchflossene Teil des Schiebewiderstandes?
b) Berechne die Urspannung und den inneren Widerstand der Batterie!

3. Entnimmt man einer Stromquelle mit der Urspannung 2 V den Strom 4 A, so sinkt die Klemmenspannung auf 1,8 V ab. Berechne den inneren Widerstand und den Kurzschlußstrom!

4. Eine Stromquelle liefert bei dem äußeren Widerstand 1,6 Ω einen Strom von 1,0 A, bei dem äußeren Widerstand 0,6 Ω einen Strom von 2 A. Das Amperemeter hat den Eigenwiderstand 0,3 Ω. Berechne die Urspannung und den inneren Widerstand der Stromquelle!

5. Warum soll ein Voltmeter einen möglichst großen Eigenwiderstand besitzen?

6. Ein Akkumulator hat den inneren Widerstand 0,5 Ω und die Urspannung 2,0 V.
a) Stelle die Klemmenspannung U_a in Abhängigkeit vom äußeren Widerstand R_a für die Werte $R_a = 0,1; 0,2; 0,3; \ldots\ldots 1,1; 1,2\ \Omega$ graphisch dar! (Maßstab: 0,1 Ω ≙ 1 cm, 0,2 V ≙ 1 cm)

b) Berechne die elektrische Leistung im äußeren Widerstand für die oben benützten Werte von R_a und stelle die Abhängigkeit dieser Leistung N_a vom äußeren Widerstand R_a ebenfalls graphisch dar! (Maßstab: $0,1\ \Omega \triangleq 1$ cm; $0,2$ W $\triangleq 1$ cm)
c) Für welchen Wert von R_a hat die an den äußeren Widerstand abgegebene Leistung ihren höchsten Wert?
d) Zeige allgemein mit Hilfe der Differentialrechnung, daß die nach außen abgegebene Leistung für $R_a = R_i$ den größten Wert hat! (Anpassung von elektrischen Geräten!)

7. Warum nimmt die Helligkeit der elektrischen Beleuchtung in einem Zimmer ab, wenn man zusätzlich einen elektrischen Heizofen einschaltet?

◆ 8. Warum kann man mit einem Akkumulator mit der Spannung 4 V viel höhere Stromstärken erzielen, als mit einer Taschenlampenbatterie mit der Spannung 4,5 V?

6.4.5. Parallelwiderstände

1. Drei Widerstände R_1, R_2 und R_3 sind parallel geschaltet. Der Gesamtwiderstand der Kombination sei R. Berechne in der nachstehenden Tabelle die fehlenden Größen!

	R_1	R_2	R_3	R
a)	3 Ω	3 Ω	3 Ω	?
b)	5 Ω	3 Ω	6 Ω	?
c)	24 Ω	?	30 Ω	12 Ω

2. Ein Widerstand von 0,1 kΩ und einer von 60 Ω sind parallel geschaltet.
a) Welchen Gesamtwiderstand besitzt diese Kombination?
b) Welchen Widerstand muß man als dritten zu den ersten beiden parallel schalten, damit der Gesamtwiderstand 30 Ω wird?

3. Ein Amperemeter hat bei dem Meßbereich von 0,1 A den Eigenwiderstand 6 Ω.
a) Welcher Spannungsabfall tritt im Gerät bei Vollausschlag auf?
b) Welchen Widerstand muß man parallel schalten, damit der Meßbereich des Gerätes 6 A wird?

4. An zwei Parallelwiderstände von 5 Ω und 20 Ω wird die Spannung 8 V gelegt.
a) Wie groß wird die Stromstärke in dem 5 Ω-Widerstand?
b) Wie groß wird die Gesamtstromstärke?
c) Um wieviel muß man den 20 Ω-Widerstand verkleinern, damit bei gleicher Gesamtspannung die Stromstärke auf 2,4 A steigt?

5. In der gezeichneten Schaltung ist $R_1 = 40\ \Omega$, $R_2 = 32\ \Omega$, $R_3 = 72\ \Omega$, $R_4 = 20\ \Omega$ und $R_5 = 40\ \Omega$. Zwischen A und B liegt die Spannung 27 V.
a) Berechne den Gesamtwiderstand der Widerstandskombination und die Stromstärken in den Zweigen!
b) Welche Spannung ist zwischen den Punkten C und D vorhanden?

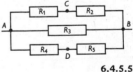

6.4.5.5

6. Berechne in der skizzierten Schaltung die Stromstärken in den einzelnen Widerständen!

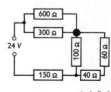

6.4.5.6

Aufgaben Kapitel 6

- 7. Zwei Glühlämpchen, 3,5 V | 200 mA und 2 V | 100 mA, sollen an eine 6 Volt-Batterie angeschlossen werden. Wie muß man bei möglichst geringer Batteriebelastung schalten? Welche Widerstände werden benötigt?

8. An einen Akkumulator mit der Urspannung 2,1 V und dem inneren Widerstand 0,1 Ω sind zwei parallele Widerstände von 5 Ω und 15 Ω, und in Reihe damit einer von 2,5 Ω geschaltet. Welche Stromstärke fließt in dem 5 Ω-Widerstand?

9. In der gezeichneten Schaltung werden die Punkte A und B leitend verbunden. In welcher Richtung fließt Strom?

10. Welche Spannung muß an die Schaltung der Aufgabe 9 gelegt werden, damit der Gesamtstrom 1 A fließt?

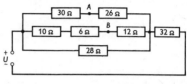

6.4.5.9 und 6.4.5.10

- 11. Wieviel verschiedene Gesamtwiderstände kann man durch Parallel- bzw. Reihenschaltung dreier Widerstände von 40 Ω, 50 Ω und 60 Ω herstellen? Berechne den größten und den kleinsten der Gesamtwiderstände!

12. Zwei Widerstände R_1 und R_2 werden parallel an eine Batterie mit der Urspannung 8 V und dem Innenwiderstand 0,8 Ω angeschlossen. Dabei stellt sich in R_1 die Stromstärke 1,2 A, in R_2 die Stromstärke 0,8 A ein. Wie groß sind die beiden Widerstände? Welche Stromstärke stellt sich in den Zweigen ein, wenn man R_2 um 5 Ω vergrößert?

- 13. Zeige, daß die Widerstandsformel $R = \rho \frac{l}{q}$ in den Regeln für Reihen- bzw. Parallelschaltung von Widerständen enthalten ist!

14. Ein Meßinstrument mit dem Eigenwiderstand 50 Ω hat den Meßbereich 10 mA.
   a) Welchen Meßbereich hat es als Voltmeter?
   b) Wie kann sein Meßbereich als Amperemeter auf 1 Ampere erhöht werden?
   c) Wie kann sein Meßbereich als Voltmeter auf 100 Volt erhöht werden?

15. An die Spannung 300 V sind zwei Widerstände von 1 MΩ und 2 MΩ in Reihe geschaltet. Der Spannungsabfall in dem letzteren Widerstand soll durch ein Meßinstrument gemessen werden. Welchen Spannungsabfall zeigt a) ein parallel geschaltetes Elektrometer, b) ein parallel geschaltetes Voltmeter mit dem Eigenwiderstand 50 kΩ an?

16. a) Berechne die Zweigströme der gezeichneten Schaltung!
   b) Berechne die Spannung an sämtlichen Widerständen!
   c) Berechne die Spannung zwischen B und D!
   d) Um welchen Betrag muß R_4 verkleinert werden, damit das Voltmeter zwischen B und D keine Spannung zeigt?
   e) Zeige allgemein: Zwischen B und D besteht keine Spannung, wenn $R_1 : R_2 = R_3 : R_4$!

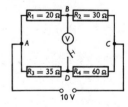

6.4.5.16

17. Zeige, daß an der Wheatstoneschen Brücke (Abb.) die Beziehung $R_x = R \cdot \frac{a}{b}$ gilt, wenn das Galvanometer stromlos ist!

- Zeige, daß in diesem Fall bei Vertauschung von Galvanometer und Stromquelle dieselbe Beziehung gilt!

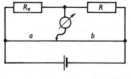

6.4.5.17

6.4.6. Elektrische Arbeit und Leistung

1. Berechne die fehlenden Größen:

	Spannung	Widerstand	Strom	Leistung
a)	220 V	?	1,5 A	?
b)	1,5 kV	?	?	12,5 kW
c)	?	?	150 µA	3 mW
d)	110 V	6,8 Ω	?	?
e)	?	0,5 Ω	120 A	?
f)	?	1,2 kΩ	?	60 W

2. Wie stark ist der Strom, der in einer Glühlampe mit der Aufschrift „220 V | 40 W" fließt?
3. In einer 220 V-Lampe fließt ein Strom von 273 mA.
   a) Welche Watt-Bezeichnung steht auf der Lampe?
   b) Wieviel kWh verbraucht sie bei einer Brenndauer von 12 Stunden?
4. Was kostet der Verbrauch einer 25 (40-, 60-, 100-)W-Lampe bei 220 V und achtstündiger Brenndauer, wenn der Strompreis 11 Pf/kWh beträgt?
5. Eine Projektionslampe trägt die Aufschrift „5 A | 375 W". Welchen Vorwiderstand muß man wählen, wenn die Lampe mit 220 V betrieben werden soll? Welche Leistung geht in dem Widerstand verloren?
6. Eine Glühlampe mit der Aufschrift „110 V | 40 W" und eine mit der Aufschrift „110 V | 60 W" sollen am 220-Volt-Netz betrieben werden. Darf man sie in Reihe geschaltet anschließen? Was ist zu tun?
7. Der Widerstand 1,5 kΩ darf höchstens mit 200 mA belastet werden.
   a) Welche Leistung nimmt er in diesem Fall auf?
   b) Welche Spannung liegt dabei an seinen Enden?
8. Ein Widerstand trägt die Aufschrift „2,5 kΩ | 100 W".
   a) Berechne die zulässige Höchststromstärke!
   b) Bei welcher Spannung tritt sie auf?

6.4.7. Wärme aus Strom

1. Welche Wärmemenge (in Joule) entspricht der elektrischen Arbeit 1 kWh?
2. Welche Wärmemenge (in Joule) entsteht in einer 60 W-Lampe je Sekunde?
3. Ein Tauchsieder für die Spannung 220 V bringt 1 Liter Wasser in 12 min von 0°C auf 98°C.
   a) Welchen Widerstand besitzt er?
   b) Berechne seine Leistung!
   c) Berechne Widerstand und Leistung für einen Tauchsieder, der am 110 V-Netz dasselbe vollbringt! Unterschied?
4. Eine Waschmaschine für die Spannung 220 V hat die Leistung 2000 W.
   a) Welche Stromstärke muß die Sicherung mindestens ermöglichen?
   b) In welcher Zeit bringt sie ihren Inhalt von 20 Liter Wasser mit der Temperatur 16°C zum Kochen (98°C)? (Wärmeverluste sollen unberücksichtigt bleiben!)

Aufgaben Kapitel 6

5. Auf einem elektrischen Kochtopf für 2 l Wasser stehen die Betriebsdaten „220 V| 1000 W". Wie lange dauert es, wenn 2 Liter 10°C kaltes Wasser mit ihm zum Kochen (98°C) gebracht werden sollen und ein Wärmeverlust von 20 % berücksichtigt wird?

6. Wieviel Liter Wasser müssen durch das Walchenseewerk (200 m Gefälle!) allein für den Betrieb eines 1000-W-Heizofens in jeder Sekunde fließen?

7. Einer Mühle stehen je Sekunde 30 Kubikmeter Wasser bei einem Gefälle von 3 Metern zur Verfügung. Die durch das Wasser getriebene Turbine hat den Wirkungsgrad 80 %, der von der Turbine getriebene Generator den Wirkungsgrad 90 %.
a) Berechne die Leistung des Generators!
b) Welche Stromstärke fließt durch den Generator, wenn er mit der Spannung 220 V arbeitet?

8. In der Hauptstufe des Tauernkraftwerkes Kaprun stehen maximal 32 m³ Wasser je s bei einem Gefälle von 890 m zur Verfügung. Diese mechanische Energie wird von 4 Zwillingsturbinen mit zusammen 216,2 MW und 4 Generatoren mit zusammen 220 000 kW elektrische Energie der Spannung 10 kV umgewandelt. Die gewonnene elektrische Energie wird durch Umspanner auf die Spannung 110 kV und 220 kV gebracht und durch Fernleitungen abgeführt. (Beachte: 1 dm³ Wasser wiegt 9,81 N!)
a) Welche mechanische Leistung müßte theoretisch das Triebwasser liefern?
b) Welcher Wirkungsgrad errechnet sich aus den tatsächlich gewonnenen 220 000 Kilowatt?
c) Welcher Strom fließt insgesamt durch die Generatoren?
d) Welche Stromstärke fließt in einer 110 kV-Leitung, die 20 % der Gesamtleistung abführt?
e) Welche Stromstärke fließt in einer 220 kV-Fernleitung, die 40 % der Gesamtleistung abführt?

6.5. Ladung und Feld

6.5.1. Ladung — Kondensator

1. Eine Taschenlampenbatterie hält 6 Stunden, wenn man ein Glühlämpchen für 0,3 Ampere anschließt. Welche Elektrizitätsmenge fließt dabei durch das Lämpchen?

2. Wieviel Elektronen ergeben die Ladung 1 Coulomb (Ladung des Elektrons: $1,6 \cdot 10^{-19}$ C)?

3. Die Kapazität eines Kondensators soll mit einem ballistischen Galvanometer der Empfindlichkeit $6 \cdot 10^{-8} \frac{As}{Skt}$ ermittelt werden. Bei Aufladung an der Spannung 1,3 Volt ergibt sich ein ballistischer Ausschlag von 6,3 Skalenteilen.
a) Zeichne eine Schaltskizze!
b) Berechne die Kapazität des Kondensators!

4. Welche Kapazität besitzt ein Kondensator, der bei 220 Volt a) $0,88 \cdot 10^{-3}$ As, b) $0,44 \cdot 10^{-6}$ As aufnimmt?

5. Zur Bestimmung der elektrischen Feldkonstante ϵ_0 wurde ein Kondensator, bestehend aus zwei kreisförmigen Platten, Durchmesser 16,0 cm, Abstand 2,00 mm, auf 2000 Volt aufgeladen und über ein ballistisches Galvanometer der Stoßempfindlichkeit $6 \cdot 10^{-8} \frac{As}{Skt}$ entladen. Dabei wurde ein Ausschlag von 3,00 Skalenteilen beobachtet.

Welcher Wert errechnet sich daraus für ϵ_0?
Wieviel Prozent beträgt der Fehler gegenüber dem richtigen Wert von $8{,}86 \cdot 10^{-12} \frac{As}{Vm}$?

6. Zwei kreisrunde Metallplatten von 15 cm Durchmesser sind im Abstand 5 mm isoliert aufgestellt.
   a) Welche Kapazität besitzt dieser Kondensator?
   b) Welche Kapazität erhält er, wenn man eine 5 mm dicke Glasscheibe ($\epsilon = 5$) einschiebt?
   c) Welche Ladung trägt jede der Platten im Fall b, wenn zwischen den Platten die Spannung 1000 V besteht?

7. Welche Ladung kann ein Kondensator von 6 Mikrofarad (2000 pF) mit einer Durchschlagspannung von 1500 Volt höchstens aufnehmen?

8. Ein Plattenkondensator hat einen Plattenabstand von 2 mm und nimmt bei einer Spannung von 100 Volt eine Ladung von $5 \cdot 10^{-8}$ C auf.
   a) Berechne die Kapazität dieses Kondensators!
   b) Berechne die Dicke eines Bogens Paraffinpapier ($\epsilon = 4$), den man zwischen die Platten einschieben müßte, damit sich durch Andrücken der Platten die Kapazität auf 0,01 μF steigert!

9. Drei Kondensatoren von 2 μF, 0,25 μF und 1 μF sind in Reihe geschaltet und an eine Spannung von 1000 Volt angeschlossen. Welche Teilspannungen liegen an den einzelnen Kondensatoren?

10. Welche Ladung nehmen zwei Kondensatoren von 1 μF und 4 μF bei einer Spannung von 220 Volt auf, wenn sie (a) in Reihe, (b) parallel geschaltet sind?

♦ 11. a) Welche Schaltmöglichkeiten gibt es für drei Kondensatoren von 1 μF, 2 μF und 3 μF?
    b) Welche Kapazitäten ergeben sich in den einzelnen Fällen?
    c) Welche Ladung wird jeweils bei 220 Volt aufgenommen?

12. Zwei Kondensatoren von 2,00 μF und 3,00 μF werden in Reihe geschaltet und dann mit 220 Volt aufgeladen.
    a) Welche Ladung nehmen sie auf?
    b) Welche Ladung hat jeder einzelne?
    c) Welche Spannung hat jeder?
    d) Welche Spannung erhalten sie, wenn man sie in geladenem Zustand trennt und prallel schaltet?
    e) Wieviel Ladung fließt zu, wenn man sie nunmehr erneut an 220 Volt anschließt?

♦ 13. Die Platten eines Kondensators sind 4 cm voneinander entfernt; der Kondensator wurde aufgeladen. Ein mit den Platten verbundenes Elektroskop zeigt etwa 2000 Volt, nachdem die Verbindung zur Spannungsquelle getrennt wurde.
    a) Man bringt eine 1 cm dicke Aluminiumplatte isoliert zwischen die Kondensatorplatten. Erkläre eingehend die physikalischen Vorgänge mit Skizze!
    b) Man bringt ebenfalls isoliert eine zweite 1 cm dicke Aluminiumplatte neben die erste ins Feld, so daß beide sich berühren. Was ist nun geschehen?
    c) Man zieht die beiden Aluminiumplatten auseinander, bis ein Zwischenraum von 1 cm zwischen ihnen entsteht. Welche physikalischen Vorgänge haben sich jetzt abgespielt? (Der Erklärung, die auch auf den Raum zwischen den beiden Aluminiumplatten eingehen soll, ist eine Skizze beizufügen.)
    d) Man verbindet die beiden Aluminiumplatten in der dritten angegebenen Lage über ein Galvanometer. Was zeigt sich dabei?

Aufgaben Kapitel 6

e) Der Versuch von Teilaufgabe a) wird statt mit der Aluminiumplatte mit einer ebenso dicken Hartgummiplatte ausgeführt. Worin liegen die wesentlichen physikalischen Unterschiede beider Versuche?

6.5.2. Grundgesetz des elektrischen Feldes — Radialsymmetrisches Feld

1. Ein Plattenkondensator hat eine Kapazität von 50 pF bei einem Plattenabstand von 0,80 mm.
   a) Welche Ladung nimmt er auf, wenn eine Spannung von 200 Volt angelegt wird?
   b) Wie groß ist die Feldstärke zwischen den Platten?
   c) Wie groß ist die mittlere Stromstärke, wenn der Kondensator in 10^{-6} s entladen wird?
   d) Wie ändern sich Spannung, Feldstärke und Kapazität, wenn bei angeschlossener Stromquelle von 200 V der Plattenabstand verdoppelt wird?
   e) Wie ändern sich Spannung, Feldstärke und Kapazität, wenn der Plattenabstand nach Abschaltung der Stromquelle verdoppelt wird?

2. Ein Kugelkonduktor von 30 cm Durchmesser hat die Spannung 30 kV und besitzt in seiner Umgebung ein radialsymmetrisches Feld. Berechne U und $\vec{E}$ in Abständen von 10 zu 10 cm und stelle die beiden Größen graphisch dar!

3. Berechne die von der punktförmigen Ladung 10^{-6} A s in einer Entfernung von 20 cm erzeugte elektrische Feldstärke.

4. Die Kugel eines Van-de-Graaff-Generators hat den Durchmesser 30 cm. Ein Flammensondenpaar mit Sondenabstand 2 cm zeigt in 70 cm mittlerem Abstand vom Kugelmittelpunkt eine Spannung von 200 Volt an. Berechne die Ladung und die Spannung der Generatorkugel!

5. Welche Kapazität besitzt ein metallisierter Zelluloidball mit 3,8 cm Durchmesser?

6. Welche Kapazität besitzt die Erdkugel ($R = 6{,}37 \cdot 10^6$ m)?

♦ 7. Warum ist die Kapazität einer Kugel proportional ihrem Radius, nicht aber ihrer Oberfläche?

8. Die Kugel eines Van-de-Graaff-Generators hat einen Durchmesser von 30 cm und wird auf einer Spannung von 12 000 V gehalten.
   a) Welche Ladung hat die Kugel?
   b) Wie groß ist die Flächendichte der Ladung auf der Kugel?
   c) Wie groß ist die Feldstärke in 60 cm Entfernung vom Kugelmittelpunkt?
   d) Welche Spannung würde dort ein Flammensondenpaar von 2 cm Sondenabstand zeigen?
   e) Wie groß ist die Feldstärke in 90 cm Abstand?

♦ 9. Hat ein Blättchenelektroskop auf dem Mond eine größere oder kleinere Meßempfindlichkeit? Begründung! Wie ändert sich der Meßbereich?

♦ 10. Gib eine Begründung, warum elektrische Feldlinien sich nicht schneiden können!

6.5.3. Kraft im elektrischen Feld — Energie

1. Welche Kraft wirkt auf eine Ladung von $2{,}2 \cdot 10^{-9}$ C im Feld eines Plattenkondensators mit Plattenabstand 2 cm bei der Spannung 1000 Volt?

2. Ein Plattenkondensator mit Plattendurchmesser 16 cm und Plattenabstand 10 cm wird auf 5000 Volt aufgeladen. Hierauf wird eine 1 mN schwere Metallkugel, Durchmesser 4 mm, an einem 10 cm langen Seidenfaden mit der einen Platte zur Berührung gebracht und dann der Aufhängepunkt 10 cm über dem Feldmittelpunkt festgehalten.
   a) Welche Kapazität hat der Kondensator?
   b) Welche Ladung nimmt die Kugel bei der Berührung auf?
   c) Welche Kraft wirkt auf die Kugel?
   d) Um welchen Winkel wird der Pendelfaden ausgelenkt?
   e) Um welche Strecke wird die Kugel verschoben?

3. Ein Rollblockkondensator ist aus zwei Streifen Aluminiumfolie von je 4,5 cm Breite und 5,0 m Länge und einem 0,02 mm dicken Paraffinpapierstreifen der Dielektrizitätskonstanten $\epsilon = 5{,}0$ hergestellt.
   a) Wie lang muß der Papierstreifen mindestens sein?
   b) Wie groß ist die Kapazität dieses Kondensators?
   c) Berechne Ladung und Energieinhalt bei 500 Volt!
   d) Wie groß ist die Kraft zwischen den Folien?

4. Eine Spannungswaage hat kreisrunde Platten von 10 cm Durchmesser, der Plattenabstand beträgt 3 mm. Sie ziehen sich mit der Kraft 8 mN gegenseitig an. Berechne die Spannung!

5. An den Platten eines Kondensators mit 56,5 cm² Fläche und 2,0 mm Abstand liegt die Spannung 2,0 kV. Berechne die Feldstärke, die Kapazität, die aufgespeicherte Energie und die Kraft, mit der sich die Platten anziehen!

6. Ein Öltröpfchen der Masse $3 \cdot 10^{-11}$ g schwebt in einem Kondensator mit vertikalen Feldlinien. Die Kondensatorspannung beträgt 7400 V, der Plattenabstand 12 mm. Wie viele Elementarladungen ($e = 1{,}6 \cdot 10^{-19}$ C) sind auf dem Öltröpfchen?

6.5.4. Coulombsches Gesetz

1. Zwei fast punktförmige, geladene Körper haben einen Abstand von 35 cm. Sie ziehen sich mit einer Kraft von 0,13 Newton gegenseitig an.
   a) Mit welcher Kraft ziehen sie sich an, wenn ihr Abstand 20 cm beträgt?
   b) Berechne die Kraft bei einem Abstand von 90 cm!
   c) Welchen Abstand haben sie, wenn die Anziehungskraft 0,1 N beträgt?

2. Mit welcher Kraft stoßen sich zwei mit 10^{-7} Coulomb geladene, fast punktförmige Körper in 10 cm Entfernung ab?

3. Zwei Kügelchen, Durchmesser 0,50 cm, Masse je 1,2 g, haben leitende Oberfläche und hängen an 130 cm langen Seidenfäden. Auf welche Spannung muß man die beiden Kügelchen gleichnamig aufladen, damit sie sich bei gemeinsamem Aufhängepunkt auf 5 cm lichten Abstand abstoßen?

4. Zwei Kugeln ($R_1 = 1$ cm, $R_2 = 0{,}5$ cm) haben den Mittelpunktsabstand 10 cm und sind auf je 1 kV aufgeladen. Berechne die zwischen den beiden wirkende Kraft!

Aufgaben Kapitel 6

6.5.5. Influenz

♦ 1. Einem geladenen Blättchenelektroskop wird ein geriebener Glasstab genähert, wobei der Ausschlag kleiner wird. Wie ist das Elektrometer geladen?

♦ 2. Ein geriebener Glasstab ist positiv aufgeladen. Mit Ausnützung der Influenz kann man mit ihm ein Blättchenelektroskop negativ aufladen. Wie geht das?

6.5.6. Das magnetische Feld

1. In einer Spule von 50 cm Länge soll durch einen Strom von 0,50 Ampere ein Magnetfeld von der Größe des Erdfeldes (15 A/m) erzeugt werden. Wie viele Windungen muß die Spule haben?
2. In einer Spule von 2000 Windungen auf 50 cm Länge entsteht bei Anschluß an 220 Volt eine Feldstärke von 10^4 A/m. Wie groß ist ihr Widerstand?
3. Eine 60 cm lange Spule mit 2000 Windungen wird von einem Strom der Stromstärke 1,5 A durchflossen.
   a) Welche Feldstärke herrscht im Innern der Spule?
   b) Bei welcher Stromstärke beträgt die Feldstärke 50 A/m?
4. Auf einen zylindrischen Spulenkörper von 30 cm Länge und 5,0 cm Durchmesser wird Draht von 0,10 mm, auf einen zweiten ebensolchen Spulenkörper Draht von 0,20 mm Durchmesser eng gewickelt. Wie verhalten sich die magnetischen Feldstärken, wenn man die beiden Spulen an dieselbe Spannung legt?
5. Eine Spule von 8,0 cm Länge hat 35 000 Windungen Kupferdraht von 0,20 Millimeter Durchmesser. Welche Feldstärke kann man im Inneren derselben höchstens erzeugen, wenn die Stromdichte 4,0 A/mm² nicht übersteigen soll?
6. Eine Spule hat 30 Windungen auf 12 cm Länge. Ihre Achse steht in horizontaler Ebene senkrecht zum magnetischen Meridian. In ihrem Inneren befindet sich eine Kompaßnadel.
   a) Welche Feldstärke entsteht im Inneren der Spule bei einem Strom von 20 Milliampere?
   b) Um welchen Winkel wird die Kompaßnadel beim Einschalten des Stromes aus der Richtung des magnetischen Meridianes abgelenkt? (Horizontalintensität des Erdfeldes: 15 A/m)
7. Eine Spule besitzt auf der Länge 45 cm 200 Windungen. In das Innere der Spule wird eine Magnetnadel gebracht und deren Schwingungsdauer in Abhängigkeit von der Stromstärke gemessen.

Meßwerte: I in A	1	2	3	4	5
t in s	1,68	1,19	0,97	0,84	0,75

   a) Ermittle graphisch die Abhängigkeit der Feldstärke von der Schwingungsdauer! (Das Erdfeld soll vernachlässigt werden!)
   b) Stelle mathematisch die Gleichung der erhaltenen Kurve auf!

6.6. Elektromagnetische Induktion

6.6.1. Die Induktion

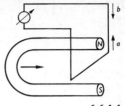

1. Welche der gezeichneten Richtungen a oder b hat der Induktionsstrom, wenn man den Magneten in Pfeilrichtung nach rechts bewegt?

6.6.1.1

2. Welche der beiden Elektroden in der Abbildung leuchtet auf, wenn der Gleitkontakt a) nach links, b) nach rechts verschoben wird?

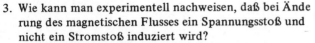

3. Wie kann man experimentell nachweisen, daß bei Änderung des magnetischen Flusses ein Spannungsstoß und nicht ein Stromstoß induziert wird?

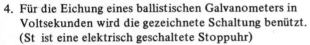

6.6.1.2

4. Für die Eichung eines ballistischen Galvanometers in Voltsekunden wird die gezeichnete Schaltung benützt. (St ist eine elektrisch geschaltete Stoppuhr)
   a) Begründe die einzelnen Schaltelemente!
   b) Welche Stoßempfindlichkeit errechnet sich aus folgenden Meßwerten:

Stoßdauer in s	0,195	0,150	0,120
Ausschlag in Skt	7,4	5,8	4,5

6.6.1.4

♦ 5. a) Im Inneren einer Feldspule befindet sich eine Induktionsspule. In der Feldspule wird der Strom in den ersten 4 Sekunden gleichmäßig von 0 bis 4 Ampere vergrößert, dann bleibt er 2 Sekunden konstant. Hierauf wird er in 1 Sekunde gleichmäßig auf 8 Ampere gesteigert und, nachdem er eine weitere Sekunde konstant geblieben war, innerhalb von 4 Sekunden gleichmäßig auf Null verringert. Stelle den zeitlichen Verlauf der in der Induktionsspule induzierten Spannung in beliebigen Einheiten graphisch dar!
b) An die Induktionsspule wird ein ballistisches Galvonometer angeschlossen. Welchen Ausschlag zeigt es, wenn der Vorgang in der Feldspule nicht in 12 Sekunden, sondern in 0,05 Sekunden abläuft? Begründung!

♦ 6. Durch das gezeichnete homogene Magnetfeld einer Spule I vom Querschnitt $3 \cdot 3$ cm^2 wird eine Induktionsspule II mit der Windungsfläche $1 \cdot 1$ cm^2 mit gleichmäßiger Geschwindigkeit gezogen. Stelle den zeitlichen Verlauf der Induktionsspannung vom Ausgangspunkt 0 bis zum Endpunkt 7 graphisch dar!

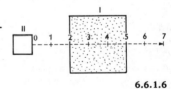

6.6.1.6

7. Aus 4500 Windungen Kupferdraht (Durchmesser 0,20 mm, spez. Widerstand von Kupfer 0,017 Ω mm^2/m) ist eine Spule von 40 cm Länge und 8,0 cm Durchmesser gewickelt. An diese Spule wird die Spannung 60 Volt gelegt.
   a) Wie groß ist die magnetische Feldstärke im Inneren der Spule?
   b) Welcher Spannungsstoß wird beim Einschalten der Feldspule in einer im Inneren der Spule befindlichen Induktionsspule von 2 cm Durchmesser und 80 Windungen induziert?
   c) Welcher Spannungsstoß wird induziert, wenn man nun die angelegte Spannung von 60 V auf 45 V vermindert?

8. Im Inneren einer Feldspule mit einer homogenen Feldstärke von 50 000 A/m befindet sich mit gemeinsamer Achse eine Induktionsspule mit 100 Windungen und 12 cm^2 Fläche.

Aufgaben Kapitel 6

a) Berechne die magnetische Flußdichte in der Feldspule!
b) Welcher Spannungsstoß tritt an den Enden der Induktionsspule auf, wenn der Strom in der Feldspule umgepolt wird?
c) Welche Spannung tritt auf, wenn der Strom innerhalb 0,01 s ausgeschaltet wird?

9. Welchen Spannungsstoß bewirkt eine Flußänderung von $225 \cdot 10^{-8}$ Weber in einer Spule mit 250 Windungen?

10. Zur Bestimmung von μ_0 wird in eine Spule der Länge 12,0 cm mit 500 Windungen eine kleinere Spule mit 300 Windungen und einer Windungsfläche von 0,90 cm^2 eingeschoben und in der großen Spule ein Strom von 5,00 Ampere eingeschaltet. Dabei wird mit dem ballistischen Galvanometer ein Spannungsstoß von $670 \cdot 10^{-5}$ Vs gemessen.
a) Welcher Wert errechnet sich daraus für μ_0?
b) Wieviel Prozent beträgt der Fehler?

11. Zur Messung der Feldstärke eines kräftigen Magneten wird eine Induktionsspule mit 20 Windungen und der Windungsfläche 1,0 cm^2 in Feldrichtung zwischen die Pole gehalten und dann um 90° gedreht. Dabei beobachtet man an einem Stoßgalvanometer mit dem Widerstand 80 Ω den Stromstoß $20 \cdot 10^{-6}$ As.
a) Wie groß ist die Feldstärke des Magneten?
b) Wie groß ist der gesamte magnetische Fluß des Magneten, wenn die Polschuhe die Querschnittsfläche 9 cm^2 haben?

♦ 12. Eine flache Spule hat 200 Windungen und den Querschnitt 8,0 dm^2. Stellt man sie mit ihrer Windungsebene in magnetischer Ost-Westrichtung senkrecht zur Erdoberfläche auf und dreht sie dann um eine vertikale Achse um 180°, dann entsteht an ihren Enden der Spannungsstoß $1,2 \cdot 10^{-3}$ Vs.
a) Welche Komponente des erdmagnetischen Feldes wird durch diese Anordnung gemessen? Begründung!
b) Wie ist die Spule anzuordnen, um die fehlende zweite Komponente des erdmagnetischen Feldes zu messen? (Genaue und vollständige Angabe der Lage der Spule und ihrer Drehachse!)
c) Bei der Anordnung b) ergibt eine Drehung der Spule um 180° den Spannungsstoß $1,6 \cdot 10^{-3}$ Vs. Berechne aus den beiden Messungen die Totalintensität des erdmagnetischen Feldes und den Inklinationswinkel am Versuchsort!

13. Ein Kupferring, mittlerer Durchmesser 4 cm, besteht aus 10 mm dickem Kupferdraht. Bei Versuchen zur Wirbelstromdämpfung läßt man ihn aus dem feldfreien Raum in ein Magnetfeld von 10^6 A/m pendeln. Welcher Stromstoß entsteht dabei in dem Ring?

* ♦ 14. Leite die Lenzsche Regel aus
a) den beiden UVW-Regeln,
b) dem Energiesatz ab!

* ♦ 15. Zur Aufnahme der Hysteresekurve von Eisen wurde die abgebildete Schaltung verwendet. Bei den aus der ersten Spalte zu ersehenden Änderungen der Stromstärke wurden die angegebenen Zeigerausschläge beobachtet:

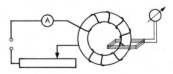

6.6.1.15

| Änderung (in A) | | Ausschlag | Änderung (in A) | | Ausschlag |
von	bis	in Skt.	von	bis	in Skt.
0	0,5	+ 40	− 2,0	− 8,0	− 20
0,5	2,0	+ 15	− 8,0	− 9,0	0
2,0	8,0	+ 5	− 9,0	− 8,0	0
8,0	9,0	0	− 8,0	− 2,0	+ 5
9,0	8,0	0	− 2,0	0	+ 10
8,0	1,5	− 5	0	+ 1,0	+ 45
1,5	0	− 10	+ 1,0	+ 2,0	+ 40
0	1,0	− 45	+ 2,0	+ 8,0	+ 20
− 1,0	− 2,0	− 40	+ 8,0	+ 9,0	0

a) Zeichne die Hysteresekurve! (Abszisse: 1 cm ≙ 2 A, Ordinate: 1 cm ≙ 20 Skt.)
b) Warum ergibt sich bei dem Schritt von 8 auf 9 Ampere kein Ausschlag mehr?
c) Wie müßte die Kurve aussehen, wenn die Permeabilität μ konstant wäre?
d) Was gibt die Fläche der Hysteresekurve an? (Anleitung: Welche Dimension hat das Produkt $H \cdot B$?)

16. Ein Flugzeug mit einer Flügelspannweite von 20 m fliegt mit einer Geschwindigkeit von 720 km/h parallel zur Erdoberfläche. Wie groß ist die zwischen den Tragflächenenden induzierte Spannung, wenn die Vertikalintensität des erdmagnetischen Feldes an dieser Stelle 40 A/m beträgt?

6.6.2. Die Selbstinduktion

1. Warum wird beim Abschalten des abgebildeten Stromkreises die Selbstinduktionsspannung so groß, daß eine Glimmlampe mit der Zündspannung 150 Volt kurz aufleuchtet, obwohl nur 2 Volt angelegt waren? Welche der beiden Elektroden leuchtet?

6.6.2.1

♦ 2. Das Bild zeigt den Stromverlauf beim Einschalten einer Spule mit Selbstinduktion. Zeichne dazu den Verlauf
   a) der angelegten Spannung,
   b) der Selbstinduktionsspannung.

6.6.2.2

♦ 3. Das Bild zeigt die Spannung an der Sekundärspule eines Funkeninduktors als Funktion der Zeit.
   a) Zeichne dazu die Stromstärke in der Primärspule als Funktion der Zeit.
   b) Erkläre, warum die Öffnungsspannungen so hoch sind gegenüber den Schließungsspannungen!
   c) Vergleiche die Spannungsstöße beim Öffnen und Schließen!

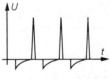
6.6.2.3

4. Eine Spule mit 1000 Windungen hat den Querschnitt 10 cm² und die Länge 40 cm.
   a) Berechne die magnetische Feldstärke, den magnetischen Fluß und die Flußdichte, wenn die Stromstärke 2 A beträgt!
   b) Welche Selbstinduktionsspannung wird an den Enden der Spule induziert, wenn sich der Strom in 1 s um 1 A ändert?
   c) Welche Spannung entsteht, wenn der Strom innerhalb 0,01 s ausgeschaltet wird?

5. Eine Spule mit 4800 Windungen hat die Länge 21 cm und den Durchmesser 5 cm. Berechne die Induktivität!

Aufgaben Kapitel 6

♦ 6. Ein Zylinder wurde, wie es die Abb. zeigt, bifilar bewickelt. Zeige, daß bei einer Änderung der Stromstärke keine Selbstinduktionsspannung auftreten kann!

7. In einer stromdurchflossenen Spule (Windungszahl 2000, Länge 20,0 cm, Windungsfläche 20,0 cm^2) wird die Stromstärke innerhalb von 2,0 s gleichmäßig von 5,0 A auf 3,0 A verringert.
a) Welche Spannung wird in einer darübergeschobenen Spule mit 200 Windungen induziert?
b) Welche Selbstinduktionsspannung tritt an den Enden der ersten Spule auf?

6.6.2.6

* 6.6.3. Elektrische Maschinen

♦ 1. Zeichne auf die abgebildeten Eisenkerne je eine Windung so, daß das Modell einer Innenpolmaschine entsteht! Wieviel Umdrehungen je Minute muß der Rotor machen, damit ein Wechselstrom von 50 Hz entsteht? Bei welcher Stellung des Rotors ist die Momentanspannung gerade Null?

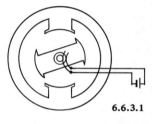

6.6.3.1

♦ 2. In der Abb. ist das Schaltbild eines Nebenschlußmotors gezeichnet.
Wie ist die Schaltung zu ändern, damit der Motor mit entgegengesetzter Drehrichtung läuft?

♦ 3. In der Abb. ist die Schaltung eines Hauptschlußmotors gezeichnet. Wie ist sie umzuändern, damit der Motor in entgegengesetzter Richtung läuft?

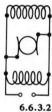

6.6.3.2

♦ 4. Welche Wirkung hätte bei einem Hauptschlußgenerator eine Verkleinerung des Verbraucherwiderstands (= Vermehrung der Stromabnahme!)
a) auf die Stromstärke in der Feldwicklung,
b) auf die gelieferte Klemmenspannung,
c) auf die in den Verbraucherkreis geschalteten Geräte?
d) Zeige aus diesen Ergebnissen, daß ein Hauptschlußgenerator unbrauchbar wäre!

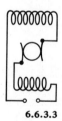

5. Welche Vorteile bietet der Verbundgenerator gegenüber den Haupt- und Nebenschlußgeneratoren?

6.6.3.3

♦ 6. Warum steigt die Drehzahl eines unbelasteten Hauptschlußmotors immer mehr, bis zur Zerstörung, an?

7. Der Innenwiderstand eines 1,5 kW-Hauptschlußmotors für 220 Volt beträgt 5 Ω, der Leistungsfaktor $\cos\varphi = 0,7$, die höchstzulässige Strombelastung 20 A.
a) Wie groß muß der Anlaßwiderstand mindestens sein?
b) Wie groß ist der Ankerstrom bei Höchstbelastung?

♦ 8. Ein Elektromotor nimmt bei Belastung mehr Strom auf als im Leerlauf. Begründe das aus dem Induktionsgesetz!

Aufgaben Kapitel 6

♦ 9. Warum steigt bei einem Nebenschlußmotor bei Schwächung des Feldstromes die Drehzahl?

♦ 10. Warum wird bei einem Hauptschlußmotor das Magnetfeld mit zunehmender Drehzahl schwächer?

♦ 11. Warum bleibt die Drehzahl von Nebenschlußmotoren auch bei Belastung weitgehend konstant?

12. Ein 750 W-Nebenschlußmotor für 120 V hat einen Gesamtwiderstand von 6 Ω, der Ankerwiderstand beträgt 8 Ω, der Wirkungsgrad des Motors beträgt 0,9.
    a) Berechne Anker- und Feldstrom beim Einschalten!
    b) Welche elektrische Energie muß bei Höchstbelastung von 40 Minuten Dauer zugeführt werden?
    c) Wie groß sind dabei Gegenspannung und Ankerstrom?

♦ 13. Warum läuft der Kurzschlußanker eines Drehstrommotors immer langsamer als das Drehfeld?

14. Zeichne die drei Wechselspannungen eines Drehstromgenerators in ein gemeinsames Diagramm! (Maßstab: Periodendauer ≙ 6 cm; Scheitelsp. ≙ 1 cm)
    a) Ermittle graphisch den zeitlichen Verlauf der Spannung, die zwischen zwei Phasen liegt (verkettete Spannung)!
    b) Das Wievielfache der Phasenspannung ist diese verkettete Spannung?
    c) Berechne die verkettete Spannung, wenn die Phasenspannungen betragen:
    $U_R = U_0 \sin \omega t$; $U_S = U_0 \sin(\omega t - \frac{2}{3}\pi)$;
    d) Löse dieselbe Aufgabe mittels Zeigerdiagramm!

♦ 15. In der Abb. sind die drei Phasen R, S, T eines Drehstromes, ein Drehstromtransformator und ein Drehstrommotor skizziert. Ergänze die Skizze so, daß die Primärseite des Transformators im Dreieck, die Sekundärseite und der Motor in Sternschaltung geschaltet sind!

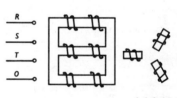

6.6.3.15

♦ 16. Warum schließt man bei Beleuchtungskörpern mit mehreren Leuchtstoffröhren die einzelnen Röhren wenn möglich an verschiedene Phasen des Drehstromnetzes an, während dies bei Glühlampen nicht nötig ist?

6.7. Spannung und Strom in Wechselstromkreis

6.7.1. Effektivwert

1. Die (effektive) Spannung unseres Wechselstromnetzes beträgt 220 Volt. Wie groß ist die Scheitelspannung?

2. Wie groß ist die Scheitelspannung zwischen zwei Phasen eines Drehstromnetzes von 220/380 Volt?

3. Wie groß ist die Scheitelspannung eines Klingeltransformators von 8 Volt Effektivspannung?

Aufgaben Kapitel 6

♦ 4. Berechne den Effektivstrom des in der Abb. dargestellten Wechselstromes!

♦ 5. Zeigt ein Braunsches Elektrometer Wechselspannung an?

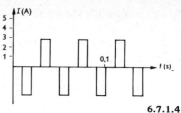

6.7.1.4

6.7.2. Kapazitiver Widerstand

♦ 1. In der Abb. ist C ein Elektrolytkondensator sehr hoher Kapazität, T ein Taster und G ein Glühlämpchen. Welche Beobachtungen sind an der Glühlampe zu machen, wenn
a) der Taster einmal gedrückt und losgelassen wird,
b) das Drücken und Loslassen in sehr schneller Folge wiederholt wird?

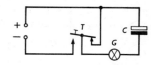

6.7.2.1

2. Welche Stromstärke ergibt sich, wenn man einen Kondensator von 2 μF (4 μF, 6 μF, 10 μF) direkt an das 220 V | 50 Hz-Netz anschließt?

3. Wie groß ist der kapazitive Widerstand zweier in Reihe geschalteter Kondensatoren von 4 und 6 Mikrofarad bei einer Frequenz von 50 Hertz?

4. Zwei Kondensatoren von 3,00 μF und 6,00 μF sind in Reihe geschaltet. Parallel dazu liegt ein dritter Kondensator von 2,00 μF.
a) Berechne die Kapazität dieser Kondensatorgruppe!
b) Welchen kapazitiven Widerstand besitzt sie bei 50 Hz?
c) Welche Stromstärke stellt sich ein, wenn man sie an das 220 V | 50 Hz-Netz anschließt?

5. An einen Kondensator wird die Wechselspannung 82 V mit der Frequenz 50 Hz gelegt. Es fließt ein Strom der effektiven Stromstärke 103 mA. Wie groß ist die Kapazität des Kondensators?

6. Wie groß ist der kapazitive Widerstand eines Kondensators von 250 Pikofarad
a) für das 220 V | 50 Hz-Netz,
b) für eine hochfrequente Wechselspannung von 407 kHz?

6.7.3. Induktiver Widerstand

♦ 1. Was ist an den beiden Glühlampen in den gezeichneten Schaltung zu beobachten, wenn die Taste T
a) einmal,
b) in rascher Folge nacheinander gedrückt wird?

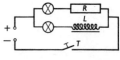

6.7.3.1

2. Eine Spule mit der Induktivität 0,5 H wird an das 220 V | 50 Hz-Netz gelegt. Welcher Strom fließt durch die Spule, wenn man den Ohmschen Widerstand vernachlässigt?

♦ 3. Ermittle aus den Einheiten der Induktivität L und der Kapazität C die Einheit des induktiven und des kapazitiven Widerstandes!

Aufgaben Kapitel 6

* 6.7.4. Scheinwiderstand

1. An das Wechselstromnetz (220 V | 50 Hz) wird ein Kondensator von 10 µF über den Widerstand 183 Ω angeschlossen.
   a) Berechne Scheinwiderstand, Stromstärke und Phasenverschiebung!
   b) Entnimm dasselbe Ergebnis aus dem Zeigerdiagramm!

2. Ein Kondensator und ein Widerstand von 365 Ω sind in Reihe geschaltet und an das Wechselstromnetz (220 V | 50 Hz) angeschlossen. Es ergibt sich ein Strom von 0,3 Ampere. Berechne den Scheinwiderstand, den kapazitiven Widerstand und die Kapazität des Kondensators!

3. Ein Kondensator von 4 µF und ein Widerstand sind in Reihe geschaltet und an das Wechselstromnetz (220 V | 50 Hz) angeschlossen. Es stellt sich die Stromstärke 0,2 Ampere ein. Berechne den Ohmschen Widerstand!

4. Eine Spule mit einer Induktivität von 0,4 H und einem Widerstand von 5 Ω wird nacheinander an die Gleichspannung 4 V, an die Wechselspannung 4 V und an die Wechselspannung 220 V angeschlossen. Welche Stromstärken stellen sich ein?

5. Eine Spule mit Eisenkern hat einen Widerstand von 150 Ω und eine Induktivität von 2,44 H. Berechne ihren Scheinwiderstand bei 50 Hz!

6. In einer Spule stellt sich bei Anschluß an die Gleichspannung 6 Volt eine Stromstärke von 200 mA, bei Anschluß an das Wechselstromnetz (220 V | 50 Hz) die Stromstärke 4,4 A ein. Berechne hieraus die Induktivität der Spule und die Phasenverschiebung zwischen Spannung und Strom!

7. Eine Spule hat die Induktivität 0,2 Henry und den Ohmschen Widerstand 3 Ohm. Sie wird mit einem Kondensator von 20 Mikrofarad und einem Widerstand von 17 Ohm in Reihe geschaltet und an das Wechselstromnetz (220 V | 50 Hz) angeschlossen.
   a) Zeichne das Zeigerdiagramm für die Widerstände maßstäblich!
   b) Berechne den Scheinwiderstand dieses Kreises!
   c) Berechne die Spannungen an den einzelnen Schaltelementen!
   d) Für welche Frequenz verschwindet der Blindwiderstand (Resonanzfrequenz!)?

8. Ein Kondensator von 10 Mikrofarad und ein Widerstand von 100 Ohm werden in Reihe geschaltet und an das Wechselstromnetz (220 V | 50 Hz) angeschlossen.
   a) Berechne die Stromstärke!
   b) Welche Induktivität muß man in den Kreis einschalten, damit der Blindwiderstand verschwindet?
   c) Welche Stromstärke stellt sich nun ein?

9. Aus einer Spule mit 3,4 H und einem Kondensator soll ein Sperrkreis für technischen Wechselstrom (220 V | 50 Hz) gebaut werden. Wie groß muß die Kapazität des Kondensators sein?

* 6.7.5. Arbeit und Leistung im Wechselstromkreis

1. Ein Elektromotor hat ein Typenschild mit der Aufschrift: 220 V | 50 Hz | 20 A | $\cos\varphi = 0,7$. Berechne
   a) die Leistung in Watt,   d) den ohmschen Widerstand,
   b) die Phasenverschiebung,   e) den induktiven Widerstand,
   c) den Scheinwiderstand,   f) die Induktivität!

Aufgaben Kapitel 6

2. In einer Spule mit Eisenkern stellte sich bei Anschluß an einen 6-V-Akkumulator die Stromstärke 333 mA, bei Anschluß an das 220 V|50 Hz-Netz die Stromstärke 1,00 A ein.
a) Welche Stromstärke stellt sich ein, wenn man im letzten Fall zu der Spule einen Kondensator von 10,0 μF in Reihe schaltet?
b) Wie groß werden dabei Scheinleistung, Wirkleistung und Phasenverschiebung des Kreises?

3. In einer Spule mit Eigenwiderstand 30 Ω fließt bei Anschluß an das 220 V|50 Hz-Netz ein Wechselstrom von 4,4 A. Berechne die Phasenverschiebung, die Wirkleistung und die Induktivität!

4. Eine Leuchtstoffröhre mit der Betriebsspannung 130 Volt und der Leistungsaufnahme 70 W wird mit Hilfe einer Vorschaltdrossel, deren Ohmscher Widerstand vernachlässigt werden darf, an 220 V|50 Hz-Wechselspannung angeschlossen.
a) Welche Phasenverschiebung bewirkt die Drossel?
b) Welche effektive Stromstärke stellt sich ein?
c) Welche Spannung liegt an der Drossel?
d) Welche Kapazität müßte der Spule parallel geschaltet werden, damit sich die Phasenverschiebung nicht auf das Netz auswirkt?

♦ 5. Warum verlangt das Elektrizitätswerk, daß Blindströme, die z. B. bei Elektromotoren auftreten, durch Parallelschalten von Kondensatoren kompensiert werden?

♦ 6. Warum lassen sich Blindströme nicht zur kostenlosen Beleuchtung ausnützen?

* 6.7.6. Siebglieder − Umformer − Transformatoren

1. Eine Stromquelle von 2 Volt Wechselspannung, eine von 4 Volt Gleichspannung und ein Widerstand von 100 Ohm werden zu einem geschlossenen Stromkreis in Reihe geschaltet. Stelle den entstehenden Strom graphisch dar!

♦ 2. Zwei in Reihe geschaltete Stromquellen (ohne merklichen inneren Widerstand) mit der Gleichspannung 4 V und der Wechselspannung 2 V werden in die gezeichnete Schaltung eingefügt. Der Kondensator hat die Kapazität 10 μF, die Spule hat den Ohmschen Widerstand 18 Ω und die Induktivität 3,7 H.
a) Von welcher Art müssen die Milliamperemeter II und III sein?
b) Welche Stromstärke zeigen II und III?
c) Welche Stromstärke zeigt ein bei I eingeschaltetes Drehspulgerät?
d) Warum zeigt ein in I eingeschaltetes Dreheisenmeßwerk eine größere Stromstärke als das Drehspulgerät?

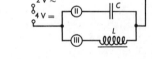

6.7.6.2

♦ 3. Stelle den zeitlichen Verlauf der Stromstärke in den Zweigen *a* bis *e* der gezeichneten Schaltung graphisch dar, und zwar so, daß die fünf Diagramme mit gemeinsamer *y*-Achse untereinander liegen!

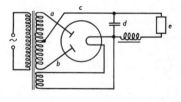

6.7.6.3

Aufgaben Kapitel 6

♦ 4. Vier Gleichrichterelemente sind in Graetzschaltung (Abb.) verbunden. Der Strom kann dabei jeweils nur in Richtung der Pfeilspitzen das Gleichrichterelement durchfließen.
a) Stelle den Stromverlauf im Widerstand R graphisch dar!
b) Zeichne das Stromstärkediagramm für den Fall, daß an der Stelle A die Leitung unterbrochen ist!
c) Warum braucht die Graetzschaltung 4 Gleichrichterelemente, während der Röhrengleichrichter (Abb. zu Aufg. 3) bereits mit 2 Diodenstrecken Doppelweggleichrichtung erzielt?

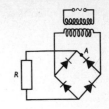
6.7.6.4

♦ 5. Vier Gleichrichterelemente sind in der gezeichneten Weise geschaltet. An welchen der vier Zuleitungen a, b, c, d muß Wechselspannung angelegt werden, damit an den restlichen beiden Gleichstrom entnommen werden kann?

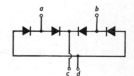
6.7.6.5

6. Ein Transformator hat zwei Spulen mit 750 bzw. 1500 Windungen. An die erstere wird eine Spannung von 220 Volt gelegt.
a) Wie groß wird die Sekundärspannung?
b) Wie groß wird die Stromstärke im Primärkreis, wenn sekundär 500 mA fließen?
c) Wie verändern sich die Stromstärken im Primär- und Sekundärkreis, wenn der Widerstand im Sekundärkreis verdoppelt wird? (Verluste sollen unberücksichtigt bleiben.)

7. Ein Stromkreis ist über einen Transformator an das 220 V-Netz angeschlossen. Die Stromstärke beträgt primärseitig 0,50 A, sekundärseitig 10 A.
a) Wie groß ist die Spannung am Sekundärkreis?
b) Wie groß ist die Windungszahl der Sekundärspule, wenn die Primärspule 600 Windungen hat?

6.7.7. Fernleitungen

1. In der Hauptstufe des Tauernkraftwerkes Kaprun wird durch vier Generatoren eine Dauerleistung von 220 Megawatt bei einer Spannung von 10 000 Volt erzeugt.
a) Welche Stromstärke hat der elektrische Strom, der insgesamt durch das Werk fließt?
b) Welche Stromstärke fließt durch eine 110 Kilovoltleitung, die 20 % der Gesamtleistung abführt?
c) Welche Stromstärke fließt in der 220 Kilovoltleitung, die 40 % der Gesamtleistung abführt?

2. Die Dauerleistung 11 kW eines Wechselstromgenerators soll durch eine Fernleitung aus Kupferdraht von 18 mm Durchmesser zu einem 30 km entfernten Verbraucher geleitet werden.
a) Wie groß ist der Widerstand der Fernleitung?
b) Wie groß ist der Leistungsverlust in der Leitung, wenn eine Spannung von 220 Volt gewählt wird? Wieviel Prozent sind das?
c) Wie groß wird der Leistungsverlust in der Leitung, wenn man die Spannung durch einen Transformator auf 5500 Volt erhöht? Wieviel Prozent der Gesamtleistung gehen nun in der Leitung verloren?

Aufgaben Kapitel 6

d) Welches Übersetzungsverhältnis muß der Transformator im Falle c) haben?

3. Ein Elektrizitätswerk liefert eine Dauerleistung von 100 kW. Sie soll durch eine Doppelleitung aus Kupferdraht von 18 mm Durchmesser auf eine Entfernung von 75 Kilometern übertragen werden. Auf welche Spannung muß der Strom hochtransformiert werden, damit der Leitungsverlust nicht höher als 0,1 Promille wird?

6.8. Elektrische Schwingungen

6.8.1. Elektronenröhren

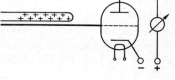

♦ 1. Mit dem Gitter einer Triode wird ein Metallstab (Abb.) verbunden. Wie verändert sich der Anodenstrom, wenn man diesem Metallstab
   a) einen geriebenen Glasstab,
   b) einen geriebenen Hartgummistab nähert? Begründung!

6.8.1.1

2. Bei der Aufnahme der Kennlinie einer Triode wurden bei konstanter Anodenspannung folgende Meßwerte für die Gitterspannung U_g bzw. den Anodenstrom I_a festgestellt:

U_g in Volt	−8	−7	−6	−5	−4	−3	−2	−1	0
I_a in mA	2,0	5,6	9,1	13,6	18,1	22,6	27,1	31,6	36,1

a) Bestimme die Steilheit für die Gitterspannung − 3,5 V!
b) Zwischen welchen Werten schwankt der Anodenstrom, wenn an das Gitter außer der Vorspannung von − 3,5 V zusätzlich noch die Wechselspannung 1,5 Volt gelegt wird?

3. Die Dreipolröhre AD1 hat die Steilheit 6 mA/V. Um welchen Betrag ändert sich der Anodenstrom, wenn die Gitterspannung um 3,5 Volt verändert wird?

4. Die Abb. zeigt die Kennlinienschar der Elektronenröhre RE 084. Auf der Kennlinie für $U_a = 120$ V ist der Arbeitspunkt für die Gitterspannung $U_g = -5$ V markiert.
a) Um wieviel muß man U_g bei gleichbleibender Anodenspannung verringern, damit der Anodenstrom I_a um 2 Milliampere ansteigt?
b) Um wieviel müßte man die Anodenspannung U_a bei gleichbleibender Gitterspannung erhöhen, um dieselbe Wirkung zu erzielen?
c) Vergleiche die beiden äquivalenten Spannungsänderungen ΔU_a und ΔU_g und bilde den Quotienten $\Delta U_g / \Delta U_a$!
d) Der Quotient $\Delta U_g / \Delta U_a$ heißt Durchgriff der Röhre. Drücke ihn in Prozent aus!

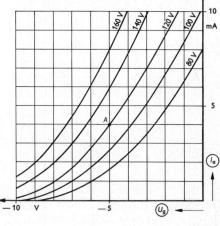

6.8.1.4

♦ 5. a) Inwiefern kann man eine Triode als Relais bezeichnen?
b) Welcher Unterschied besteht zwischen einem Relais und einer Triode?

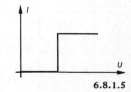

6.8.1.5

c) Zeige, daß ein Relais eine Kennlinie der abgebildeten Art hat!
d) Welche Vorteile hat eine Triode gegenüber dem Relais?

6.8.2. Halbleiter – Transistoren

1. In der abgebildeten Stromverzweigung mit entgegengesetzt geschalteten Halbleiterdioden haben die drei Amperemeter je 5 Ohm Eigenwiderstand. Der Eigenwiderstand der Dioden darf in Sperrrichtung unendlich angenommen, in Durchlaßrichtung vernachlässigt werden. Die Stromquelle liefert 6 Volt Gleichspannung. Berechne I_1, I_2 und I_3, wenn das dritte Amperemeter a) am Minuspol, b) am Pluspol liegt!

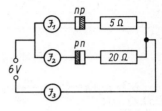

6.8.2.1 und 6.8.2.2

2. An die Stromverzweigung von Aufgabe 1 wird die Wechselspannung $U_{eff} = 6$ Volt gelegt.
   a) Berechne I_1, I_2 und I_3!
   b) Skizziere graphisch den Stromverlauf in I_3 (Abszisse: 10^{-2} s ≙ 1 cm; Ordinate: 0,2 A ≙ 1 cm) (Anleitung: Bei der Berechnung der Effektivstromstärken muß berücksichtigt werden, daß jeweils nur eine Halbphase wirksam wird!)

3. Bei der Kennlinienaufnahme des Transistors OC71 wurde nebenstehende Schaltung benützt und dabei U_{EC} stets konstant gehalten.
Für den Basisstrom I_B und den Kollektorstrom I_C wurden folgende Werte gemessen:

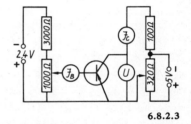

6.8.2.3

I_B in mA:	0	0,02	0,04	0,06	0,08	0,10	0,12	0,14	0,16	0,18
I_C in mA:	0,05	1,1	1,6	2,7	4,2	4,9	5,9	6,9	8,0	9,4

   a) Zeichne das Schaubild der Kennlinie! (Abszisse: 1 cm ≙ 0,04 mA; Ordinate: 1 cm ≙ 2 mA)
   b) Berechne für jedes Wertepaar den Quotienten I_C/I_B und den Mittelwert dieser Quotienten!
   c) Welche physikalische Bedeutung hat dieser Mittelwert?

4. Bei der Triode wird an das Gitter (siehe Aufgabe 6.8.1.4!) jeweils eine so große negative Spannung gelegt, daß kein Gitterstrom fließen kann. Beim Transistor aber fließt zwischen Emitter und Basis der Steuerstrom. Beschreibe den wesentlichen Unterschied in der physikalischen Wirkungsweise dieser beiden Geräte!

5. An einem npn-Transistor liegt zwischen Basis und Emitter die Spannung 0,4 V, die Betriebsspannung beträgt 10 V. Durch Erhöhen der Basis-Emitterspannung von 0,4 V auf 0,6 V nimmt der Basisstrom um 20 mA, der Kollektorstrom um 0,5 A zu, während die Kollektor-Emitterspannung um 2,5 V kleiner wird.
Berechne a) die Spannungsverstärkung, b) die Stromverstärkung, c) die Leistungsverstärkung!

Aufgaben Kapitel 6

6. Die Abbildung zeigt das Schaltbild eines Transistor-NF-Verstärkers. Berechne a) U_{EB} am OC 71, b) U_{EB} am OC 72!

♦ 7. Warum wird bei einem Transistor die Kollektor-Emitterspannung kleiner, wenn der Kollektorstrom anwächst?

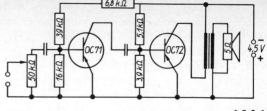

6.8.2.6

6.8.3. Elektrischer Schwingkreis

1. a) Beschreibe die Vorgänge in einem elektrischen Schwingkreis während einer vollen Schwingung!
   b) Stelle den Verlauf der Kondensatorspannung in Abhängigkeit von der Zeit graphisch dar!
   c) Stelle die elektrische und magnetische Feldenergie im Verlauf einer ganzen Schwingung in Abhängigkeit von der Zeit graphisch dar!

2. Ein geladener Kondensator wird durch einen kreisförmig gebogenen Leiter zur Zeit $t = 0$ kurzgeschlossen.
   a) Skizziere den Schwingkreis einschließlich Verlauf und Richtung der elektrischen und magnetischen Feldlinien zu den Zeiten $0, \frac{T}{4}, \frac{5}{8}T$! ($T$ bedeute die Schwingungsdauer des Kreises). Die Richtung der Feldlinien ist dabei durch Pfeilspitzen, die Stärke der Felder durch die Anzahl der gezeichneten Feldlinien anzudeuten.
   b) Welchen Bruchteil ihrer maximalen Feldstärke besitzen jeweils die Felder zur Zeit $\frac{5}{8}T$? (Lösung durch Konstruktion *und* Rechnung!)

3. Der Drehkondensator eines Rundfunkempfängers hat eine veränderliche Kapazität von 50 pF ... 550 pF. Wie groß muß die Induktivität einer parallel geschalteten Spule sein, damit der gesamte Mittelwellenbereich (1,5 MHz ... 0,5 MHz) empfangen werden kann?

4. Aus einem Kondensator mit der Kapazität 365 pF und einer Spule soll ein Schwingkreis mit der Eigenfrequenz 728 kHz gebaut werden. Welche Induktivität muß die Spule haben?

5. Eine Spule mit der Induktivität 1,89 mH und ein Kondensator sind zu einem Schwingkreis geschaltet. Schaltet man zu dem Kondensator einen zweiten mit der Kapazität 242 pF parallel, so sinkt die Eigenfrequenz des Schwingkreises auf die Hälfte ihres ursprünglichen Betrages. Wie groß waren Kapazität und Eigenfrequenz des ursprünglichen Schwingkreises?

6. Um wieviel Prozent wird die Eigenfrequenz eines Schwingkreises größer, wenn man dessen Kapazität auf die Hälfte verringert?

7. Von zwei gekoppelten Schwingkreisen hat der eine eine Kapazität von 578 pF und eine Induktivität von 13,5 mH, der zweite einen Kondensator von 265 pF.
   a) Welche Induktivität muß die Spule des zweiten Kreises im Resonanzfall haben?
   b) Berechne die Frequenz der beiden Kreise!

8. Die Induktivität eines Schwingkreises beträgt 0,05 H, die Kapazität 4 μF. Welcher Ton wird durch diesen Schwingkreis erzeugt?

9. Drei Schwingkreise haben gleiche Spulen. Die Kapazitäten ihrer Kondensatoren betragen $C_1 = 10\,\mu F$, $C_2 = 6\,\mu F$, $C_3 = 4\,\mu F$. Zeige, daß sie angenähert den Dur-Dreiklang (Grundton – Terz – Quinte) ergeben!

10. Ein Schwingkreis hat die Schwingungsdauer $T = 0,2$ s. Zur Zeit $t = 0$ beträgt die Spannung am Kondensator 60 V und wird infolge Dämpfung bei jeder folgenden Schwingung um 20 % geringer. Stelle den zeitlichen Verlauf der Spannung am Kondensator graphisch dar! (1 cm $\triangleq$ 0,1 s, 1 cm $\triangleq$ 10 Volt)

* 6.8.4. Schwingungserregung

♦ 1. In den gezeichneten Schaltungen a) und b) wird die Taste in genau periodischer Folge geöffnet und geschlossen.
   a) Stelle den zeitlichen Verlauf folgender elektrischer Größen graphisch dar: (Zeichne alle Diagramme mit gemeinsamer y-Achse untereinander!)
   1. U_g in Schaltung a!
   2. I_a in Schaltung a!

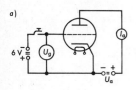
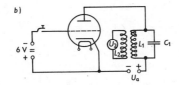
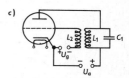

6.8.4.1

   3. I_1 in der Spule L_1 der Schaltung b, wenn die Frequenz des Schwingkreises mit der der Tastenbewegung übereinstimmt!
   4. U_2 an der Spule L_2 der Schaltung b, wenn die Frequenz des Schwingkreises mit der der Tastenbewegung übereinstimmt!
   5. Gitterspannung in Schaltung c, wenn die Spannung der in Reihe geschalteten Batterie gleich der in L_2 auftretenden Höchstspannung ist!
   b) Vergleiche das erste mit dem letzten Diagramm!
   c) Erkläre den Vorgang der Selbststeuerung!

♦ 2. Die Abb. stellt eine Dreipunktschaltung zur Erregung elektrischer Schwingungen dar.
   a) Wo befindet sich die Rückkopplungsspule?
   b) Welchem Zweck dienen L_1, C_1, C, R_k?

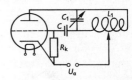

♦ 3. Wie lassen sich elektromagnetische Schwingungen ohne Benützung des Kathodenstrahloszillographen nachweisen, wenn deren Frequenz beträgt:
   a) 1 Hz,
   b) 440 Hz, (zwei Möglichkeiten!)
   c) 440 kHz, d) 300 MHz?

6.8.4.2

4. In der Abbildung sind Schwingungsgeneratoren mit Röhre und Transistor nebeneinandergestellt.
   a) Welche einander entsprechenden Schaltelemente und Elektroden weisen Unterschiede auf?
   b) Welche Unterschiede sind in der physikalischen Funktionsweise festzustellen?
   c) Welche Vorteile hat der Transistor gegenüber der Elektronenröhre?

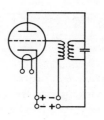
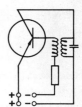

6.8.4.4

Aufgaben Kapitel 6

6.8.5. Elektrischer Dipol – Antenne

◆ 1. Bei einem Röhrengenerator in Dreipunktschaltung berührt man den Anodenanschluß der Röhre mit dem Ende eines Dipols und tastet diesen in seiner ganzen Länge mit einem Glimmröhrchen ab.
a) Welche Art von Spannung läßt das Aufleuchten der *beiden* Glimmlampenelektroden erkennen?
b) Wie ist diese Spannung am Dipol verteilt?
c) Welche Strombewegung im Dipol läßt diese Spannungsverteilung vermuten?

◆ 2. Ein Dipol ist zur Zeit null oben negativ und unten positiv aufgeladen und beginnt zu schwingen. Zeichne die elektrischen und magnetischen Feldlinien zu folgenden Zeiten:
a) $\frac{T}{4}$; b) T; c) $\frac{3}{2}T$; d) $1\frac{7}{8}T$;
(Die Richtung der Felder ist durch Pfeilspitzen, die Feldstärke durch die Anzahl der gezeichneten Feldlinien anzudeuten.)

◆ 3. Wie müssen sich in den drei gezeichneten Generatorschaltungen die Dipollängen d_1, d_2, d_3 zur jeweiligen Wellenlänge verhalten, wenn in den Dipolen elektrische Schwingungen erregt werden sollen?

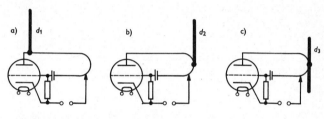

6.8.5.3

4. Ein Dipol von 50 cm Länge schwingt in der Grundschwingung.
a) Wie groß sind Wellenlänge und Frequenz der ausgesendeten Welle?
b) Wie groß ist die Stromstärke in 15 cm Entfernung vom Dipolende, wenn sie in der Dipolmitte 150 mA beträgt?

5. Ein Dipol ist 1,20 Meter lang. Wie groß sind Frequenzen und Wellenlängen der Grundschwingung und der ersten drei Oberschwingungen?

◆ 6. *Richtantenne*: Zwei Antennen A_1 und A_2 sind nebeneinander im Abstand $d = \frac{\lambda}{2}$ m aufgestellt und werden gleichphasig zum Schwingen angeregt.
a) Zeige, daß die von dieser Doppelantenne abgestrahlte elektromagnetische Energie nicht in allen horizontalen Richtungen gleich groß ist und diese Anordnung somit als Richtstrahler wirkt!
b) Gib die Richtungen der Maxima und Minima der Energieausstrahlung an! Begründung!

* 6.8.6. Modulation

◆ 1. Die Abb. zeigt das Momentbild einer modulierten hochfrequenten Welle; die Modulationsfrequenz beträgt 5 kHz.
a) Bestimme die Wellenlänge der hochfrequenten Trägerwelle!
b) Welches Schwingungsbild entsteht, wenn man Trägerfrequenz und Modulationsfrequenz überlagert? (Graphische Darstellung!)

6.8.6.1

* 6.8.7. Lecherleitung

1. Berechne einige Frequenzen elektrischer Schwingungen, durch die eine beiderseits geschlossene Lecherleitung von 2,4 Meter Länge zum Schwingen angeregt werden kann!

2. Die Abb. stellt eine Lecherleitung der Länge $\rho = 1,25\, \lambda$ dar. Zur Zeit $t = 0$ fließt an der Stelle A der Strom mit maximaler Stärke in der angegebenen Richtung. Zeichne die Verteilung der Ladungen für die Zeit $t = 1,75\, T$!

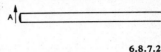

6.8.7.2

* 6.8.8. Empfänger

1. In der Abb. ist die Schaltung eines Detektorempfängers und der zeitliche Verlauf der Stromstärke im Antennenkreis dargestellt. Stelle entsprechend den zeitlichen Verlauf der Stromstärke im Schwingkreis (I), im Gleichrichterkreis (II) und im Kopfhörer (III) graphisch dar!

2. Gegeben ist die Kennlinie einer Dreipolröhre. Am Gitter der Röhre liege eine negative Vorspannung von 8 V und dieser sei die Wechselspannung $U_{eff} = 4\, V$ überlagert.
a) Ergänze die Abb. durch graphische Darstellung der Gitterspannung und des Anodenstromes für mindestens zwei Perioden!
b) Erstelle das entsprechende Diagramm für den Fall, daß die negative Gittervorspannung $U_g = -16$ Volt beträgt! (Richtverstärker)

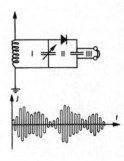

6.8.8.1

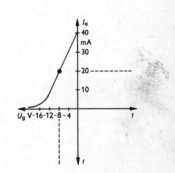

6.8.8.2

Aufgaben Kapitel 7

7. Atomphysik – Kernphysik

7.1. Moleküle und Atome

7.1.1. Atomare Größen

1. Wie viele kmol sind a) 2 kg H_2O, b) 5 kg CO_2?

2. Berechne die relativen Molekülmassen für folgende Stoffe auf 3 Dezimalen:
   a) H_2 d) H_2O
   b) O_2 e) H_2SO_4
   c) CO_2 f) NaCl

3. Welche Masse (in kg) hat ein Kilomol
   a) Quecksilber   (Hg)
   b) Salzsäure   (HCl)
   c) Schwefelsäure   (H_2SO_4)
   d) Silbernitrat   ($AgNO_3$)
   e) Kupfersulfat   ($CuSO_4$)
   f) Ölsäure   ($C_{17}H_{33}COOH$)?

4. 1 cm³ Ölsäure ($C_{17}H_{33}COOH$) wird in 2 l Leichtbenzin gelöst und gut vermischt. Mit einer Tropfpipette wird ein Tropfen dieser Mischung auf eine mit Bärlappsamen bestreute Wasseroberfläche gebracht, wodurch ein kreisförmiger Ölfilm von 12,0 cm Durchmesser entsteht. Ein Vorversuch hatte ergeben, daß 56 Tropfen der Mischung 1,0 cm³ sind.
   a) Wieviel (Volumen-)Prozent Ölsäure enthält die Mischung?
   b) Wieviel cm³ Ölsäure sind in einem Tropfen enthalten?
   c) Wie groß ist die Schichtdicke des Ölfilms?
   d) In wie viele Würfel könnte man diese Schicht einlagig zerlegen?
   e) Wie groß wäre das Volumen eines Würfels?
   f) Berechne die Masse eines Würfels (Dichte der Ölsäure: $\rho = 0{,}9$ g/cm³)!
   g) Wieviel derartige Würfel enthält ein Kilomol Ölsäure?
   h) Wieviel % beträgt der Fehler gegenüber der Avogadroschen Konstanten?

5. Berechne aus der Avogadroschen Konstanten und den relativen Atommassen die Masse von einem
   a) H-Atom,   d) C-Atom,
   b) H_2-Molekül,   e) H_2O-Molekül,
   c) He-Atom,   f) Hg-Atom!

6. Wie viele Atome enthält
   a) 1 kg Sauerstoff, b) 1 g Quecksilber,
   c) Ein Kupferdraht von 4 mm Durchmesser und 10 cm Länge? (relative Atommasse 63,54; $\rho = 8{,}9$ g/cm³)

7. Wie viele Moleküle enthält 1 cm³ H_2O bei 4°C?

8. Wie lange bräuchte ein Mensch, um die Moleküle von einem Gramm Wasser zu zählen, wenn er Tag und Nacht in jeder Sekunde 4 Moleküle zählt? (Beachte: Alter der Erde ca. 10^{17} Sekunden, Neandertaler vor ca. 10^{12} Sekunden)

9. Gold hat die relative Atommasse 197,0 und die Dichte 19,3 g/cm³.
   a) Berechne die Masse eines Goldwürfels von 1 cm Kantenlänge!
   b) Berechne die Masse eines Goldatoms!

c) Wie viele Atome enthält der Goldwürfel?
d) Berechne die „Kantenlänge" der Goldatome unter der Annahme, daß sie dichtgepackte Würfel sind!
e) Welche Strecke ergäbe sich, wenn man die Atomwürfelchen von Frage d) einzeln aneinanderreihen wollte?
f) Warum wird die Strecke so ungeheuer groß, obwohl der Durchmesser des Atoms so klein ist?

10. Beim Lenardfenster verwendet man Aluminiumfolien von 0,002 mm Dicke (Dichte 2,7 g/cm^3, relative Atommasse 27,0).
a) Berechne angenähert den Durchmesser eines Aluminiumatomes! (Anleitung siehe Aufgabe Nr. 7.1.1.9)
b) Wie viele Schichten Aluminiumatome enthält die Folie, wenn man die Atome als dichtgepackte Würfel annimmt?

11. In Hamburg wird ein Fingerhut (1 cm^3) Wasser in das Meer geschüttet. Hierauf rührt man alle Meere so gut durch, daß dieser Fingerhut Wasser gleichmäßig verteilt ist. Wie viele Moleküle dieses einen cm^3 Wasser befinden sich in einem Liter Wasser, das man an einer beliebigen Stelle dem Meer entnimmt?
Beachte: 75 % der Erdoberfläche sind mit Wasser der durchschnittlichen Tiefe 3,6 km bedeckt.

* 7.1.2. Atombau und Periodensystem

1. Welche übereinstimmenden Merkmale weisen die Elemente der einzelnen Gruppen des Periodensystems auf?
2. An welchen Stellen des Periodensystems sind die Elemente nicht nach den relativen Atommassen geordnet?
3. Suche die Ordnungszahlen der Edelgase (He, Ne, Ar, Kr, Xe, Rn), der Alkalimetalle ((H), Li, Na, K, Rb, Cs), der Erdalkalimetalle (Be, Mg, Ca, Sr, Ba, Ra) und der Halogene (F, Cl, Br, J, At) im Periodensystem der Elemente und schreibe sie in Reihen!
a) Berechne für jede Reihe die Platzabstände!
b) Zeige, daß diese Abstände jeweils doppelt so groß sind wie die Quadratzahlen!
c) Welche mathematische Formel kann diesen Zusammenhang beschreiben?

7.1.3. Kinetische Gastheorie

1. a) In einem würfelförmigen Kasten (Kantenlänge a) befinden sich N Moleküle der Masse m und der mittleren Geschwindigkeit v. Dabei wird angenommen, daß sich ein Drittel der Moleküle von links nach rechts, ein Drittel von oben nach unten und ein Drittel von hinten nach vorne bewegt. Berechne unter diesen Annahmen den Druck auf die Wände des Kastens und bestätige das Boyle-Mariottesche Gesetz!
◆ b) Wie würden sich diese Überlegungen ändern, wenn sich die N Moleküle auf dieselbe Art und Weise in einem Kasten der Kantenlänge $2a$ bewegen würden?
2. In einem würfelförmigen Kasten der Kantenlänge a bewegt sich ein Molekül auf dem Weg 1 (Abb.).
a) Wie oft stößt das Molekül in einer Sekunde an die rechte Seitenwand?
b) Berechne die bei jedem Stoß auftretende Impulsänderung!

Aufgaben Kapitel 7

c) Berechne aus a) und b) die Kraft, die ein Molekül durch diese Stöße auf die rechte Seitenwand ausübt!

d) Zeige, daß ein Molekül, das sich auf dem Weg 2 bewegt, dieselbe Kraft bewirkt!

e) Im Kasten sollen sich N Moleküle befinden, von denen sich ein Drittel auf die dargestellte Art und Weise bewegt, ein weiteres Drittel ebenso, aber in horizontaler Richtung, das letzte Drittel in einer lotrechten, zur Zeichenebene senkrechten Ebene.

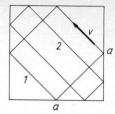

7.1.3.2

Zeige, daß man dasselbe Ergebnis wie in Aufgabe Nr. 7.1.3.1. erhält!

3. Eine Klasse mit 40 Schülern bewirft eine Wand mit völlig elastischen Gummibällen der Masse 0,1 kg. Jeder Schüler hat 10 Bälle, der Vorgang dauert insgesamt 20 Sekunden, die Geschwindigkeit der Bälle beträgt im Mittel 15 m/s. Sie treffen senkrecht auf die Wand.
   a) Berechne die mittlere Kraft auf die Wand!
   b) Berechne die mittlere Kraft, wenn die Schüler völlig unelastische Tonklumpen derselben Masse mit der gleichen Geschwindigkeit werfen würden!
   c) Berechne für beide Fälle den Druck in mbar (1 mbar = 100 N/m²), wenn die Wand 5 m lang und 3 m hoch ist.

4. Vier Massenpunkte haben die Geschwindigkeiten $v_1 = 9$ m/s, $v_2 = 10$ m/s, $v_3 = 11$ m/s, $v_4 = 12$ m/s, vier andere $v_5 = 99$ m/s, $v_6 = 100$ m/s, $v_7 = 101$ m/s, $v_8 = 102$ m/s.
   a) Berechne die mittleren Geschwindigkeiten $\overline{v}$ und die Wurzeln aus den mittleren Geschwindigkeitsquadraten $\sqrt{\overline{v^2}}$ in den beiden Fällen!
   b) Wovon ist die Abweichung zwischen $\overline{v}$ und $\sqrt{\overline{v^2}}$ abhängig?
   c) Welche Beziehung müßte zwischen v_9, v_{10}, v_{11} und v_{12} bestehen, damit $\overline{v} = \sqrt{\overline{v^2}}$ wird?

5. Otto Stern gelang es, mit Hilfe der abgebildeten Apparatur die Geschwindigkeit von Silberatomen direkt zu messen. Von Punkt A aus fliegen Ag-Atome durch Verdampfen weg, die bei ruhender Apparatur in B auf die äußere Wand auftreffen.
   a) Auf welcher Seite von B treffen die Atome auf, wenn sich die Apparatur in Pfeilrichtung dreht?
   b) Läßt man die Apparatur 50 Umdrehungen in einer Sekunde ausführen, dann beobachtet man, daß die Ag-Atome 4,7 mm von B entfernt auf die äußere Wand auftreffen. Berechne ihre Geschwindigkeit!

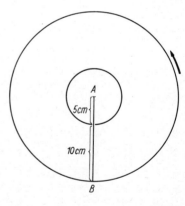

7.1.3.5

6. Berechne die mittlere Geschwindigkeit der Moleküle a) von N_2, b) von O_2 bei Normalbedingungen aus dem Molvolumen und der relativen Atommasse!

7. Die Moleküle eines Gases haben bei 15°C die mittlere Geschwindigkeit v. Bei welcher Temperatur haben sie die mittlere Geschwindigkeit $2v$?

8. Wie verhalten sich die mittleren Geschwindigkeiten von Wasserstoff- und Sauerstoffmolekülen bei gleicher Temperatur? Wie verhalten sich die Temperaturen bei gleicher mittlerer Geschwindigkeit?

9. Zeige für die einatomigen Gase He (4,0), Ne (20,2), Ar (39,9), daß die gesamte kinetische Energie sämtlicher Atome eines Moles bei Normalbedingungen den gleichen Wert hat! Berechne diesen Wert!

10. Für das mittlere Geschwindigkeitsquadrat eines idealen Gases der Dichte ρ, das unter dem Druck p steht, gilt: $\overline{v^2} = \dfrac{3p}{\rho}$
Zeige, daß die Formel in der Dimension richtig ist!

11. Bestätige aus der kinetischen Gastheorie den Satz, daß die Energie eines idealen Gases nicht vom Volumen abhängig ist!

12. Berechne aus dem Molvolumen (22,4 m³), dem Normaldruck (1013 mbar) und aus der relativen Molekülmasse a) von Wasserstoff (2), b) von Stickstoff (28) die mittlere Geschwindigkeit der Moleküle bei 0°C!

13. a) Berechne die mittlere Geschwindigkeit eines Wassertröpfchens mit dem Durchmesser 0,002 mm, das sich in einem Gas von 30°C befindet!
♦ b) Warum ist es nicht möglich, diese Geschwindigkeit aus Weg und Zeit zu messen?

7.1.4. Allgemeine Gasgleichung

1. Löse Aufgabe Nr. 5.2.1!

2. Bei einem Elektrolyseversuch scheidet der elektrische Strom bei 957 mbar 15,0 cm³ Knallgas von 16°C ab. Berechne das Volumen bei Normalbedingungen!

3. Ein ideales Gas der Temperatur T (K) steht unter dem Druck p. Um wieviel % ändert sich sein Volumen, wenn der Druck um 20 %, die Temperatur um 15 % steigt?

4. Bei der Temperatur 32°C wird ein Autoreifen bis zu dem Druck 2450 mbar aufgepumpt. Um wieviel sinkt der Druck, wenn bei Nacht die Temperatur auf 6°C zurückgeht? (Es darf angenommen werden, daß sich das Volumen des Reifens nicht ändert.)

5. Wie viele kg Luft (mittlere relative Molekülmasse 29,0) befinden sich in einem Raum von 150 m³ bei 16°C und 960 mbar? Wie viele kg strömen aus, wenn der Raum auf 23°C aufgeheizt wird?

6. Berechne aus dem Volumen und der relativen Atommasse die Masse von 1 dm³ O_2 bei 953 mbar und 20°C! Wie viele Kilomole sind es?

7. Wie lautet die allgemeine Gasgleichung für 1 kg N_2 (relative Atommasse 14,0)?

8. O_2 hat bei 0°C und 1013 mbar die Dichte 1,429 kg/m³. Berechne hieraus und aus der relativen Molekülmasse (32) das Molvolumen!

9. Berechne aus der Dichte bei Normalbedingungen (1,429 kg/m³) und der relativen Molekülmasse von Sauerstoff (32,0) den Wert der allgemeinen Gaskonstanten R!

10. Bei der Temperatur 25°C zeigt das Manometer einer mit Helium ($\rho = 0{,}1785$ kg/m³) gefüllten Stahlflasche von 30,0 l Inhalt den Druck 50 bar an.
a) Wieviel kg He sind in der Flasche?
b) Wie groß ist die mittlere kinetische Energie eines He-Atoms?
c) Berechne die gesamte kinetische Energie aller Atome!

11. a) Berechne die Dichte von He (relative Atommasse 4,0) aus dem Molvolumen!
b) Zeige, daß die Dichte eines idealen Gases bei konstanter Temperatur dem Druck proportional ist!

Aufgaben Kapitel 7

c) Wie hängt die Dichte (bei konstantem Druck) von der Temperatur ab?

12. Berechne die Anzahl der Moleküle in 1 cm³ eines idealen Gases von 0°C a) bei 1013 mbar, b) bei 1 mbar, c) bei 10^{-13} mbar (sog. Ultrahochvakuum)!

7.2. Elektronen und Ionen in Feldern

7.2.1. Elektronen im elektrischen Feld (siehe auch 6.8.1.1 - 4)

1. In einer Braunschen Röhre haben Kathode und Anode den Abstand 5,0 cm. Es ist eine Spannung von 500 V angelegt; das Feld darf als homogen angenommen werden.
   a) Welche Kraft wirkt auf ein Elektron (Ladung = $1,6 \cdot 10^{-19}$ As) in diesem Feld?
   b) Welche Arbeit verrichtet die Stromquelle, wenn das Elektron das ganze Feld durchläuft?
   c) Ist diese Arbeit vom Abstand Kathode – Anode abhängig?
   d) Welche kinetische Energie hat das Elektron nach Durchlaufen dieses Feldes?
   e) Welche Geschwindigkeit hat es erreicht?

2. Welche Geschwindigkeit erreichen die Elektronen in einer Braunschen Röhre, wenn die Anodenspannung 700 V beträgt?

3. Ein Elektron, das die Spannung U durchläuft, hat die Geschwindigkeit $v = \sqrt{\frac{2eU}{m}}$.
   a) Zeige, daß die Formel in der Dimension richtig ist!
   b) Leite sie her!

4. Eine Braunsche Röhre hat Ablenkplatten von 3,0 cm Länge und 1,0 cm Abstand. An ihnen liegt die Spannung 60 V. Ein Elektron fliegt mit der Geschwindigkeit 10^7 m/s senkrecht zu den Feldlinien in das homogene Feld.
   a) Welche Kraft wirkt auf das Elektron?
   b) Welche Beschleunigung in Feldrichtung erfährt es?
   c) In welchem Abstand von der ursprünglichen Bahn verläßt es das Feld?
   d) Wie groß ist die Komponente der Geschwindigkeit senkrecht zu den Platten beim Austritt des Elektrons aus dem Feld?
   e) Um welchen Winkel wurde es aus der ursprünglichen Bahn abgelenkt?
   f) Wie groß ist die Ablenkung auf dem Schirm, wenn dieser 20,0 cm vom Feld entfernt liegt?

5. Eine Braunsche Röhre hat folgende Abmessungen: Abstand Kathode – Anode $AB = 5$ cm; Abstand Anode – Ablenkplatten $BC = 1$ cm; Länge der Ablenkplatten $CD = 3$ cm; Abstand Ablenkplatten – Schirm $DE = 10$ cm. Ein Elektron verläßt die Anode in Achsenrichtung mit der Geschwindigkeit $5 \cdot 10^5$ m/s, das Plattenfeld mit $6 \cdot 10^5$ m/s.
   a) Beschreibe die Bewegungsarten des Elektrons in den einzelnen Abschnitten!
   b) Skizziere das Geschwindigkeits-Weg-Diagramm des Elektrons.

♦ 6. Warum bewegen sich die Elektronen in dem elektrischen Feld zwischen den Ablenkplatten einer Braunschen Röhre auf einer Parabel?

7. Rechne um: a) 45 eV in Joule;
   b) 0,16 kWh in eV!

7.2.2. Elektronen im Magnetfeld (siehe auch 681.5 und 6)

1. Wenn man in einer Braunschen Röhre zur Ablenkung des Strahles an Stelle des elektrischen Feldes zwischen den Ablenkplatten ein homogenes Magnetfeld benützt, beschreiben die Elektronen anstatt einer Parabelbahn ein Stück einer Kreisbahn. Warum?

2. Zeichne ein räumliches Koordinatensystem mit den Achsen x, y, z! Dieses Koordinatensystem befinde sich in einem Raum, in dem in der x-Richtung a) ein homogenes elektrisches Feld, b) ein homogenes Magnetfeld besteht.
   Beschreibe die Elektronenbahn für folgende Fälle:
   1. Ein Elektronenstrahl bewegt sich von 0 in der $+y$-Richtung.
   2. Ein Elektronenstrahl bewegt sich von 0 aus in der xy-Ebene so, daß er mit der $+y$-Achse einen Winkel von $20°$ bildet.

7.2.2.2

3. Unter welchen Bedingungen werden bewegte Elektronen in einem zeitlich konstanten homogenen Magnetfeld
   a) nicht beeinflußt,
   b) in eine Kreisbahn gezwungen,
   c) in eine Schraubenlinie gezwungen?

4. In einem homogenen Magnetfeld bewegt sich ein Elektron mit der Geschwindigkeit v auf einer Kreisbahn.
   a) Wie ist die Kreisbahnebene zu den magnetischen Feldlinien orientiert?
   b) Wie hängt der Kreisbahnradius von der Geschwindigkeit ab?
   c) Wie ändert sich bei Verdoppelung der Geschwindigkeit v die Umlaufzeit T des Elektrons, wenn die Stärke des Magnetfeldes nicht verändert wird?
   d) Wie ändert sich die Umlaufzeit T, wenn man gleichzeitig mit der Verdoppelung der Geschwindigkeit v das Magnetfeld so verstärkt, daß das Elektron die ursprüngliche Kreisbahn beibehält?

5. In einem homogenen Magnetfeld der Kraftflußdichte $8,0 \cdot 10^{-4}$ Vs/m² werden Elektronen in eine Kreisbahn von 5,0 cm Radius gelenkt. ($\frac{e}{m} = 1,76 \cdot 10^{11}$ As/kg)
   a) Berechne die Bahngeschwindigkeit v der Elektronen!
   b) Welche Spannung ist erforderlich, um die Elektronen auf diese Bahngeschwindigkeit zu bringen?

6. Vergleiche die Bahnen eines Elektronenstrahles, der senkrecht zu den Feldlinien a) eines magnetischen Feldes, b) eines elektrischen Feldes eintritt.
   1. Welche Formen haben die Bahnen?
   2. Begründe das Zustandekommen!
   3. Welche Änderung erfährt in beiden Fällen die Bahngeschwindigkeit?

7. Bei der Bestimmung von $\frac{e}{m}$ mit dem Fadenstrahlrohr hat der kreisförmige Fadenstrahl den Radius 6,0 cm, die Kraftflußdichte des Magnetfeldes beträgt $0,78 \cdot 10^{-3}$ Vs/m², die Anodenspannung 193 V.
   a) Berechne die spezifische Ladung des Elektrons!
   b) Wie groß ist die Geschwindigkeit der Elektronen?
   c) Welche Zentrifugalkraft wirkt auf ein Elektron?

8. Ein Elektron durchfliegt einen von einem homogenen Magnetfeld und von einem elektrischen Feld erfüllten Raum mit der Geschwindigkeit v geradlinig, und zwar senkrecht zu den magnetischen Feldlinien.

Aufgaben Kapitel 7

a) Wie muß das elektrische Feld $\vec{E}$ in bezug auf das Magnetfeld $\vec{H}$ und die Flugrichtung orientiert sein?
b) Wie groß muß die elektr. Feldstärke E sein, wenn das Magnetfeld die Stärke H hat?

9. Löse Aufgabe 7.2.1.5 für den Fall, daß die Ablenkung des Elektrons nicht elektrisch in einem Kondensator, sondern magnetisch durch ein Spulenpaar erfolgt! (Warum muß die Angabe $v = 6 \cdot 10^5$ m/s für das Magnetfeld weggelassen werden?)

10. Elektronen treten mit der Geschwindigkeit $v = 1,5 \cdot 10^7$ m/s senkrecht zu den Feldlinien in ein homogenes Magnetfeld ein.
    a) Welche Feldstärke muß das Feld haben, damit sie einen Kreis von 6,6 cm Radius beschreiben?
 ♦ b) Welche Figur beschreiben die Elektronen, wenn der Strom I in den Feldspulen nicht gut geglättet ist, sondern um ± 25 % schwankt?

7.2.3. Ladung und Masse des Elektrons

1. Beim Durchgang der Ladung 234 As durch eine $AgNO_3$-Lösung werden an der Kathode 0,262 g Ag (relative Atommasse 107,9) abgeschieden. Berechne hieraus und aus der Avogadroschen Konstanten die Elementarladung und die Faradaysche Konstante?

2. In einem Millikan-Kondensator mit 12 mm Plattenabstand sollen Öltröpfchen der Masse $2 \cdot 10^{-11}$ g durch ein elektrisches Feld zum Schweben gebracht werden. Für ein Tröpfchen braucht man die Spannung 7400 V, für ein anderes die Spannung 4930 V.
   a) Welche Ladung haben die beiden Tröpfchen?
   b) Warum kann man die Masse des Öltröpfchens aus dem (mikroskopisch gemessenen) Durchmesser und der Dichte des Öls nicht genau genug bestimmen?

3. Kann man den Millikanversuch auch so abwandeln, daß das Öltröpfchen durch ein Magnetfeld zum Schweben gebracht wird? Begründung der Antwort!

* 4. Bei der Bestimmung der elektrischen Elementarladung nach Millikan wird ein Öltröpfchen beobachtet, das durch die Spannung 1,0 kV zum Schweben gebracht werden kann. Ohne Feld sinkt es in 5 Sekunden 1,2 mm. Die beiden Platten haben 3,8 mm Abstand.
    a) Berechne Radius und Masse des Tröpfchens nach dem Stokesschen Gesetz, wenn $\eta = 1,855 \cdot 10^{-5}$ Ns/m² und $\rho = 881$ kg/m³ beträgt und der Auftrieb in Luft vernachlässigt wird!
    b) Berechne die Ladung des Tröpfchens!

* 5. In einem Kondensator mit dem Plattenabstand d, an dem die Spannung U liegt, befindet sich ein Öltröpfchen (Dichte ρ des Öls gemessen in kg/m³). Die Luft im Kondensator hat die Zähigkeit η (gemessen in Ns/m²). v_1 und v_2 sind die Geschwindigkeiten des Tröpfchens, wenn elektrisches Feld und Gravitationsfeld gleichgerichtet bzw. entgegengesetzt gerichtet sind. Für die Ladung Q des Tröpfchens ergibt sich dann:
$$Q = \frac{9\pi d(v_1+v_2)}{2U} \sqrt{\frac{\eta^3(v_1-v_2)}{\rho g}}$$
Bestätige die Richtigkeit der Dimension!

6. Bestimme aus den Ergebnissen der Aufgaben Nr. 7.2.2.7 und 7.2.3.1 die Masse des Elektrons!

7.2.4. Ionen im elektrischen und magnetischen Feld

1. Wasserstoffkanalstrahlen, die die Spannung U durchlaufen, erhalten die Geschwindigkeit v.
   a) Zeige, daß $v = k \cdot \sqrt{U}$!
   b) Berechne die Konstante k!
   c) Wieviel mal größer wäre diese Konstante k für Elektronen?

2. Ein H^+-Ion ($m = 1{,}67 \cdot 10^{-27}$ kg) und ein D^+-Ion ($m = 3{,}34 \cdot 10^{-27}$ kg) durchlaufen im Hochvakuum die Beschleunigungsspannung 5,0 kV und treten dann senkrecht zu den Feldlinien in das Feld eines Plattenkondensators von 6,0 cm Plattenlänge und 10,0 mm Plattenabstand ein. An den Platten liegt die Spannung 400 V.
   a) Welche Geschwindigkeit erreicht jedes der beiden Ionen?
   b) Welche Kräfte wirken auf die Ionen im elektrischen Feld?
   c) Berechne die Ablenkung am Ende des Feldes (in mm)!
   d) Begründe diese Erscheinung!
   e) Welche Aussage kann man allgemein über die elektrische Ablenkung von Ionen machen, die durch dieselbe Spannung beschleunigt wurden?

3. Ein H^+-Ion und ein D^+-Ion durchlaufen im Hochvakuum die Beschleunigungsspannung von 5,0 kV und treten dann senkrecht zu den Feldlinien in ein homogenes Magnetfeld der Kraftflußdichte 0,25 Vs/m² ein.
   a) Welche Geschwindigkeiten erreichen die Ionen?
   b) Welche Kräfte wirken auf sie im Magnetfeld?
   c) Warum bewirken diese Kräfte Kreisbahnen?
   d) Berechne die Radien!
   e) Warum werden die Radien verschieden groß?
   f) Wozu läßt sich die Anordnung verwenden?

4. Für die interplanetarische Raumfahrt sind sog. Ionentriebwerke vorgesehen:
   z-fach geladene Ionen der Masse m werden durch die Spannung U beschleunigt und bewirken dadurch einen Schub. e = Elementarladung.
   a) Berechne ihre Geschwindigkeit!
   b) Wie viele Ionen n verlassen beim Strom I in einer Sekunde das Triebwerk?
   c) Berechne die Schubkraft F der Rakete!
   d) Warum müssen (durch eine in der Abb. nicht dargestellte Vorrichtung) zugleich Elektronen ausgesandt werden?

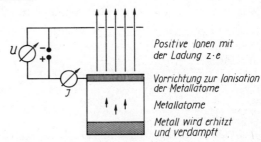

7.2.4.4

5. H^+-Ionen, D^+-Ionen und He^{++}-Ionen treten mit gleicher Geschwindigkeit senkrecht zu den Feldlinien in ein homogenes Magnetfeld ein. Wie verhalten sich die Radien ihrer Kreisbahnen?

6. D^+-Ionen sollen dadurch, daß sie ein elektrisches Feld durchlaufen, auf die Energie 8,0 MeV gebracht werden. Dabei fließt ein Deuteronenstrom von 60 μA. Welche Leistung ist dazu erforderlich, wenn man von Verlusten absieht?

Aufgaben Kapitel 7

7. Ein H$^+$-Ion, ein D$^+$-Ion und ein He^{++}-Ion durchlaufen die gleiche Beschleunigungsspannung. Ihr Massenverhältnis soll in Näherung mit 1:2:4 angenommen werden. Wie verhalten sich a) ihre kinetischen Energien, b) ihre Geschwindigkeiten?

8. Zwei Sorten Ionen gleicher Ladung, aber verschiedener Massen, werden senkrecht zu den Feldlinien in ein homogenes Magnetfeld geschossen. Wie verhalten sich die Radien ihrer Kreisbahnen, wenn sie beim Eintritt in das Feld a) gleiche Geschwindigkeit, b) gleiche kinetische Energie haben?

7.3. Energie und Strahlung

7.3.1. Photoeffekt

1. Heinrich Hertz beobachtete bei seinen Versuchen über elektromagnetische Wellen, daß der Empfangsdipol leichter ansprach, wenn er die Kugeln der Funkenstrecke mit UV-Licht beleuchtete. Wieso hat Heinrich Hertz damit den Photoeffekt entdeckt?

2. Eine Photozelle wird nacheinander mit Licht verschiedener Farben und verschiedener Intensitäten bestrahlt und jeweils der Photostrom gemessen:
   a) Eine Bogenlampe ohne Glasoptik vermag aus größerer Entfernung einen Photostrom zu bewirken; Verringerung der Entfernung vergrößert den Photostrom.
   b) Bringt man in den Strahlengang ein monochromatisches Gelbfilter für 578 nm, so ist auch bei geringstem Abstand zwischen Lichtquelle und Photozelle kein Photostrom beobachtbar.
   c) Ersetzt man das Gelbfilter durch ein Grünfilter (545 nm), so ist ein geringer Photostrom zu beobachten, der bei Verringerung des Abstandes größer wird.
   Welche Folgerungen sind aus diesen Beobachtungen zu ziehen?

♦ 3. Warum erhält man trotz gleicher Beleuchtungsstärke bei einer gasgefüllten Photozelle einen größeren Photostrom als bei einer Vakuumzelle?

7.3.2. Plancksches Wirkungsquantum

1. Um Elektronen aus Metalloberflächen auszulösen, müssen die Lichtquanten eine Mindestenergie haben. Diese beträgt für

   Na: $3{,}06 \cdot 10^{-19}$ J   Ag: $6{,}50 \cdot 10^{-19}$ J
   Cs: $3{,}11 \cdot 10^{-19}$ J   Ni: $8{,}01 \cdot 10^{-19}$ J
   Ka: $3{,}60 \cdot 10^{-19}$ J   Al: $6{,}75 \cdot 10^{-19}$ J
   Rb: $3{,}46 \cdot 10^{-19}$ J   Pt: $9{,}60 \cdot 10^{-19}$ J

   * a) Versuche, eine Abhängigkeit der Ablösearbeit von der Lage des Metalls im periodischen System zu finden!
   b) Welche Länge dürfen die Wellen des Lichtes höchstens haben, die aus diesen Metallen Elektronen auslösen sollen?

2. Die Austrittsarbeit eines Elektrons beträgt bei Platin 6,0 eV, bei Cäsium 1,94 eV. ($h = 6{,}62 \cdot 10^{-34}$ J · s)
   a) Bestimme für beide Metalle die maximalen Wellenlängen des Lichtes, das noch Photoeffekt ergibt!
   b) Welche Geschwindigkeit erhalten Elektronen in beiden Fällen bei Bestrahlung mit Licht der Wellenlänge 180 nm?

3. Eine Cäsium-Photozelle wird mit Licht einer Natrium-Dampflampe (589 nm) beleuchtet.
   a) Welche Geschwindigkeit haben die ausgelösten Elektronen?
   b) Welche Gegenspannung muß angelegt werden, um diese abzubremsen?

4. Zur Bestimmung des Planckschen Wirkungsquantums wird eine Photozelle mit den Spektrallinien des Quecksilberspektrums bestrahlt und die Gegenspannung (Photokathode positiv, Anode negativ) so groß gemacht, daß kein Strom mehr fließt.
   a) Zeichne das Schaltbild!
   b) Stelle aus folgenden Meßergebnissen die Gegenspannung in Abhängigkeit von der Frequenz des Lichtes graphisch dar!

Wellenlänge	Gegenspannung U_g
578 nm	0,30 V
546 nm	0,43 V
436 nm	1,00 V

   c) Warum geht die erhaltene Gerade nicht durch den Ursprung des Koordinatensystems?
   d) Berechne das Plancksche Wirkungsquantum h!

5. Berechne aus den Meßwerten der Aufgabe Nr. 7.3.2.4 den Mittelwert der Austrittsarbeit für die verwendete Photokathode!

6. Zur Bestimmung des Planckschen Wirkungsquantums h wird eine Photozelle mit Licht der Wellenlängen λ_1 und λ_2 beleuchtet. Die erforderlichen Gegenspannungen betragen U_1 und U_2.
   a) Berechne daraus das Plancksche Wirkungsquantum h!
   b) Wie groß ist die Austrittsarbeit der Photoschicht?

7. Aus der Kathode einer Cäsium-Photozelle (Austrittsarbeit 1,94 eV) sollen Elektronen ausgelöst werden.
   a) Ist das mit Licht der Wellenlänge 589 nm möglich? Grund?
   b) Welche Geschwindigkeit haben die ausgelösten Elektronen bei Bestrahlung mit blauem Licht der Wellenlänge 436 nm?
   c) Welche Gegenspannung ist im Fall b) erforderlich, um einen Photostrom zu verhindern?

8. Berechne für γ-Strahlen der Wellenlänge 10^{-12} m
   a) die Frequenz,
   b) die Energie eines Quants in J und MeV,
   c) die Masse eines Quants in kg,
   d) die Masse eines Quants als Vielfaches der Elektronenmasse!

9. An einer Röntgenröhre liegt die Spannung 10 kV. Bestimme die kurzwellige Grenze der Bremsstrahlung!

10. Welche Spannung muß an einer Röntgenröhre mindestens liegen, damit Strahlen der Wellenlänge 10^{-10} m emittiert werden?

11. Erkläre die Stokessche Regel der Fluoreszenz: Die durch Fluoreszenz erregte Strahlung ist im allgemeinen langwelliger als die erregende Strahlung.

Aufgaben Kapitel 7

7.3.3. Materiewellen

1. Berechne die de Broglie-Wellenlänge von
   a) Elektronen, die eine Spannung von 1 Volt durchlaufen haben,
   b) Elektronen, die eine Spannung von 100 Volt durchlaufen haben,
   c) H^+-Ionen, die eine Spannung von 1 Volt durchlaufen haben,
   d) He^{++}-Ionen der Energie 5,0 MeV,
   e) einem Auto der Masse 1000 kg und der Geschwindigkeit 72 km/h.
2. Berechne die de Broglie-Wellenlänge der Leitungselektronen in einem Stromkreis, die mit einer Geschwindigkeit von 0,1 mm/s fließen!
3. Ein Elektron hat die de Broglie-Wellenlänge 10^{-6} cm.
   a) Berechne seine Geschwindigkeit!
   b) Welche kinetische Energie hat es?
   c) Welche Beschleunigungsspannung hat es durchlaufen?
4. Berechne die de Broglie-Wellenlänge
   a) eines Sauerstoffmoleküls der Geschwindigkeit 450 m/s,
   b) eines Wasserstoffmoleküls der Geschwindigkeit 1800 m/s.
5. Berechne Energie, Impuls und Masse eines Lichtquants von
   a) ultrarotem Licht   ($\lambda = 5000$ nm),
   b) rotem Licht   ($\lambda = 800$ nm),
   c) violettem Licht   ($\lambda = 400$ nm),
   d) ultraviolettem Licht ($\lambda = 200$ nm),
   e) Röntgenstrahlen   ($\lambda = 10^{-11}$ m).
6. Die Gravitationsbeschleunigung an der Oberfläche eines Fixsternes beträgt $100g$. Berechne die Gravitationskraft auf ein Photon der Wellenlänge a) 800 nm; b) 400 nm!

7.4. Die Atomhülle

7.4.1. Die Bohrschen Bahnen

1. Wie verhalten sich a) die Bahngeschwindigkeiten, b) die Umlaufzeiten, c) die Radien, d) die Umlauffrequenzen auf den fünf innersten Bahnen des Wasserstoffatoms?
2. Berechne die Anzahl der Umläufe je Sekunde des Elektrons auf der 1., 10., 100. und 1000. Bahn im Wasserstoffatom!
3. a) Berechne die Geschwindigkeit des Elektrons auf der n-ten Quantenbahn des Wasserstoffatoms!
   b) Führe eine Dimensionsbetrachtung durch!
   c) Warum ist es für die Richtigkeit einer Formel notwendig, aber nicht hinreichend, daß die Dimensionen der beiden Seiten der Gleichung übereinstimmen?
4. Berechne für das Elektron der ersten Quantenbahn im Wasserstoffatom das Verhältnis seiner Umlaufsgeschwindigkeit v_1 zur Lichtgeschwindigkeit c!
5. Berechne die de Broglie-Wellenlängen des Elektrons auf den innersten vier Bahnen des Wasserstoffatoms!

7.4.2. Energiestufen

1. Bei einem Quantensprung wird die Energie 6 eV frei. Berechne die Wellenlänge des ausgesandten Lichtquants!

2. Berechne für das Wasserstoffatom
   a) die ersten 7 Energiestufen,
   b) die erforderlichen Energien, um ein Elektron aus der ersten auf die nächsten vier Stufen zu heben,
   c) die Frequenzen der ausgesandten Photonen, wenn Elektronen der zweiten bis fünften Stufe auf die nächstniedrige zurückspringen!

3. Zeichne auf Grund der Ergebnisse von Aufgabe Nr. 7.4.2.2 das Termschema des Wasserstoffes. Ordinate: 1 eV $\triangleq$ 1 cm.
   a) Bis zu welcher Energie muß die Ordinate gezeichnet werden?
   b) Trage die Quantensprünge bei der Emission der Lyman- und Balmer-Serie als Pfeile ein!
   c) Trage die Quantensprünge bei der Absorption der Paschen- und Brackett-Serie als Pfeile ein!
   * d) Begründe anhand der Zeichnung das Ritzsche Kombinations-Prinzip: Die Summe oder Differenz der Frequenzen zweier Spektrallinien liefert die Frequenz einer dritten!

4. Berechne die Frequenz der ausgesandten Photons, wenn in einem Wasserstoffatom das Elektron
   a) von der 11. in die 10. Bahn,
   b) von der 101. in die 100. Bahn,
   c) von der 1001. in die 1000. Bahn springt!

5. Gib eine Dimensionsbetrachtung der Rydbergkonstanten
$$R = \frac{e^4 m}{8\epsilon_0^2 h^3 c} \; !$$

6. Wie erhält man die Frequenz eines Lichtquants aus der Wellenzahl N?

7. Berechne für das Proton und das Elektron des H-Atoms das Verhältnis der Gravitationskraft zur elektrischen Anziehungskraft!

8. 1. Der Umlauf auf der n-ten Quantenbahn wird beschrieben durch:

   (1) $\quad \dfrac{mv^2}{r_n} = \dfrac{e^2}{4\pi\epsilon_0 r_0^2} \quad$ und $\quad$ (2) $\quad 2r_n \pi mv = nh$

   a) Erläutern Sie den phys. Inhalt der beiden Gleichungen!
   b) Leiten Sie r_n und v_n in Abhängigkeit von der Quantenzahl her

   2. Mit dem Wert $E_{\text{pot}} = - \dfrac{e^2}{4 \cdot \epsilon_0 \cdot r_n}$ für die potentielle Energie des Elektrons und

   mit seiner kinetischen Energie E_{kin} erhält man die Bindungsenergie des Elektrons auf der n-ten Bahn als Summe der potentiellen und der kinetischen Energie.
   a) Zeigen Sie, daß E_{pot} gleich der Arbeit ist, die verrichtet wird, wenn das Elektron aus dem Unendlichen in den Abstand r_n vom Kern gebracht wird.
   b) Berechnen Sie die kinetische Energie als Funktion von n!
   c) Berechnen Sie nun die Bindungsenergie als Funktion von n!
   3. Für welches n wird die Bindungsenergie Null? Bestimmen Sie Zahlenwert und Einheit der Ionisierungsspannung für das Elektron im Grundzustand.

Aufgaben Kapitel 7

7.4.3. Wasserstoffserien

1. In dem Ausdruck $N = \frac{1}{\lambda} = \frac{me^4}{8\epsilon_0^2 h^3 c} (\frac{1}{n_1^2} - \frac{1}{n_2^2})$ bezeichnet man den Faktor $\frac{me^4}{8\epsilon_0^2 h^3 c} = R$ als Rydbergkonstante.

   a) Für welche Werte von n_1 und n_2 wird $N = R$?
   b) Welche Deutung der Rydbergkonstanten kann man daraus folgern?
   c) Wie kann man aus R die Ionisationsenergie von Wasserstoff berechnen?

2. Die Balmerserie des Wasserstoffs hat im sichtbaren Gebiet folgende 4 Spektrallinien:

Bezeichnung der Linie	H_α	H_β	H_γ	H_δ
Wellenlänge	656 nm	486 nm	434 nm	410 nm

   a) Berechne für diese vier Linien die Wellenzahlen N, d. h. die Anzahl von Wellenlängen, die auf den Lichtweg ein Meter fallen!
   b) Berechne aus der Formel $N = R \cdot (\frac{1}{2^2} - \frac{1}{n_2^2})$ die Rydbergkonstante R!
   c) Berechne die Wellenlängen der ersten vier Linien der Lyman-Serie!
   d) Berechne die Wellenlängen der ersten vier Linien der Paschen-Serie!

3. Berechne aus den Angaben der Aufgabe Nr. 7.4.3.2 a) die Frequenzen, b) die Energiequanten für die Spektrallinien der Balmer-Serie!

4. Berechne für das H-Atom die Wellenlängen der Seriengrenzen der a) Lyman-Serie, b) Balmer-Serie, c) Paschen-Serie!

* 5. Vergleiche die Frequenzen von Aufgabe Nr. 7.4.2.4 mit den Umlauffrequenzen von Aufgabe 7.4.1.2 und erläutere anhand der Ergebnisse das Bohrsche Korrespondenzprinzip!

* 6. Die Rydbergkonstante hat für Wasserstoff den Wert $1{,}097 \cdot 10^7 \, \text{m}^{-1}$.
   a) Berechne den entsprechenden Wert für einfach ionisiertes Helium,
   b) den für zweifach ionisiertes Lithium!
   c) Begründe den spektroskopischen Verschiebungssatz von Kossel und Sommerfeld: Das Spektrum eines beliebigen Atoms ist ähnlich dem des einfach positiv geladenen Ions des im Periodensystem folgenden Elementes und dem des zweifach geladenen Ions des übernächsten!

7.4.4. Absorption in Quanten

1. Welche grundlegende Erkenntnis liefert der Franck-Hertz-Versuch im Rahmen der Quantentheorie?

2. a) Welche Energie (eV) hat ein Lichtquant der Wellenlänge 254 nm?
* ♦ b) Erkläre den Zusammenhang mit dem Franck-Hertz-Versuch!

3. Auf gasförmigen Wasserstoff im Grundzustand treffen Elektronen. Welche Beschleunigungsspannung müssen sie durchlaufen haben, damit sie a) eine, b) drei, c) sechs Spektrallinien anregen können?

4. Elektronen der Energie 13,10 eV treffen auf Wasserstoffatome, deren Elektronen sich auf der 1. Quantenbahn befinden.

a) Welche Spektrallinien des sichtbaren Bereiches können ausgelöst werden?
b) Welche Energien können die Elektronen nach diesen Auslösungen noch haben?
5. Weißes Licht fällt auf Wasserstoff. Berechne die Wellenlängen der Photonen, die im sichtbaren Bereich absorbiert werden!
◆ 6. Warum braucht man zur Ionisierung der Alkali-Metalle nur geringe Energie?

7.5. Radioaktive Strahlen

7.5.1. Natürliche Radioaktivität

1. An eine Ionisationskammer, in der sich ein radioaktives Präparat befindet, wird die veränderliche Spannung U gelegt und der Strom I in Abhängigkeit von dieser Spannung U gemessen:

U	0	0,5	1,0	1,5	2,0	2,5	3,0	3,5	kV
I	0	20,0	24,5	27,0	28,0	28,5	29,0	29,3	Skalenteile

a) Zeichne ein Schaubild der Wertetafel!
b) Welches Ergebnis ist der Kurve zu entnehmen?

2. $^{212}_{84}$Po sendet α-Strahlen der Energie 8,8 MeV aus. Berechne ihre Geschwindigkeit ohne Berücksichtigung der relativistischen Massenveränderung!

3. Begründe die radioaktiven Verschiebungssätze von Fajans und Soddy: Beim α-Zerfall eines Elements nimmt die Ordnungszahl um zwei Einheiten ab, beim β-Zerfall um eine Einheit zu!

7.5.2. Zerfallsreihen — Isotope

◆ 1. Warum muß es genau vier Zerfallsreihen geben?

2. Innerhalb der Zerfallsreihe des ^{238}U können folgende Prozesse auftreten:
$^{218}_{84}$Po → $^{214}_{82}$Pb → $^{214}_{83}$Bi → $^{214}_{84}$Po → $^{210}_{82}$Pb → $^{210}_{83}$Bi ... oder
$^{218}_{84}$Po → $^{214}_{82}$Pb → $^{214}_{83}$Bi → $^{210}_{81}$Th → $^{210}_{82}$Pb → $^{210}_{83}$Bi ...
a) Welche Teilchenstrahlen treten bei diesen Prozessen auf?
b) Wie sind die verschiedenen Abläufe zu deuten?

3. Das Bleiisotop $^{207}_{82}$Pb ist das letzte Glied einer radioaktiven Zerfallsreihe und entsteht aus dem Ausgangselement durch sieben α-Zerfälle und vier β-Zerfälle.
a) Bestimme die Kernladungszahl Z und die Neutronenzahl $A - Z$ des Ausgangselementes!
b) Warum müssen in dieser Zerfallsreihe neben den α-Zerfällen auch β-Zerfälle vorkommen?

Aufgaben Kapitel 7

4. Welche Elemente der Uran-Radium-Reihe zwingen zu dem Schluß, daß es Isotope gibt? (Abb. 7.5.2.4)
5. Wie viele Blei-Isotope kommen in der Uran-Radium-Reihe vor?
6. Chlor besteht aus den beiden Isotopen mit den rel. Atommassen 34,97 bzw. 36,97. In welchem Verhältnis sind die beiden Isotope gemischt, wenn das Mischelement die rel. Atommasse 35,45 hat?
7. $^{63}_{29}$Cu hat die rel. Atommasse 62,93 und tritt mit der Häufigkeit 69,1 % auf.
   $^{65}_{29}$Cu hat die rel. Atommasse 64,93 und tritt mit der Häufigkeit 30,9 % auf. Berechne die rel. Atommasse des Mischelements!

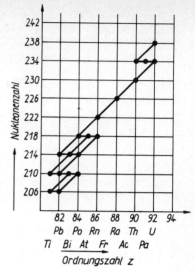

7.5.2.4

7.5.3. Zerfallsgesetz – Halbwertszeit

1. In eine Ionisationskammer wird das radioaktive Gas $^{220}_{86}$Rn gepumpt und der Strom I in Zeitabständen von je 20 Sekunden gemessen. Meßwerte:

Zeit t in s	0	20	40	60	80	100	120	140	160
Stromstärke in 10^{-12}A	30,0	23,5	18,3	14,3	11,2	8,8	6,8	5,3	4,1

   a) Zeichne das Schaubild der Wertetabelle!
   b) Um wieviel % seines zu Beginn jeden Zeitintervalles vorhandenen Wertes sinkt der Ionisationsstrom in jedem Zeitintervall ab?
   c) Welchen Schluß erlaubt diese Beobachtung?
   d) Bestimme die Halbwertszeit!
   e) Innerhalb welcher Zeit sinkt der Ionisationsstrom auf 25 % ab?

2. Stelle für die Wertetabelle der Aufgabe Nr. 7.5.3.1 $\log I/I_0$ mit $I_0 = 10^{-12}$A in Abhängigkeit von der Zeit t dar!
   a) Warum ergibt sich eine Gerade?   b) Berechne die Zerfallskonstante!
   c) Nach welcher Zeit sinkt der Strom auf 1 % seines ursprünglichen Wertes ab?

3. Zeige, daß sich das Zerfallsgesetz in der Form $N = N_0 \cdot 2^{-\frac{t}{T}}$ schreiben läßt, wobei T die Halbwertszeit ist!

4. Ein radioaktives Präparat bewirkt in einer Ionisationskammer den Strom I_1, nach der Zeit t den Strom I_2. Berechne hieraus die Halbwertszeit T!

5. Jemand kauft ein Polonium-Präparat (Halbwertszeit 138 Tage).
   a) Auf welchen Bruchteil sinkt die Aktivität innerhalb eines Jahres ab?
   b) Nach welcher Zeit beträgt die Aktivität nur noch 10 % des ursprünglichen Wertes?

6. Die rel. Atommasse von Radium ist 226,05, die Halbwertszeit 1620 Jahre.
   a) Berechne die Anzahl der Atome in 1 g Ra!
   b) Berechne die Zerfallskonstante!
   c) Wie viele Zerfallsprozesse finden in einer Sekunde in 1 g Radium statt?

Aufgaben Kapitel 7

7. Die Abbildung zeigt die Zerfallskurve eines radioaktiven Präparates mit der Halbwertszeit T.

   a) Berechne die Zeit τ so, daß die Fläche des Rechteckes $N_0 \cdot \tau$ gleich der von den Koordinatenachsen und der Kurve eingeschlossenen Fläche ist!

   b) Zeige, daß τ die sogenannte mittlere Lebensdauer ist, d. h. der Mittelwert der Zeit, die die Atome ohne Zerfall bestehen.

8. Ein Präparat enthält 5,0 mg $^{90}_{38}$Sr (rel. Atommasse 89,9, Halbwertszeit 28 Jahre, β-Strahler). Berechne die Aktivität!

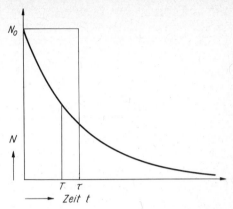

7.5.3.7

9. Beweise: 1 g einer radioaktiven Substanz mit der relativen Atommasse A und der Halbwertszeit 1 Jahr hat die Aktivität $\frac{1}{A} \cdot 1{,}32 \cdot 10^{16} \mathrm{s}^{-1}$.

10. Eine bestimmte Menge radioaktives Co hat die Aktivität $3{,}7 \cdot 10^{12} \mathrm{s}^{-1}$. Welche Aktivität hat dieselbe Substanz nach 3,0 Jahren, wenn die Halbwertszeit 5,3 a beträgt?

7.5.4. Energie – Geschwindigkeit – Reichweite

1. Wenn 1 g Radium zu Blei zerfällt, entwickelt es $14{,}2 \cdot 10^7$ kJ.
   a) Welche Masse wurde dabei in Energie umgewandelt?
   b) Wie viele % der ursprünglichen Masse sind das?

2. $^{212}_{84}$Po sendet α-Teilchen der Energie 8,8 MeV aus.
   a) Berechne ihre Geschwindigkeit!
   b) Berechne die Geschwindigkeit von α-Strahlen, deren Energie halb so groß ist!

3. $^{220}_{86}$Rn sendet α-Teilchen der Energie 6,28 MeV aus.
   a) Berechne ihre Geschwindigkeit!
   b) Welche Bremsspannung müßten sie durchlaufen, damit sie zur Ruhe kommen?

4. α-Strahlen fallen durch eine Lochblende in eine Ionisationskammer. Die Lochblende wird nacheinander mit einer steigenden Anzahl von Folien abgedeckt. Man beobachtet dabei folgende Ionisationsströme:

Folienzahl n:	0	1	2	3	4	5	6
Strom I in 10^{-11}A:	30,0	16,0	9,0	5,0	2,8	1,6	0,9

   a) Zeichne ein Schaubild zu dieser Wertetabelle!
   b) Was läßt sich über den funktionalen Zusammenhang zwischen Schichtdicke und Absorption aussagen?
   c) Kleide diese Aussage in eine mathematische Form!
   d) Wie viele Folien muß man verwenden, damit die Impulsrate geringer als 10 % des ursprünglichen Wertes wird?

* 5. Ein punktförmiger γ-Strahler verursacht in der Entfernung 1,0 m die Dosisleistung $2{,}15 \cdot 10^{-14}$ W/kg.

Aufgaben Kapitel 7

a) Wie groß ist sie in der Entfernung 0,6 m?
b) In welcher Entfernung beträgt sie nur noch $1,0 \cdot 10^{-14}$ W/kg?
c) Wie lange müßte sich ein Körper in 20 cm Entfernung von diesem Präparat befinden, damit er die Strahlendosis $1,55 \cdot 10^{-3}$ J/kg erhält?
d) Warum führt man diese Betrachtungen nicht für α-Strahler und β-Strahler aus?

7.6. Atomkerne

7.6.1. Allgemeine Eigenschaften

1. Der Kernradius ρ kann aus der Gleichung $\rho = 1,4 \cdot 10^{-15} \cdot \sqrt[3]{A}$ m angenähert berechnet werden, wobei A die Anzahl der Nukleonen ist.
   a) Was sagt die Proportionalität von ρ und $\sqrt[3]{A}$ über die „Dichte" der Kerne aus?
   b) Berechne den Radius von $^{63}_{29}$Cu!
   c) Welcher Kern hat einen Radius, der doppelt so groß ist wie der des Kernes $^{16}_{8}$O?
2. Berechne auf Grund der Angabe von Aufgabe Nr. 7.6.1.1
   a) den Radius des Protons,
   b) die Anzahl der Protonen in 1 cm³, wenn man sie wie Würfel schichten würde?
3. Welche Masse errechnet sich für 1 cm³ Kernmaterie auf Grund der Aufgabe 7.6.1.2?

7.6.2. Künstliche Radioaktivität

1. Berechne die Coulombschen Abstoßungskräfte auf ein Proton, das sich folgenden Kernen auf 10^{-12} m nähert: a) $^{7}_{3}$Li b) $^{127}_{53}$J c) $^{238}_{92}$U
   (Die Kerne werden dabei punktförmig angenommen.)
2. Trifft ein Neutron einen $^{16}_{8}$O-Kern, so findet folgende Reaktion statt: $^{16}_{8}$O(n, ?) $^{13}_{6}$C
   a) Welcher Zwischenkern entsteht?
   b) Welches Teilchen sendet dieser Zwischenkern aus?
   c) Zeichne zu dieser Reaktion den entsprechenden Ausschnitt aus der Nuklidkarte mit Ausgangs-, Zwischen- und Endkern!
3. Wie verändert sich die Neutronenzahl bei folgenden Kernprozessen:
   a) (n, γ) b) (n, p) c) (n, α) d) (p, α) e) (α, p)
4. Bei der Herstellung des Transurans $^{253}_{98}$Cf erhielt man eine so kleine Menge, daß in einer Minute nur 35 β-Zerfälle auftraten. Berechne die erhaltene Menge Californium! (Halbwertszeit 17 Tage, relative Atommasse 253)
* 5. Zeige, daß K-Einfang und Positronenstrahlung denselben Folgekern hervorbringen!
6. a) Welche Energie (in eV) muß ein Photon mindestens haben, damit Paarbildung eintritt, d. h., daß bei der Zerstrahlung ein Elektron und ein Positron entsteht?
   b) Berechne die Wellenlänge dieses Photons!
7. $^{14}_{6}$C ist ein künstlich-radioaktives Isotop, das Betastrahlung der Maximalenergie 0,155 MeV aussendet.
   a) Wie lautet die Gleichung für diese Kernumwandlung? Welches stabile Isotop entsteht?

b) Berechnen Sie in atomaren Masseneinheiten die Kernmasse (Nuklidmasse) des Isotops $^{14}_{6}C$ aus den Tabellen am Schluß des Buches!

c) Berechnen Sie den Wert des Quotienten aus Masse und Ruhemasse der schnellsten beim Zerfall entstehenden Elektronen!

d) Wieviel Prozent der Vakuumlichtgeschwindigkeit beträgt die Geschwindigkeit dieser Elektronen?

7.6.3. Das Neutron

1. Ergänze die folgenden Reaktionsgleichungen: a) $^{9}_{4}Be\,(\alpha, n)?$, b) $^{2}_{1}H\,(?, n)\,^{3}_{2}He$.

2. Ergänze den folgenden Prozeß, der zum Nachweis von Neutronen verwendet wird:
$^{10}_{5}B\,(n, ?)\,^{7}_{3}Li$

3. Mit Hilfe von Graphit kann man sehr langsame Neutronen der Energie 0,0018 eV erzeugen. Berechne ihre Geschwindigkeit!

4. Ein Körper der Masse 1 kg stößt mit der Geschwindigkeit 12 m/s gegen einen ruhenden Körper der Masse m in zentralem, elastischem Stoß.
a) Stelle die Geschwindigkeit v des stoßenden Körpers nach dem Stoß in Abhängigkeit von der Masse m des gestoßenen Körpers graphisch dar!
Abszisse: 1 cm $\triangleq$ 2 kg; Ordinate: 1 cm $\triangleq$ 4 m/s
b) Zeige aus dem Ergebnis von a), daß zur Abbremsung von Neutronen wasserstoffhaltige Substanzen (z. B. Paraffin) besonders gut geeignet sind!

5. Zum Nachweis von Neutronen kleidet man Zählrohre mit Paraffin aus. Warum wäre das Auskleiden mit Blei wirkungslos?

6. Bestimmung der Neutronenmasse durch Photospaltung nach Chadwick: Ein Deuteriumkern zerfällt in seine Bestandteile, wenn man ihn mit γ-Strahlen von mindestens 2,2247 MeV bestrahlt. Berechne hieraus die Masse des Neutrons! (Masse des Protons und des Deuterons siehe Tab. am Ende des Buches)

7. Methode von Libby zur Altersbestimmung: Das radioaktive Kohlenstoffisotop $^{14}_{6}C$ entsteht aus dem Stickstoff der Luft durch Beschuß mit Neutronen der Höhenstrahlung.
a) Stelle die Reaktionsgleichung auf!
b) Warum ist $^{14}_{6}C$ ein β-Strahler? (Halbwertszeit $T = 5760$ Jahre)
c) Das mit CO_2 von den Pflanzen aufgenommene $^{14}_{6}C$ reichert sich so an, daß im Gleichgewicht pro 1 g Kohlenstoff lebender Substanz 12,5 β-Teilchen in der Minute ausgesandt werden. Beim Fällen der Bäume hört der Austausch auf und die Aktivität nimmt ab. Wie alt ist Holz mit 5,3 β-Zerfällen/Minute und pro Gramm Kohlenstoff?
d) Holz aus einem Pharaonengrab gab noch 6,85 β-Zerfälle/Minute. Wie alt ist es?

8. Freie Neutronen zerfallen spontan mit einer Halbwertszeit von rund 13 Minuten.
a) Geben Sie die Umwandlungsgleichung an, aus der man die Zerfallsprodukte ersieht!
b) Nach welcher Zeit sind 99 % der ursprünglich vorhandenen Neutronen zerfallen?

9. Berechnen Sie die Reaktionsenergie der Kernreaktion $^{9}_{4}Be\,(\alpha, n)\,^{12}_{6}C$ aus den Werten der Tabelle von S. 220.

Aufgaben Kapitel 7

7.6.4. Kernreaktionen

1. Trage in einem Koordinatensystem auf der Abszisse die Ordnungszahlen, auf der Ordinate die Neutronenzahlen auf!
   a) Trage folgende Kerne ein: ^1_1H, ^2_1H, ^3_1H, ^4_2He, ^7_3Li, $^{10}_5B$, $^{11}_5B$!
   b) Wo stehen in diesem Koordinatensystem isotope Kerne?
   c) Wo stehen isobare Kerne?
   Verbinde in diesem Koordinatensystem für folgende Kernreaktionen den ursprünglichen und den erhaltenen Kern durch einen Pfeil und ergänze die Gleichung der Kernreaktion:
   d) $^9_4Be\,(p,\gamma)\,^{10}_5B$;   e) $^9_4Be\,(\alpha,n)?$;   f) $^9_4Be\,(p,\alpha)?$
   g) $^9_3Be\,(?,?)\,^{10}_5B$ (mehrere Möglichkeiten!)

2. Löse die Aufgabe Nr. 7.6.4.1 mit der Abwandlung, daß auf der Abszisse die Protonenzahl und auf der Ordinate die Anzahl A der Nukleonen aufgetragen wird!

3. a) Die Kernreaktionen (n, p) und (n, γ) ergeben meist radioaktive Kerne. Welche Strahlen (Positronen oder Elektronen) senden diese Kerne aus? Begründung!
   b) Welche Strahlen (Positronen oder Elektronen) senden die Kerne aus, die durch die Reaktionen (α, n) bzw. (d, n) entstehen? Begründung!

4. Plutonium wird durch folgende Reaktion erzeugt: (Das Zeichen $\xrightarrow{\beta}$ bedeutet dabei β-Zerfall).
   $^{238}_{92}U\,(n,\gamma)\,^?_?U \xrightarrow{\beta} {}^?_?Np \xrightarrow{\beta} {}^?_?Pu$. Ergänze die Gleichungen!

   Durch die Kernreaktion $^{27}_{13}Al(\alpha, n) \to ?$ entsteht ein künstlich radioaktives Isotop, und zwar ein Positronenstrahler mit der Halbwertzeit $T = 2,6$ min.
   a) Welches Radioisotop entsteht?
   b) Was geht bei einer Positronenemission im Kern vor?
   c) Welcher Tochterkern entsteht dadurch?
   d) Wie läßt sich der Zerfallsvorgang in Kurzsymbolik darstellen?

7.6.5. Massendefekt

1. 1 ME (atomare Masseneinheit) = 1 u ist der 12. Teil der Masse des Kohlenstoffisotopes, das 12 Nukleonen hat (^{12}C).
   a) Rechne 1 u mit Hilfe der Avogadroschen Konstante in kg um!
   b) Welche Energie (MeV) stellt die Masse 1 u dar?

2. Berechne aus der Masse des Protons, des Neutrons und des Elektrons die Bindungsenergie je Nukleon (in MeV) für folgende Atomkerne:
   a) ^4_2He (relative Atommasse 4,00260),   b) $^{11}_5B$ (relative Atommasse 11,00931),
   c) $^{56}_{26}Fe$ (relative Atommasse 55,93493),   d) $^{238}_{92}U$ (relative Atommasse 238,05076).

3. Berechne die frei werdende Energie für folgende Reaktion: $^{11}_5B + p \to 3\,^4_2He$.

4. Entscheide, ob folgende Kernreaktionen exotherm oder endotherm sind:
   a) $^7_3Li + p \to 2\,^4_2He$ b) $^{13}_6C + p \to ^{13}_7N + n$
   ^7_3Li hat die relative Atommasse 7,01601, $^{13}_6C$ hat 13,00335, $^{13}_7N$ hat 13,00574.

5. Der Kern $^{13}_{7}N^*$ ist Positronenstrahler mit der Halbwertszeit 9,96 Minuten.
   a) Welcher Kern entsteht beim Zerfall?
   b) Nach welcher Zeit ist die Aktivität eines $^{13}_{7}N^*$-Präparates auf 20 % des Ausgangswertes gesunken?
   c) Berechnen Sie die maximale Energie des ausgesandten Positrons unter der Voraussetzung, daß der zerfallende Kern ruht und die Emission eines Neutrino vernachlässigt werden kann! Siehe Aufg. 7.6.5.4.

7.6.6. Kernspaltung und Fusion

1. a) Zeige aus der Abbildung, daß sowohl bei Fusion von leichten Kernen als auch bei der Spaltung von schweren Kernen Energie frei wird!
   b) Bestimme aus der Zeichnung den Massendefekt des Kerns $^{235}_{92}U$ und den Massendefekt der zwei Bruchstücke mit den Nukleonenzahlen 100 und 135!
   c) Berechne hieraus die für ein Uranatom frei werdende Energie in MeV!

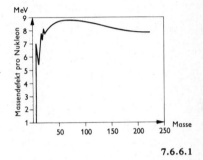

7.6.6.1

2. Berechne aus dem Ergebnis von Aufgabe Nr. 7.6.6.1 c) die Energie, die bei der Spaltung von 1 kg ^{235}U (relative Atommasse 235,04) frei wird a) in MeV, b) in kWh!

3. Bei der Spaltung von ^{235}U durch Neutronen beobachtete man:
   a) $^{235}_{92}U + ^{1}_{0}n \rightarrow ^{144}_{56}Ba + ^{A}_{Z}? + 3^{1}_{0}n$. Ergänze die Gleichung!
   b) $^{235}_{92}U + ^{1}_{0}n \rightarrow ^{144}_{54}Xe + ^{90}_{38}Sr$ + Neutronen. Wie viele Neutronen werden frei?

4. a) Zeige, daß Energie frei wird, wenn man vier Protonen zu einem He-Kern verschmilzt!
   b) Wieviel g Wasserstoff bräuchte man, um auf diese Weise 10^6 kWh Energie zu erzeugen?

8. Relativitätstheorie
8.1. Galilei - Transformation

1. In einem Aufzug läßt man zur Zeit $t = 0$ aus der Höhe $y = 5{,}0$ m einen Körper fallen. Zeichnen Sie das Weg-Zeit-Diagramm für folgende Fälle ($g = 10$ m/s²):
   a) Der Aufzug ist in Ruhe,
   b) der Aufzug bewegt sich mit der konstanten Geschwindigkeit $v = 2{,}5$ m/s nach oben,
   c) der Aufzug bewegt sich mit derselben Geschwindigkeit nach unten,
   d) der Aufzug beginnt sich zur Zeit $t = 0$ mit der Beschleunigung $a = 4$ m/s² nach oben zu bewegen.
   In die Diagramme ist auch das Weg-Zeit-Diagramm des Bodens ($y = 0$) des Aufzugs einzutragen. Abszisse: 5 cm $\triangleq$ 1 s; Ordinate: 1 cm $\triangleq$ 1 m
   e) Berechnen Sie für a) bis d) die Fallzeit!

2. An einem Bahndamm (System S) steht an der Stelle $x = 0$ ein Beobachter. Ein Zug (System S') fährt mit der Geschwindigkeit u vorbei. In ihm ist an der Stelle $x' = 0$ ein Reisender, der sich zur Zeit $t = 0$ am Beobachter vorbei bewegt und in diesem Augenblick einen Gegenstand fallen läßt.
   a) Beschreiben Sie den Vorgang in den Systemen S und S'!
   b) Stellen Sie die Bewegungsgleichungen in den beiden Systemen auf!
   c) Zeigen Sie, daß die im System S' gültige Gleichung durch die Galilei-Transformation $x' = x - ut$ aus der Gleichung des Systems S hervorgeht!
   d) Warum kann der Reisende aus der Fallbewegung keine Aussagen über die Geschwindigkeit des Zuges machen?

3. Die Abbildung zeigt die Bewegung von zwei Güterwagen vor und nach einem elastischen Stoß. Zeigen Sie, daß sich Energie und Impuls durch den Stoßvorgang nicht ändern, und zwar
   a) für einen ruhenden Beobachter,
   b) für einen Beobachter, der sich mit der Geschwindigkeit 1 m/s nach rechts bewegt,
   c) für einen Beobachter, der sich mit der Geschwindigkeit 2 m/s nach links bewegt!
   d) Warum ergibt sich in Fall b) für den Impuls der Wert 0?

4. A, B und C sind drei Inseln (Abb.). $AB = AC = 36$ km. Von A aus fährt das Motorboot 1 nach C und sofort wieder nach A zurück, Motorboot 2 nach B und ebenfalls ohne Aufenthalt wieder nach A zurück.
   a) Nach welcher Zeit kommen die beiden Boote nach A zurück, wenn sie zur selben Zeit wegfahren und das Wasser in Ruhe ist?
   b) Nach welcher Zeit kommt das Motorboot 1 zurück, wenn das Wasser mit der Geschwindigkeit 3 km/h von West nach Ost fließt?
   c) Nach welcher Zeit kommt nach dieser Strömungsgeschwindigkeit das Motorboot 2 nach A zurück?
   d) Welchen Kurs muß der Kapitän des Bootes 2 am Steuerrad einstellen, damit er im Fall c) nach B kommt?

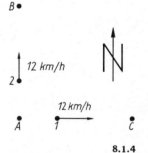

8.2. Lorentz - Transformation

1. Zeichnen Sie das Minkowski-Diagramm für folgende Fälle (Abszisse: 1 cm $\triangleq$ 1 s; Ordinate: 1 cm $\triangleq$ Weg des Lichtes in 1 s):
   a) Ein Lichtstrahl wird zur Zeit $t = 0$ in der x-Richtung ausgesandt.
   b) Ein Lichtstrahl wird zur Zeit $t = 3,0$ s in der x-Richtung ausgesandt.
   c) Der Körper K_1 befindet sich an der Stelle $x = c\,\frac{m}{s} \cdot 4$ s (c = Lichtgeschwindigkeit) in Ruhe.
   d) Der Körper K_2 beginnt zur Zeit $t = 0$ sich von der Stelle $x = c\,\frac{m}{s} \cdot 3$ s auf den Ort $x = 0$ mit der Geschwindigkeit $v = \frac{c}{3}$ hin zu bewegen.

2. Ein Raumschiff entfernt sich mit halber Lichtgeschwindigkeit von der Erde weg. Jede Sekunde wird von der Erde aus ein Radarimpuls nachgesandt, der nach der Reflexion am Raumschiff wieder zur Erde zurückkehrt.
   a) Bestimmen Sie mit Hilfe eines Minkowsidiagrammes den zeitlichen Abstand der zur Erde zurückkehrenden Impulse!
   b) In welchem zeitlichen Abstand folgen die Impulse für einen Beobachter im Raumschiff aufeinander?

3. Zeichnen Sie das rechtwinklige Minkowski-Diagramm des Bezugssystems S und das Diagramm des Systems S', das sich relativ zu S mit der Geschwindigkeit $v = \frac{c}{2}$ bewegt. An Hand dieser beiden Diagramme ist zu zeigen:
   a) Die Ereignisse (x_0, t_1) und $(2x_0, t_1)$, die in S gleichzeitig stattfinden, finden in S' nicht gleichzeitig statt.
   b) Die Ereignisse (x'_0, t'_1) und $(3x'_0, t'_1)$, die in S' gleichzeitig stattfinden, finden in S nicht gleichzeitig statt. Welches der beiden Ereignisse erfolgt in S zuerst?

4. Die Galaxien G_1, G_2 und die Erde liegen auf einer Geraden. G_1 entfernt sich von der Erde mit der Geschwindigkeit $v_1 = \frac{c}{3}$, G_2 bewegt sich mit der Geschwindigkeit $v_2 = \frac{c}{2}$ von der Erde weg. Mit welcher Geschwindigkeit entfernen sich die beiden Galaxien voneinander, wenn a) die Erde zwischen beiden liegt, b) G_1 zwischen der Erde und G_2 liegt?

5. Ein Raumschiff fliegt mit der Geschwindigkeit $v = 0,6\,c$ zu einem 12 Lichtjahre entfernten Gestirn. Berechnen Sie Weg und Flugdauer a) für einen Beobachter auf der Erde, b) für den Astronauten!

6. Wie schnell muß sich ein Meterstab bewegen, damit er für einen ruhenden Beobachter nur noch 90 cm lang ist?

8.3. Masse und Energie

1. a) Ein bewegtes Elektron (Ruhemasse m_0) hat die Masse m. Berechnen Sie seine Geschwindigkeit v!
   b) Betrachten Sie die Grenzfälle $m = m_0$ und $m \to \infty$!

2. Stellen Sie die Masse des Elektrons in Abhängigkeit von $\beta = \frac{v}{c}$ dar!
   Abszisse: 1 cm $\triangleq$ $0,1 \cdot c$; Ordinate: 1 cm $\triangleq$ Ruhemasse m_0.

3. Wie hängt die Geschwindigkeit v eines Elektrons von seiner Energie E ab? Stelle die Geschwindigkeit dieses Elektrons in Abhängigkeit von seiner Energie graphisch dar!
   Abszisse: 1 cm $\triangleq$ $2 \cdot 10^{-14}$ J; Ordinate: 1 cm $\triangleq$ $4 \cdot 10^7$ m/s.

Aufgaben Kapitel 8

4. 1000 Tonnen Wasser werden um 50 K erwärmt.
   a) Wie viele kJ braucht man?
   b) Wie groß ist der Massenzuwachs?

5. Wieviel Energie (in kWh) ist in 1,00 g Masse enthalten?

6. Wenn man von der relativistischen Massenveränderung absieht, gilt für ein Elektron, das die Spannung U durchlaufen hat:

   $$v = \sqrt{\frac{2eU}{m_0}}$$

   a) Zeigen Sie, daß unter Berücksichtigung der relativistischen Massenveränderlichkeit die Formel
   $$\Delta m \cdot c^2 = eU \quad \text{oder} \quad \left(\frac{m_0}{\sqrt{1 - \frac{v^2}{c^2}}} - m_0 \right) \cdot c^2 = eU \quad \text{gilt!}$$

   b) Lösen Sie nach v auf!
   c) Welchen Wert erhält v für $U \to \infty$?
   d) Zeigen Sie, daß die in Frage b) erhaltene Formel für $e \gg v$ in die Formel
   $$v = \sqrt{\frac{2eU}{m_0}} \quad \text{übergeht!}$$
   e) Deuten Sie die Aussagen c) und d)!
   f) Skizzieren Sie für beide Formeln die Abhängigkeit der Geschwindigkeit v von der durchlaufenen Spannung U!

7. Das Elektronensynchrotron DESY beschleunigt Elektronen auf die Energie 6000 MeV = 6 GeV. Berechnen Sie ihre Masse!

8. Die Solarkonstante beträgt ca. 1,4 kW/m², das heißt, daß 1 m² Fläche auf der Erde bei senkrechter Sonneneinstrahlung die Leistung 1,4 kW empfängt.
   a) Welche Leistung gibt die Sonne insgesamt nach allen Richtungen ab? (Entfernung Erde – Sonne $1,5 \cdot 10^8$ km)
   b) Berechnen Sie die Abnahme der Sonnenmasse in einer Sekunde!

9. Die Ruheenergie eines Protons beträgt 938 MeV.
   a) Wie groß ist die kinetische Energie, wenn es sich mit der Geschwindigkeit $\frac{c}{2}$ bewegt?
   b) Welche kinetische Energie (in MeV) muß man ihm erteilen, damit die Masse doppelt so groß wird wie die Ruhemasse?
   c) Berechnen Sie die Geschwindigkeit des Protons im Fall b)!

10. Ein Körper hat die Ruheenergie $W = m_0 c^2$.
    Welche Energie muß ihm zugeführt werden, um ihn
    a) aus der Ruhe auf 90 % der Lichtgeschwindigkeit,
    b) von $0,9\,c$ auf $0,99\,c$,
    c) von $0,99\,c$ auf $0,999\,c$
    zu bringen?

11. Ein Körper hat die Geschwindigkeit $0,2\,c$. Kann seine kinetische Energie noch nach der nicht relativistischen Formel $1/2\, m_0 v^2$ berechnet werden, wenn der Fehler $< 1\,\%$ sein soll?

12. Bei der Spaltung von 1 kg Uran 235 wird die Energie $8,46 \cdot 10^{13}$ J frei.
    a) Welcher Massenabnahme entspricht das?
    b) Wie viele Tonnen Kohle müßte man verbrennen ($E = 3,0 \cdot 10^{10} \frac{J}{T}$), um die Spaltenergie von 1 kg Uran zu erreichen?

Lösungen Kapitel 1

1. Mechanik - Statik

1.1. Meßkunde

1.1.1. Längenmessung

1. a) 530 cm   b) 0,0053 km   c) 53 dm   d) 0,1067 m   e) 1,067 dm
   f) 0,000238 m   g) 0,0238 cm   h) 0,00238 dm   i) 238 μm   k) 238000 nm
   l) 0,00673 cm   m) 67300 nm   n) 0,0000589 cm   o) 0,589 μm

2. Abb.

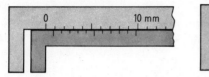 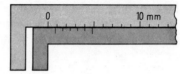

1.1.1.2

3. a) Der Nonius ist 19 mm lang und in 20 Teile geteilt. b) 6,65 mm
4. $164°16'$
5. Der Nonius müßte 99 mm lang und in 100 Teile geteilt sein. Die mechanische Ausführung der Schublehre macht eine Messung auf 0,01 mm unmöglich, so daß eine derartige Genauigkeit sinnlos ist.
6. 1 Parsec = 3,27 Lichtjahre
7. a) $r = \dfrac{a^2 + 3b^2}{6b}$ b) 11,1 cm

1.1.2. Flächenmessung

1. 0,58 mm^2
2. 28,23 cm^2
3. 73,5 cm^2
4. a) 88,33 cm^2 − 93,75 cm^2 b) 91 cm^2 c) 1,63 % bzw. 1,35 %
   d) 2,7 cm^2; 2,97 %

1.1.3. Raummessung

1. a) 403 cm^3 b) 3,6 cm^3; 0,9 %
2. 137 cm^3
3. a) 24,6 cm   b) 1,96 cm
4. 634 cm^3
5. a) 0,116 cm^3 b) 6 mm
6. a) Große Genauigkeit, geringer Meßbereich
   b) Geringe Genauigkeit, großer Meßbereich
   c) Große Genauigkeit, nur eine Messung eines bestimmten Volumens möglich.

7. Größere Genauigkeit wegen des Trichters, für kleine Mengen größere Genauigkeit wegen der Verjüngung am unteren Ende.
8. 1,33 m/s

1.1.4. Masse und Gewichtskraft

1. Wegen der Abplattung und der Rotation der Erde hängt die Gewichtskraft von der geographischen Breite ab.
2. a) 51,12 kg   b) 35,40 kg   c) 131,8 N   d) 0,6 %
3. Masse bleibt konstant, Gewichtskraft wird beim Start sehr viel größer, im freien Flug gleich Null, beim Bremsvorgang wieder sehr groß, auf dem Mond ungefähr 1/6 der auf der Erde.
4. a) In Libreville erhält man mehr,   b) in Hammerfest weniger.
5. a) 765 kg   b) 1,88 kN   c) 1090 kg
6. 0,6 Skalenteile pro mg

1.1.5. Dichte und Wichte

1. a) 4,37 kg/dm³   b) 0,436 cm³   c) 3,13 t/m³   d) 75,6 mg
   e) 3,07 dm³   f) 131,6 g   g) 6,04 g/cm³
2. Abbildung
3. 8,6 g/cm³
4. 1851 cm³
5. 8280 kg;   9225 kg
6. 2,7 g/cm³
7. 0,797 g/cm³
8. 5 µm
9. Nein, $V = 0{,}515$ Liter
10. a) 0,017 cm²   b) 1,5 mm
11. 10,14 N
12. 3455 kg
13. 21,5 g/cm³
14. a) 8,40 g/cm³   b) 0,27 %
15. 125,6 kg
16. 0,0117 N/dm³
17. 52,3 kg
18. 7,4 g/cm³
19. Die Stoffmenge mit der Masse 1 g nimmt bei diesem Stoff das Volumen 0,5 cm³ ein.
20. 9 g

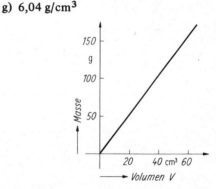

1.1.5.2

1.2. Statik der festen Körper

1.2.1. Federwaage

1. a) Abb.
   b) 0,32 N
   c) 11,2 cm
   d) 3,83 N/m im Mittel
   e) 0,261 m/N
   f) Elastizitätsgrenze.
2. 3,6 cm
3. Abb. (nicht maßstabsgetreu!)
4. 1,43 N/m
5. 0,8 N
6. a) 35,89 cm   b) 36,11 cm

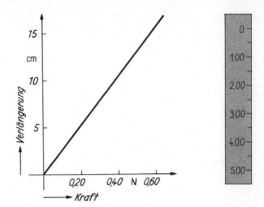

1.2.1.1   1.2.1.3

1.2.2. Reibung

1. a) Abb.   b) $\mu = 0,26$
2. Dasselbe Gewichtsstück G, da die Reibung von der Fläche nicht abhängt.
3. a) $\mu = 0,22$
   b) Die Feder dehnt sich zu Beginn wegen der Haftreibung mehr aus.
4. a) 125 N   b) 27 kN
5. Die Lokomotive muß $\frac{1}{40}$ der Gewichtskraft des Zuges haben.
6. Bei Güterzuglokomotiven wirkt sich die gesamte Gewichtskraft auf die Reibung aus, bei Schnellzuglokomotiven nur der Teil, der auf den Triebachsen lastet.
7. a) Maschinen, Reibung der Wagen beim Zug,
   b) Gehen, Reibung der Lokomotive beim Zug.
8. Bei der gleitenden Reibung verteilt sich die Gewichtskraft auf die Fläche, beim Pfahl verteilt sich aber nicht die Kraft auf die Fläche, sondern sie wächst mit steigender Fläche.
9. Die Haftreibung wird nacheinander für jeden Wagen einzeln überwunden.
10. a) 6 N   b) 1,02 N auf dem Mond, 15 N auf dem Jupiter.

1.2.3. Kräfteparallelogramm

1. a) Gleichgewicht   b) 970 N
2. 1 N
3. a) $R = 5$ N; $\sphericalangle(F_1 R) = 53°8'$
   b) $R = 192,1$ N; $\sphericalangle(F_2 R) = 38°40'$
   c) $F_1 = 346,4$ N; $F_2 = 200$ N

Lösungen Kapitel 1

d) $F_1 = 226{,}6$ N; $\quad F_2 = 105{,}7$ N
e) $78°28'$

4. 58,19 N

5. $101°30'$; $122°40'$; $135°50'$

6. 6,245 N; $51°19'$; $38°41'$

7. 127,6 N

8. 606,5 N; 671,7 N

9. 36 N; 48 N

10. a) 356 N
b) 333 N; 125 N
c) 600 N

11. a) 387 N; 547 N
b) Da AC auf Zug beansprucht ist, kann man dafür ein Seil nehmen.

12. a) In AC 2,08 N, in BC 3,29 N
b) 1,70 N
c) und d) 4,00 N

13. Abb.

14. a) Ja $\quad$ b) $\alpha < 16{,}7°$

15. Kraft auf den Balken = 500 N,
Kraft auf den Boden = 458 N

16. a) 2000 N $\quad$ b) 1985 N $\quad$ c) 1260 N

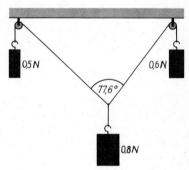

1.2.3.13

1.2.4. Schiefe Ebene

1. a) 2,5 N $\quad$ b) 4,33 N $\quad$ c) 1,71 N und 4,70 N

2. 15 kN

3. $41{,}4°$

4. $\mu = \tan\alpha$

5. a) 35,1 N; 156,2 N $\quad$ b) 50,7 N $\quad$ c) Ja.

6. a) Abb. $\quad$ b) 6,3 kN

7. 3,5 kN

8. 1,256 cm

1.2.4.6

1.3. Arbeit und Leistung

1.3.1. Arbeit

1. 100 000 J
2. 10750 J
3. 2500 kJ
4. 960 J
5. a) 6000 kJ $\quad$ b) 1200 kJ $\quad$ c) 7200 kJ

Lösungen Kapitel 1

1.3.2. Leistung

1. 2 kW
2. 60 s
3. 72 MJ
4. 2880 m³ Wasser
5. 13,9 Stufen pro Sekunde
6. 16 kW
7. 9 kW
8. 174 kJ; 1,81 kW
9. 15 m/s = 54 km/h
10. a) Hangabtrieb = 240 N; Reibungskraft = 180 N
    b) 336 W
11. 5,55 kW

1.3.3. Wirkungsgrad

1. Eine Maschine mit dem Wirkungsgrad $\eta > 1$ wäre ein Perpetuum mobile.
2. 0,469 m³/s
3. a) 0,48
   b) Man erhält 0,8 · 0,6.
4. $\eta_1 \cdot \eta_2 \cdot \eta_3$

1.4. Anwendungen der Statik

1.4.1. Hebelgesetz

1.

	F_1	l_1	F_2	l_2	F_3	l_3	M_1	M_2
a)				2,33 m			70 Nm	70 Nm
b)	0,562 N						0,135 Nm	0,135 Nm
c)		0,25 m	6,5 N					13 Nm
d)						1,46 m	20 Nm	20 Nm
e)	2,8 N						7 Nm	7 Nm

2. Der rechte Arm hat Übergewicht; 200 N am linken Arm.
3. a) 327 N b) 288 N
4. a) 1,5 Nm b) 1,5 cm c) 100 N d) je 1,5 Nm
5. a) 63,3 N b) 90 Nm
6. Untersetzung im Verhältnis Achsenradius zu Radradius.
7. 21,6 cm
8. 1,04 m
9. 1,14 N
10. Senkrecht zur Verbindungslinie Drehpunkt-Handgriff.
11. Bei geschlossenem Schlagbaum ist das rechtsdrehende Moment größer als das linksdrehende Moment. Beim Öffnen wird das rechtsdrehende Moment kleiner und bei senkrechter Lage Null, während das linksdrehende Moment zuerst etwas ansteigt, erst später abnimmt und auch bei senkrechter Lage nicht Null wird. Abb.

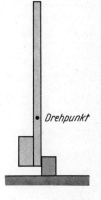

1.4.1.11

Lösungen Kapitel 1

12. Abb.

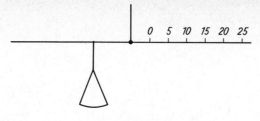

1.4.1.12

13. a) $F_1 \cdot 0,3 = F_2 \cdot \frac{d}{0,48} \cdot 0,03 + F_2 \cdot \frac{0,48-d}{0,48} \cdot \frac{0,12}{0,60} \cdot 0,15$ oder $F_1 = F_2/10$; (d in m)
b) Dreht man den Hebelarm so, daß z. B. D um die Strecke h nach oben verschoben wird, dann finden folgende Verschiebungen statt: C um $h/5$, F um h, G wieder um $h/5$.
c) In a) fällt d heraus.

14. Die wirksamen Hebelarme werden durch die Drehung verändert.

15. 41,9 kN

16. a) 5,2 m   b) 41 N

1.4.2. Parallele Kräfte

1. a) 7,20 N   b) 10 N
2. $F_3 = 13$ N; 1 m vom Angriffspunkt der Kraft 8 N.
3. a) 14 N   b) 37,5 cm
4. 69,3 kN in M; 64,7 kN in N
5. 750 N bzw. 600 N
6. 300 N im Schwerpunkt des Dreiecks
7. In F 60 N, in G und H je 90 N

1.4.3. Schwerpunkt

1. Man zerlegt das Viereck durch eine Diagonale in zwei Dreiecke, bestimmt deren Schwerpunkte und verbindet diese Schwerpunkte. Ebenso für die andere Diagonale. Der Schnittpunkt der Verbindungsgeraden ergibt den Schwerpunkt des Viereckes.
2. Der Schwerpunkt ist 4,33 cm von der Mitte der Basis entfernt.
3. 9,3 cm
4. Abb. Der Schwerpunkt S ist 2 cm von A entfernt.
5. a) 4,6 cm   b) 4,45 cm
6. 91,5 cm
7. $0,4a$
8. 1,97 m
9. a) 571 N bzw. 429 N   b) 1 m

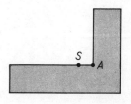

1.4.3.4

Lösungen Kapitel 1

10. 300 N
11. a) 80 N   b) 1200 N   c) 171,6 N   d) 133 N
12. 41,50 N

1.4.4. Gleichgewicht und Standfestigkeit

1. a) Stabil   b) indifferent
2. Stabil und labil
3. Man beugt sich so weit nach vorne, bis der gemeinsame Schwerpunkt von Körper und Rucksack senkrecht über den Füßen ist.
4. 8,24 cm
5. $18°26'$
6. a) 112 N   b) 448 N
7. Breite des Quaders beträgt 0,67 cm. Zum Umwerfen ist in 1,5 m Höhe nur die Kraft 67 N nötig.

1.4.5. Maschinen

1. Abb.
2. a) 240 N   b) 125 m   c) 30 kJ
3. 92,8 %
4. a) 1200 N; 24 kJ   b) 600 N; 24 kJ
5. Bei einer losen Rolle allein muß man nach oben ziehen, was ungünstig ist. Man lenkt die Richtung der Kraft mittels einer festen Rolle um!
6. a) Abb.
   b) 12 m Seil, da jedes der 6 Seile um 2 m verkürzt werden muß.
   c) 2,80 kW
7. 4 Rollen
8. a) Nein   b) 320 N   c) 3 m
9. a) 75 N   b) 110 N
10. a) 3 lose Rollen
    b) 1300 N; 680 N; 370 N; 215 N
11. a) $2R\pi \cdot F$ b) $2R\pi$ c) $2r\pi$
    d) $\frac{2R\pi - 2r\pi}{2}$ e) $(R-r)\pi \cdot L$
    f) $F = \frac{R-r}{2R} \cdot L$
12. a) 500 N   b) Abb.

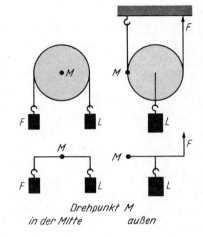

Drehpunkt M
in der Mitte   außen

1.4.5.1

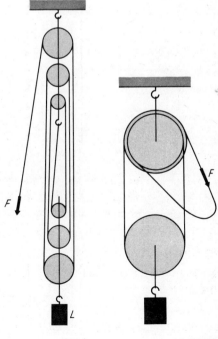

1.4.5.6   1.4.5.12

Lösungen Kapitel 1

1.5. Statik der flüssigen und gasförmigen Körper

1.5.1. Druck

1. a) 0,134 bar
   b) 0,0208 bar
2. 0,26 bar; 0,156 bar; 0,078 bar
3. 300 bar
4. 19,60 kN
5. a) 1,5 bar   b) 150 N
   c) 0,8 cm   d) 1,2 Nm
   e) 150 N
6. a) 20 kN   b) Abb.
7. Das weiche Bett schmiegt sich dem Körper an, die Gewichtskraft des Körpers verteilt sich dadurch auf eine große Fläche, deshalb wird der Druck gering.

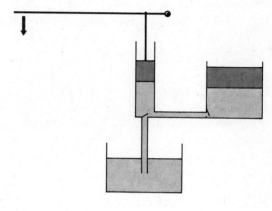

1.5.1.6

1.5.2. Der hydrostatische Druck

1. a) 1,2 bar   b) 0,253 bar   c) 0,213 bar
2. a) 320 m   b) 62 cm
3. 41,6 kN
4. 315 bar
5. a) 6,4 bar   b) 5,2 bar   c) 66 N
6. a) 240 cm^3 b) 150 cm^3
7. a) 45 N bzw. 10 N   b) Das Wasser drückt im linken Gefäß auch nach oben.
   c) 35 N

1.5.3. Auftrieb

1. a) 1,56 kPa   b) 2,34 kPa   c) 3,12 N   d) 4,68 N   e) 1,56 N
2. a) 12,90 N   b) 11,30 N   c) 2,55 cm   d) 1745 Pa   e) 13,7 N
   f) 2,40 N   g) 2,40 N
3. a) 21,5 N/dm^3 b) In Wasser löst sich der Salzkristall auf.
4. 13,6 N/dm^3
5. Der Aluminiumkörper hat 51 cm^3 und wiegt 1,38 N, der Messingkörper hat 50 cm^3 und wiegt 4,24 N.
6. a) $G_1 \cdot \gamma_w : (G_1 - G_2)$ b) $(G_1 - G_3) \cdot \gamma_w : (G_1 - G_2)$
7. a) 891 N   b) 746 N   c) 3,87 kJ   d) nein

Lösungen Kapitel 1

8. 31 N/dm³

9. Der Auftrieb ist gleich der Gewichtskraft der verdrängten Flüssigkeit, deshalb bleibt die Waage im Gleichgewicht.

10. Die Kraft auf die Schaufel c ist größer als die Kraft auf die Schaufel a (größere Tiefe). Es ergibt sich dadurch ein Drehmoment nach links, welches das Drehmoment nach rechts ausgleicht. Das Schaufelrad bleibt in jeder Lage stehen.

11. a) Man läßt den Holzklotz schwimmen, dabei steigt das Wasser um V_1; durch Hinunterdrücken in das Wasser steigt das Wasser um V_2. Wichte $= \gamma_w \cdot \dfrac{V_1}{V_2}$.
    b) Eisen geht unter, die Gewichtskraft kann also nicht festgestellt werden.

12. a) 8 dm³   b) 0,75 kg/dm³

13. 16 kN

14. 0,6 m

15. a) Abb. Bei dünnem Skalenrohr, d. h. bei geringem Querschnitt, braucht man größere Eintauchtiefe, um dieselbe Volumenzunahme (= Zunahme des Auftriebes) zu erhalten wie bei großem Querschnitt.
    b) Die Marken für kleine Wichten befinden sich oben, da in einer Flüssigkeit mit geringer Wichte das Aräometer tiefer eintauchen muß, damit der Auftrieb gleich seiner Gewichtskraft wird.

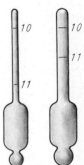

1.5.3.15

16. a) Rechts muß man 0,75 N auflegen.
    b) Das Gleichgewicht bleibt erhalten.

17. a) Durch Drücken wird das Luftvolumen kleiner, dadurch nimmt der Auftrieb ab, der Taucher sinkt.
    b) Kleineres Luftvolumen, da die Wichte von Petroleum kleiner als 9,8 N/dm³ ist.

18. a) Der Wasserspiegel bleibt.   b) Der Wasserspiegel sinkt.

1.5.4. Verbundene Gefäße

1. 4 cm

2. a) 6 cm   b) 0,88 cm

3. a) 8,8 cm   b) 3330 Pa

1.5.5. Molekularkräfte

1.5.5.1

1. a) Abb., Adhäsion überwiegt;
   b) Abb., Kohäsion überwiegt.

2. a) Infolge der Benetzung steigt zunächst die Flüssigkeit am Rand hoch. Zur Verkleinerung der Oberfläche geht sie dann in der ganzen Kapillare nach oben.
   b) Im Docht steigt infolge der Kapillarität die Flüssigkeit hoch.
   c) Säfte ziehen nach oben.
   d) Infolge der Kohäsion bildet sich ein Tropfen, der durch die Adhäsion an der Feder haftet. Bei der Berührung mit Papier sorgt wieder die Adhäsion für das Festhalten der Tinte.

Lösungen Kapitel 1

3. An der Öffnung oben fallen infolge der Adhäsion keine Tropfen ab.
4. Abb.

a) Lamelle   b) keine Lamelle mehr

1.5.5.4

1.5.6. Luftdruck

1. 144 kN
2. 7,87 km
3. a) 9,78 m   b) 9,28 m
4. a) Abb.   b) 3300 m
   c) 720 mbar   d) ca. 8000 m
5. Auf die rechte Seite 0,24 N
6. 9,55 mbar
7. 21,4 kN
8. 0,73 g/cm³

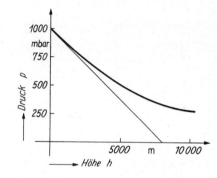

1.5.6.4

1.5.7. Boyle-Mariottesches Gesetz

1. a) 5,01 dm³   b) 0,92 dm³   c) 9,87 dm³   d) 743 mbar
2. 2280 Liter
3. 6 cm
4. Abb.
5. a) 8,4 N/m³   b) 798 mbar
6. 51,4 N
7. 1,59 kg
8. 34,7 cm Wassersäule   40 cm Petroleum
9. a) Der Auftrieb nimmt nach unten hin ab, da die Luft zusammengedrückt wird. Wird der Auftrieb kleiner als die Gewichtskraft, sinkt die Flasche nach unten.
10. a) 10,9 Pa   b) ca. 720 mm

1.5.7.4

1.5.8. Auftrieb in Luft

1. 4,999 N
2. Der aufgeblasene Schlauch erfährt einen Auftrieb, der ebenso groß ist wie die Gewichtskraft der verdrängten Luft.
3. 12 N
4. a) 3,80 kN   b) 1,15 kN

Lösungen Kapitel 2

2. Kinematik und Dynamik

2.1. Gleichförmige Bewegung

2.1.1. Geschwindigkeit

1. a) 65,3 km/h   b) 18,1 m/s
2. a) 48,45 km/h   b) 13,42 m/s
3. 18 m/s
4. 34,9 km/h
5. 11,8 m
6. 1223 km/h
7. a) 1,28 s   b) 500 s
8. 8,54 m/s
9. 2 Knoten ≙ 1,03 m/s
10. 135,4 m/s

2.1.2. Zusammensetzung von Geschwindigkeiten

1. a) ca. SSO   b) 11,8 m/s
2. 6,3 km/h; 0,9 km/h
3. 8,22 min
4. a) Abb.   b) 0,459 bzw. 1,109 m/s
5. 10,12 m/s
6. B

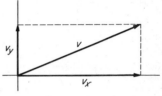

2.1.2.4

2.2. Beschleunigung

2.2.1. Beschleunigte Bewegung ohne Anfangsgeschwindigkeit

1. a) Abb.   b) Abb.   c) $a_1 = a_2 = a_3 = a_4$ d) $a = 0{,}24$ m/s²

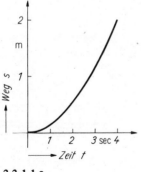

2.2.1.1 a

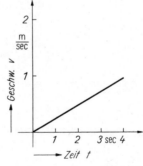

2.2.1.1 b

2. a) 3,8 m   b) 60 s
3. a) 25 s   b) 250 m
4. a) 1,5 m/s²; 300 m
5. $3 \cdot 10^5$ m/s²; $2 \cdot 10^{-3}$ s
6. a) 4,5 m; 8 m; 4,805 m; 4,530 m   b) 3,50 m/s; 3,05 m/s; 3,00 m/s
   c) 3,00 m/s

153

Lösungen Kapitel 2

2.2.2. Beschleunigte Bewegung mit Anfangsgeschwindigkeit

1. Von den 4 × 100 m werden 3 × 100 m in fliegendem Start gelaufen!

2. a) 36 s; 259 m
   b) 1,2 m/s²
   c) 86,4 m

3. a) 1,6 m/s²; 180 m
   b) 2,4 m/s²
   c) 10 s

4. a) Gleichförmig beschleunigte Bewegung mit Anfangsgeschwindigkeit
   b) 0,5 m/s; 1 m/s²   c) Abb.

5. Abb.

6. 34 m/s; 42,5 m/s

7. 3,86 m/s²

8. a) 32 s   b) Abb.

9. a) 2,5 s   b) 6 s; 3,6 m

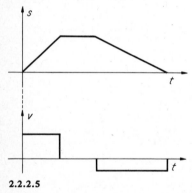

2.2.2.5

2.2.2.4 c

2.2.2.8 b

2.3. Fallbewegungen

2.3.1. Freier Fall

1. a) Die in den Zeitintervallen zurückgelegten Wege steigen gleichmäßig an.
   b) 10 m/s²

2. 7,82 s; 76,8 m/s

3. 1,53 s; 11,45 m

4. a) Abb.   b) 142 m

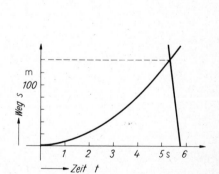

2.3.1.4 a

Lösungen Kapitel 2

5. 14,2 m
6. 1,54 m
7. Abb.

8. a) Abb.   b) 9,79 m/s²
9. 9,72 m/s²
10. 2455 m/s²

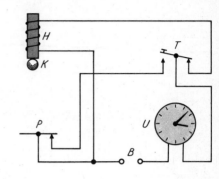

2.3.1.7   2.3.1.8 a

2.3.2. Senkrechter Wurf

1. a) 20 s   b) 1962 m   c) 196,2 m/s   d) 196,2 m/s
2. 40,85 m; 45,8 m
3. 19,6 m/s; 19,6 m
4. Steigzeit $T_1 = \dfrac{v_0}{g}$; Flugzeit $T = \dfrac{2v_0}{g}$; Fallzeit $T_2 = T - T_1 = \dfrac{v_0}{g}$
5. a) Abb.   b) 2,72 s
6. Abb.

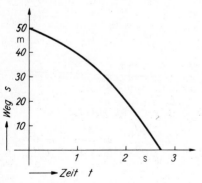
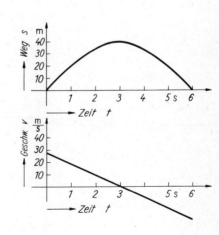

2.3.2.5   2.3.2.6

155

Lösungen Kapitel 2

2.3.3. Horizontaler Wurf

1. Abb.
2. a) Freier Fall   b) hor. Wurf
3. 29,2 m/s; 146 m
4. 5,95 m/s; 7,16 m/s
5. $T = \sqrt{\frac{2h}{g}}$; $v_0 = w \cdot \sqrt{\frac{g}{2h}}$
   $v = \sqrt{w^2 \cdot \frac{g}{2h} + 2gh}$; $\tg \varphi = \frac{2h}{w}$
6. a) 9,48 m   b) 17,4 m

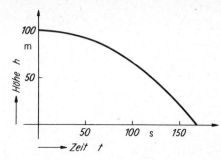

2.3.3.1

2.3.4. Schiefer Wurf

1. a) Abb.   b) 106 m; 46 m; 6,06 s
   c) $(x - 53)^2 = -61,25 (y - 46)$
2. a) 40,2 m; 12 m; 3,12 s
   b) 21,6 m/s; 65°20′; 19,6 m
   c) 98,1 m/s; 850 m; 123 m
   d) 31,5 m/s; 71°40′; 6,06 s
   e) 3°54′ (86°06′); 170 m (36,4 km)
      11,75 s (172,5 s)
   f) 293 m/s; 8,4 km; 47,7 s
   g) 30°40′; 80,5 m; 3,12 s
3. a) 30,5 m/s; 80,6°   b) 34,2 m/s; 81,6°
4. a) 7,2 m   b) Aufsteigender Ast
   c) Abb.   d) Abb.
5. 63,4°; 53°10′
6. $v_0 T - \frac{1}{2} g T^2 = 0$; $v_0 = \frac{1}{2} g T$
   $H = v_0 \frac{T}{2} - \frac{1}{2} g \frac{T^2}{4} = \frac{g}{8} T^2$
7. $g/4$

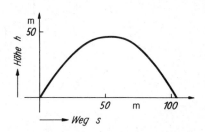

2.3.4.1 a

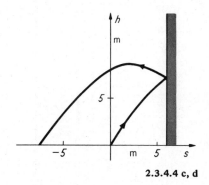

2.3.4.4 c, d

2.4. Newtonsche Gesetze

2.4.1. Kraft – Masse – Beschleunigung ohne Reibung

1. 2 N
2. Sein Schwerpunkt bewegt sich zunächst wegen der Trägheit in der alten Richtung weiter. Weil aber nun die Füße als Unterstützungspunkt wegfallen, beschreibt sein Schwerpunkt die Bahn des horizontalen Wurfes.
3. Der Körper hat bei der Landung wegen der Trägheit der Masse noch eine große Geschwindigkeit in Fahrtrichtung. Da die Blickrichtung entgegengesetzt ist, müßte man sehr schnell rückwärts laufen können!

4. Beim Anfahren schließt sie sich, beim Bremsen geht sie noch weiter auf.
5. Wegen der großen Masse wird die Kraft beim Aufschlag kaum an die Unterlage weitergegeben, weil der Amboß kaum mehr eine Beschleunigung erfährt.
6. Nein.
7. Wegen der Trägheit bleibt das Wasser zurück. Die Luftblase bewegt sich noch schneller nach rechts.
8. Weil dann die beschleunigende Kraft der Gabelspitzen so groß wird, daß die Wursthaut dem entstehenden Druck nicht standhält.
9. 37,3 N
10. a) 25 m/s²   b) 0,05 m/s²   11. a) 20,55 N   b) 0,885 N   c) 155 N
12. a) 0,176 m/s²   b) 0,346 m/s²   c) 0,093 m/s²; 0,184 m/s²   d) 9,9 m/s²
13. a) $4{,}88 \cdot 10^{-2}$ m/s²   b) 21,95 cm   14. a, c, e
15. a) 5 m/s²   b) 350 N   16. a) 1,4 m/s²   b) 15,3 %
17. Als „Gewichtskraft" bezeichnet man die Kraft, mit der die Erde einen Körper anzieht.
18. Weil sich das Gefäß in Richtung des Hangabtriebes beschleunigt bewegt, wirkt in dieser Richtung keine Kraft auf das Wasser. Die Normalkraft wirkt somit als einzige Kraft auf das Wasser. Der Wasserspiegel stellt sich parallel zur schiefen Ebene ein. Der Skifahrer muß senkrecht zum Hang stehen!
19. 4600 N
20. Ein Verzögerungsweg kann auf dem Steinboden nur durch Deformierung des Apfels entstehen.
21. 0,6 m/s
22. A geht nach oben; 0,504 N in A
23. a) In beiden Fällen in derselben Richtung, nämlich in Richtung der bremsenden Bahn.
b) Auch hier wird die Gewichtskraft in beiden Fällen kleiner.
c) Abb. (Die Beschleunigung im Umkehrpunkt ist nicht definiert).

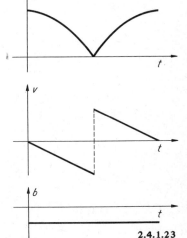

2.4.1.23

24. a) 29,4 m/s   b) 44,1 m   c) 86,4 N

2.4.2. Kraft – Masse – Beschleunigung mit Reibung

1. a) 4,85 m/s   b) 12,37 s   c) Abb.
2. 50,4 km/h
3. a) 2,62 s   b) 2,88 s
4. a) 8,5 s   b) 8,5 s
5. a) 250 N   b) 1231 N

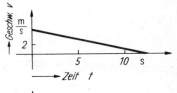

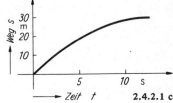

2.4.2.1 c

Lösungen Kapitel 2

2.4.3. Beschleunigung auf der schiefen Ebene

1. 2,54 m/s²
2. a) 3,99 m/s² b) 17,96 m c) 11,97 m/s d) 0,501 s
3. 30°
4. 8°48′
5. 11,55°
6. $s = 2r\cos\alpha$; $a = g\cos\alpha$; $t = \sqrt{\frac{2s}{a}} = \sqrt{\frac{4r}{g}}$, also unabhängig von α
7. 0,613 m/s²
8. $a = g \cdot \text{tg}\alpha$
9. a) 14,04° b) $\text{tg}\alpha = \mu$, also unabhängig von G
10. 0,327

2.5. Arbeit, Leistung und Energie

2.5.1. Arbeit

1. 1961 J
2. a) 0,4 m/s² b) 20 J c) 60 J
3. a) 500 J
   b) Für die Berechnung der Arbeit ist nur die Wegkomponente in Kraftrichtung, also senkrecht nach oben, maßgebend.
4. a) $63 \cdot 10^6$ Nm b) $1,05 \cdot 10^8$ Nm
5. a) Abb. b) Aus der Dreiecksfläche
   c) 1 Nm d) 0,25 Nm

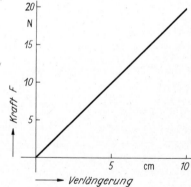

2.5.1.5

2.5.2. Leistung

1. 540 m³
2. a) 10 kW b) 90 km/h
3. 115400 m³
4. 20,0 kW
5. 6,28 m/s; 5880 J; 1,96 kW
6. 2,6 ‰
7. a) 534 N b) 6288 W
8. 5,89 kW
9. 7,91 W; 22,9 %
10. 56,6 kW
11. 760 N 12. $P = 0,6 (27,8 - 0,5 t)$; t in s, P in kW

Lösungen Kapitel 2

2.5.3. Lagenenergie – Bewegungsenergie

1. 73,5 J
2. 0,136 m
3. 34 300 J
4. a) Abb.

   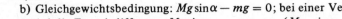

   2.5.3.4 a

   b) Gleichgewichtsbedingung: $Mg\sin\alpha - mg = 0$; bei einer Verschiebung um die Strecke s wird die Energiedifferenz: $Mg\sin\alpha \cdot s - mg \cdot s = (Mg \cdot \sin\alpha - mg) \cdot s$; der erste Faktor ist Null, also auch die Energiedifferenz.

   c) Kugel auf horizontaler Ebene, feste Rolle im Gleichgewicht.
5. a) 0,66 m/s²   b) 3 m   c) 6 J   d) 2 m/s   e) 6 J
6. a) $2,4 \cdot 10^5$ J   b) 0,067 kWh
7. $3 \cdot 10^{-14}$ J; $3,3 \cdot 10^{13}$
8. 13 500 kg
9. 3,99 m/s
10. 350 J
11. a) 0,833 m/s²   b) 24 s   c) $3,6 \cdot 10^7$ J   d) $\mu = 0,25$

2.5.4. Energieumwandlung

1. Lagenenergie – Bewegungsenergie – Verformungsenergie – Bewegungsenergie – Lagenenergie – usw. Energieverluste durch Luftreibung und innere Reibung bei Verformung.
2. a) 71 J   b) 71 J   c) 1006 m/s   d) 10^{-2} s
3. a) $0,001 \, h \cdot \rho \cdot g$;   b) Kin. Energie: $0,0005 \, \rho v^2$ c) $v = \sqrt{2 \cdot h \cdot g}$
4. 1,37 m/s²
5. a) 0,25 m/s²; 2,5 m/s; 12,5 m   b) 62,5 J   c) 62,5 J
6. 11500 N
7. a) 1,45 m/s²; 2,41 m/s   b) 0,0725 J   c) 0,0725 J   d) 0,0725 J
8. Abb.
9. 29,4 J
10. a) 0,48 s; 1,81 m   b) 28,25 J
11. a) $\dfrac{E\sin^2\alpha}{mg}$ b) $\dfrac{4 \cdot E \sin 2\alpha}{m \cdot g}$
    c) $\dfrac{2 \cdot \sin\alpha}{g} \cdot \sqrt{\dfrac{2 \cdot E}{m}}$
12. a) 10 m
    b) Lagenenergie – Bewegungsenergie – Lagenenergie
    c) 14,1 m/s
13. 1,48 m

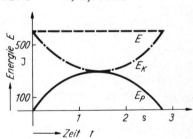

2.5.4.8

Lösungen Kapitel 2

14. Abb.

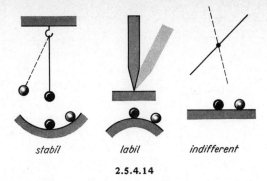

stabil labil indifferent

2.5.4.14

2.6. Impuls

2.6.1. Impuls und Kraftstoß

1. $[\,\text{kg} \cdot \frac{\text{m}}{\text{s}^2} \cdot \text{s}\,] = [\,\text{kg} \cdot \frac{\text{m}}{\text{s}}\,]$
2. a) 0,2 mkg/s b) 0,04 m/s c) 4 m/s² d) 0,04 m/s
3. 50 mkg/s; 0,05 m/s;
4. 0,166 m/s
5. a) 7 m/s b) −1 m/s c) 5 m/s
6. 3,5 m/s
7. a) 3 m/s b) 360 N
8. a) Gesamtimpuls bleibt erhalten b) Energie wird größer
9. a) 36,5 m/s; 18,25 m/s b) 31,6 m/s c) 44,7 m/s

2.6.2. Unelastischer Stoß

1. a) 2,14 m/s b) 43 J
2. 158 m/s
3. a) $\frac{m_1}{m_1+m_2} \cdot v$ b) $\frac{m_1 \cdot v^2}{2} - \frac{m_1+m_2}{2} \cdot \frac{m_1^2 v^2}{(m_1+m_2)^2} - \frac{1}{2} v^2 \cdot \frac{m_1 m_2}{m_1+m_2} = \frac{1}{2} M v^2$
4. a) 6,28 m/s b) 4,09 m/s c) 837 m/s² d) 384 000 N
   e) 3840 J f) 384 000 N
5. a) 67,5 N/m² b) 135 N/m²

2.6.3. Elastischer Stoß

1. a) 30 mkg/s b) (−7,5 + 37,5) mkg/s
2. a) 20 t b) −1 m/s
3. $F = m \frac{v}{t}$ ist gleichbedeutend mit $F = ma$

Lösungen Kapitel 2

4. a) 16 m/s   b) 36 g
5. a) $(2m)v = (2m)v$; und $(2m)\frac{v^2}{2} = (2m)\frac{v^2}{2}$
   b) $m \cdot 2v = (2m)v$; aber $m \cdot \frac{(2v)^2}{2} \neq 2m\frac{v^2}{2}$
6. $m \cdot v_1 = m \cdot u_1 + mu_2$

   $\underline{m \cdot v_1^2 = m \cdot u_1^2 + m \cdot u_2^2}$

   $(u_1 + u_2)^2 = u_1^2 + u_2^2$

   $2u_1 u_2 = 0$; Da aber $u_2 \neq 0$ ist, muß $u_1 = 0$ sein.
7. $\frac{m}{2}v_1^2 = \frac{m}{2}v_2^2$; daraus folgt $|v_1| = |v_2|$
8. $2v_1$
9. a) $v = 0$ b) $v = 0$ c) Gesamte Energie wird abgegeben
10. 2 : 1
11. Im zweiten Fall fährt der Wagen
12. $2N \cdot m \cdot v$
13. Siehe Lösung 2.6.3.6

2.7. Kreisbewegung

2.7.1. Winkelgeschwindigkeit

1. 11,07
2. Abb.
3. a) $63{,}7\ \text{s}^{-1}$ b) 0,0157 s
4. a) $0{,}1454 \cdot 10^{-3}\ \text{s}^{-1}$ b) $1{,}745 \cdot 10^{-3}\ \text{s}^{-1}$ c) $0{,}1045\ \text{s}^{-1}$
5. 464 m/s
6. 232 m/s
7. $72{,}8 \cdot 10^{-6}\ \text{s}^{-1}$
8. a) 5 bzw. 2 gleiche Marken auf einem Kreis.
   b) Auch bei 40 bzw. 100 Umdrehungen scheint die Scheibe zu stehen.
9. a) Mittlere Punktreihe scheint zu stehen, äußere und innere drehen sich langsam.
   b) In Motorrichtung; $15\ \text{s}^{-1}$
   c) Gegen die Drehrichtung des Motors; $17{,}5\ \text{s}^{-1}$

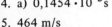

2.7.1.2

2.7.2. Zentralkraft

1. Der Körper des Fahrgastes will seine ursprüngliche Bewegungsrichtung beibehalten. Nicht er drückt gegen die Wand, sondern die Wand kommt auf ihn zu und drückt ihn in die Kurve!

Lösungen Kapitel 2

2. $l = v \cdot t$; $s \cdot (s + 2r) = v^2 t^2$; $s^2 + 2s \cdot r = v^2 t^2$; $s^2 \approx 0$!
$s = \frac{v^2 t^2}{2r}$; außerdem ist $s = \frac{1}{2} a \cdot t^2$; somit: $a = \frac{v^2}{r}$

3. a) 160 N b) 26,67 N
4. a) $T = 0,266$ s b) 1,9 s
5. 0,063 N
6. a) 1325 N b) 1990 J
7. a) 10 m/s b) 0,638 s^{-1} c) 2400 N
8. a) 63,5° gegen Lot b) 3920 N
9. a) $\sqrt{rg}$ b) $\sqrt{5rg}$ c) $6m \cdot g$ d) $2,5r$ vom Boden
10. $2,5r$
11. a) Hor. Wurf b) 27,4 m/s c) 195 J d) 416 N
12. a) $\frac{20 m_1}{m_1 + m_2}$ cm; $\frac{20 m_2}{m_1 + m_2}$ cm b) labil!
13. a) $\sqrt{2rg(1 - \cos\alpha)}$ b) $m \cdot g(3\cos\alpha - 2)$ c) 48°15'

2.7.3. Zentralkraft im Kräfteparallelogramm

1. 3,47 s; Bei größerem Öffnungswinkel muß die Geschwindigkeit größer sein; dadurch wird die Umlaufsdauer wieder gleich.
2. 10,52 m/s
3. 54°45'
4. 29,7 m/s
5. a) 8 cm b) 13 kN
6. In westlicher
7. Schräg nach oben auf die Drehachse zu, weil die warmen Flammengase entgegen der Resultierenden aus Schwerkraft und Zentrifugalkraft steigen.

2.8. Gravitation und Raumfahrt

1. a) 4,992 N; 4,850 N b) 33 km
2. 5500 kg/m³
3. 0,167 N
4. a) Abb. b) $27,8 \cdot 10^6$ Nm
5. a) 7,53 m/s² b) 7,39 km/s
6. 7,86 km/s

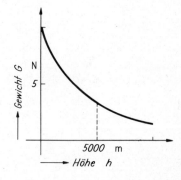

2.8.4

7. $\gamma \cdot \dfrac{m_1 M}{r_1^2} = m_1 \cdot \dfrac{4\pi^2}{T_1^2} r_1 ; (1) \qquad \gamma \cdot \dfrac{m_2 M}{r_2^2} = m_2 \cdot \dfrac{4\pi^2}{T_2^2} r_2 ; (2)$

Durch Divison der beiden Gleichungen (1) : (2) erhält man: $r_2^3 : r_1^3 = T_2^2 : T_1^2$

8. 129 Tage
9. a) $2 \cdot 10^{30}$ kg   b) $1{,}35 \cdot 19^9$ m; $1{,}53$ kg/dm³   c) 294 m/s²
10. a) 1,624 m/s²   b) 113 N   c) 5,9 mal so groß
11. 6 Erdradien
12. 1680 Tage
13. $1{,}9 \cdot 10^{27}$ kg
14. $11 \cdot 10^{30}$ kg
15. a) 1,87 Jahre   b) 0,71 Jahre

2.9. Dynamik der Flüssigkeiten

1. Mit zunehmendem Fallweg der Flüssigkeitsteilchen wird deren Geschwindigkeit immer größer. Die größere Strömungsgeschwindigkeit hat einen kleineren Querschnitt zur Folge.
2. a) Bei 1 und 3 sind die Strömungsgeschwindigkeiten gleich, bei 2 muß sie größer sein.
   b) Von 1 nach 2: Beschleunigung, von 2 nach 3: Verzögerung.
   c) Von 1 bzw. 3
3. 0,3 m
4. $h \cdot \rho \cdot g = \frac{1}{2} \rho v^2 ; \quad v = \sqrt{2gh}$
5. Nach oben

3. Schwingungen – Wellen – Akustik

3.1. Schwingungen

3.1.1. Harmonische Schwingungen

1. a) 0,754 m/s; 0 m/s² b) 0 m/s; 4,75 m/s²
   c) 0,654 m/s; 2,4 m/s²
2. a) Hookesches Gesetz b) $s = 0,05 \sin 4t$ c) 1,57 s
   d) 4,32 N; 3,68 N e) 0,008 J
3. $s = 0,1 \sin(7t + \frac{\pi}{2})$
4. a) und b) 3,97 s
5. a) $F = -(2g\rho q)y$ b) 0,77 s c) 30 g
6. a) 0,925 s b) 0,017 J c) 0,017 J d) 0,27 m/s e) 1,053 s
7. Vgl. Lösung 3.1.1.5!
8. $F = -(q\rho g)\cdot y$; $D = q\rho g [\text{N/m}]$; $T \sim \frac{1}{\sqrt{q}}$
9. In Alkohol; $T \sim \frac{1}{\sqrt{D}}$ und $D \sim$ Auftrieb
10. + 10,4 cm
11. + 3,09 cm; − 4,88 m/s²; $3,66 \cdot 10^{-2}$ N
12. a) 0,127 s b) 0,198 m/s c) $9,81 \cdot 10^{-5}$ J d) 1,25 g
13. 3,14 m/s; 9,850 m/s²

3.1.2. Mathematisches Pendel

1. Wegen des Auftriebes wird die rücktreibende Kraft kleiner, die Schwingungsdauer somit größer.
2. Die magnetische Anziehung vergrößert die rücktreibende Kraft, nicht aber die Masse des Pendelkörpers.
3. Wird zu klein, weil $\frac{\sin \alpha}{\text{arc } \alpha} < 1$ ist.
4. 0,0257 N; 0,42 N/m
5. 9,77 m/s²
6. a) $g = \frac{4\pi^2 d}{T_1^2 - T_2^2}$

   b) Der Abstand des nicht genau erfaßbaren Schwerpunktes vom Aufhängepunkt ist nicht so genau zu messen wie eine Verkürzung des Fadens.
7. 93 s
8. $\frac{mg}{l}$
9. a) 2,94 m b) 3,44 s
10. 0,204 m
11. a) 1,45 s b) Abb.

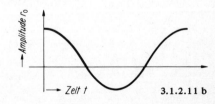

3.1.2.11 b

12. a) $v = r_0 \omega$, also $v \sim r_0$
    b) $F \cdot \Delta t = mv = mr_0 \omega$
    c) $I \cdot \Delta t \sim F \cdot \Delta t = mr_0 \omega$, d.h. $I \cdot \Delta t \sim \gamma_0$
13. a) $x = \frac{1}{2}$; $y = -\frac{1}{2}$
    b) $T = C \cdot \sqrt{\frac{l}{g}}$
14. a) Abb.
    b) $\log y$ wird eine Gerade mit der Steigung x, die um $\log C$ nach oben verschoben ist.

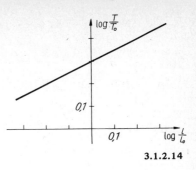

3.1.2.14

3.1.3. Physikalisches Pendel

1. 11,65 s
2. Die Verschiebung des Schwingungsmittelpunktes wird kleiner als die Verschiebung des Pendelkörpers. Dadurch wird eine genauere Regelung ermöglicht.

3.1.4. Koppelschwingungen, Resonanz

1. Wenn es die Pendeltür eine Zeitlang in der Frequenz ihrer Eigenschwingung anstößt.
2. Abb. Seite 166
3. a) Es erfolgt Energieaustausch gemäß Aufgabe 3.1.4.2 a. Die Amplitude des Pendels II wird kleiner. Der Energieaustausch erfolgt um so rascher, je enger die Koppelung ist.
   b) 0,21 m/s; 5 cm
4. Beim Tragen von langen Stangen kann man bei geeignetem Schritttempo starke Schwingungen erzielen. – Brücken können durch marschierende Kolonnen zum Einsturz gebracht werden, wenn die Schrittfrequenz mit der Eigenfrequenz der Brücke übereinstimmt. – Kritische Geräusche je nach Motorfrequenz beim fahrenden Auto.

3.1.5. Überlagerung und Interferenz von Schwingungen

1. Abb. Seite 166
2. $91°9'$
3. a) 7,3 cm   b) $18°20'$
4. Abb. Seite 166
5. a) 24 s   b) 16 bzw. 15
6. a) $\gamma = 4 \cdot \sin 240 \pi t + 2 \cdot \sin 480 \pi t + \sin 720 \pi t + 0,5 \cdot \sin 960 \pi t$;
   b) Phasenlagen sind nicht berücksichtigt.
7. Abb. Seite 166
8. a) 1,1,0   b) 2/3, 1,0   c) 1, 1, $\frac{\pi}{2}$ d) 2, 1, $\frac{\pi}{2}$
   e) 2/3, 1, $\frac{\pi}{3}$ f) 2/3, 2, —   g) 3/2, 2   h) 2/3, 5

Lösungen Kapitel 3

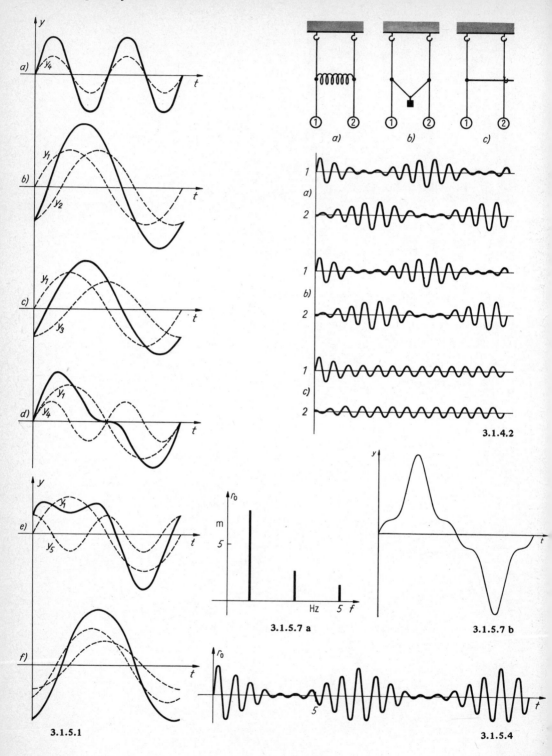

3.1.5.1

3.1.4.2

3.1.5.7 a

3.1.5.7 b

3.1.5.4

3.2. Wellen

3.2.1. Querwellen

1. Abb.
2. Abb.
3. 1,014 m
4. 1,5 m/s
5. 0,4 m
6. a) Bei geeigneter Frequenz eine stehende Seilwelle.
   b) Die Teilchen eines Bauches haben gleiche Frequenz und gleiche Phasen, aber verschiedene Amplituden. Benachbarte Bäuche haben entgegengesetzte Phasen.
   c) Wird halb so groß.
7. a) $y = 0{,}0287 \cdot \sin \frac{2}{3}\pi t$ b) $24°$
8. a) 4 m   b) 0,75 s
   c) $\frac{5}{4}\pi$; $-7{,}07$ cm   d) 73,8 cm

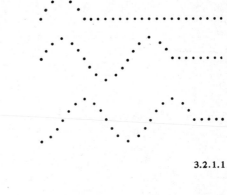

3.2.1.1

3.2.1.2

3.2.2. Fortschreitende Längswellen

1. Abb. $\frac{5}{4}\pi$
2. a) 3,18 mm   b) 0,47 m
3. a) $0, 2\pi, 4\pi, \ldots$ b) $\pi, 3\pi, 5\pi, \ldots$
4. 5500 m/s
5. $1{,}82 \cdot 10^{11}$ N/m²

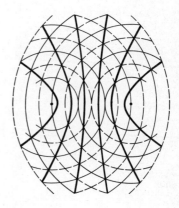

3.2.2.1

3.2.3. Überlagerung von Wellen, Interferenz

1. $270°$; $\frac{3}{4}\lambda$
2. Abb.
3. 11 Maxima, 12 Minima
4. a) Für das nähere Geländer ist der Sehwinkel größer. Deshalb erscheinen die Abstände seiner Stäbe größer. Deutet man die Stäbe als Wellenberge, so hat das nähere Geländer eine etwas größere Wellenlänge. Die Überlagerung der beiden ergibt eine Schwebung.
   b) Wenn man sich nähert, wird $"f_2 - f_1"$ größer, und die Verdichtungen rücken zusammen.

3.2.3.2

Lösungen Kapitel 3

3.2.4. Reflexion von Wellen, stehende Wellen

1. 0,5 Hz; 3 Hz; 4 Hz

2. a) Bei der fortschreitenden Welle haben alle Teilchen gleiche Frequenz und gleiche Amplitude, aber verschiedene Phasen.   b) Bei der stehenden Längswelle haben alle Teilchen zwischen zwei benachbarten Knoten gleiche Phase und gleiche Frequenz, aber verschiedene Amplituden. Die Wellenlänge der fortschreitenden Welle ist der Abstand zweier nächstgelegener gleichphasig schwingender Teilchen. Bei der stehenden Welle bildet der Abstand eines Knotens vom übernächsten die Wellenlänge.

3. Siehe 3.242!

4. a) Der Schatten jedes Punktes der Schraube beschreibt eine harmonische Schwingung. Die Gesamtheit der Schattenpunkte hat gleiche Amplituden, gleiche Frequenz, aber verschiedene Phasen.   b) Der Schatten der einzelnen Punkte des Drahtes beschreibt je eine harmonische Schwingung. Die Schattenpunkte haben wie bei der stehenden Welle gleiche Phase und Frequenz, aber verschiedene Amplituden. Die Schnittpunkte mit der Abszissenachse bilden die Knoten.

5. Abb.   6. Abb.   7. Abb.

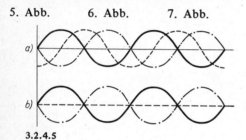

3.2.4.5

8. 2,80 Hz

3.2.5. Huygenssches Prinzip

1. Abb.   2. a) Abb.   b) 40°30'

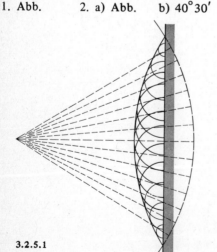

3.2.5.1

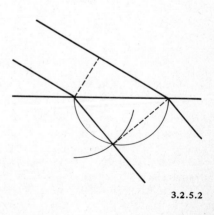

3.2.5.2

3. a) Abb.   b) 59°21′   c) 41°49′   4. 994 m/s   5. Abb.

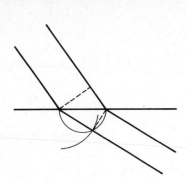
3.2.5.3 a

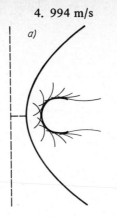
a)

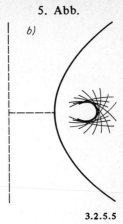
b)

3.2.5.5

6. Kreis mit Radius 1 cm um den zweiten Brennpunkt.

3.3. Akustik

3.3.1. Hörbare Schwingungen

1. 21,25 m; 0,0189 m
2. a) 0,425 m   b) 1,813 m
3. 2567 m
4. 442 Hz
5. Die Frequenz der Schmetterlingsflügel liegt unterhalb der Hörgrenze.

3.3.2. Intervalle

1. 10,14 Oktaven
2. a) 18,3 Umdrehungen/s   b) 30 bzw. 36 Löcher
3. a) 4; 5; 6; 8 Löcher   b) 240; 300; 360 und 480 Hz
   c) C-Dur
4. Quint
5. 714 Hz
6. 3 Oktaven und eine Quint
7.

	c^1	d^1	e^1	f^1	g^1	a^1	h^1	c^2
a)	264	297	330	352	396	440	495	528 Hz
b)	262	294	330	349	392	440	494	523 Hz

8. Ungefähr in C-Dur
9. a) 720 Hz bzw. 320 Hz   b) eine Oktave und eine Sekunde

Lösungen Kapitel 3

10. a) f in fis, c in cis b) h in be, e in es, a in as
11. 352 Hz, d. h. f^1
12. Abb. Die Abstände der Noten bilden eine arithmetische Folge, ihre Frequenzen eine geometrische Folge.

C^1 C^2 C^3
264 528 1056 Hz

3.3.2.12

3.3.3. Tonerreger

1. a) 330 Hz b) e^1
2. a) Abb. b) 3. Oberschwingung
3. a) 40 cm b) 48 cm
   c) 53,3 cm e) 41,7 cm
4. Abb.
5. 330 Hz
6. g^1, d^2, g^2, h^2
7. a) 1,934 m b) 0,483 m c) 0,387 m
8. a) 0,1934 m b) 0,242 m c) 1,03 m
9. a) 0,258 m b) 0,515 m
10. 15 : 12 : 10
11. a)

	Wellenlänge	Frequenz
Offene Pfeife		
Grundton	1,2 m	283 Hz
1. Oberton	0,6 m	567 Hz
2. Oberton	0,4 m	850 Hz
Gedeckte Pfeife		
Grundton	2,4 m	142 Hz
1. Oberton	0,8 m	425 Hz
2. Oberton	0,48 m	709 Hz

b) Offene Pfeife: 1142 Hz, gedeckte Pfeife: 571 Hz
c) Abb.

3.3.3.2 a

(Diagramme: 0, $\frac{T}{8}$, $\frac{T}{4}$, $\frac{3}{8}T$, $\frac{T}{2}$, $\frac{5}{8}T$)

3.3.3.4

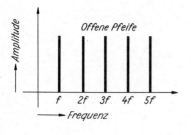
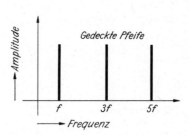

3.3.3.11

Lösungen Kapitel 3

12. a) Abb.   b) $f = \dfrac{7500}{l^2}$
    c) 4,1 cm   d) 153 Hz

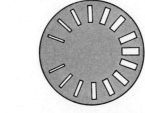

3.3.3.12 a

3.3.4. Überlagerung und Interferenz von Schallwellen

1. Abb.
2. Auslöschung für 944 bzw. 2833 Hz, Verstärkung für 1890 bzw. 3780 Hz.
3. Abb. Es ergibt sich ein Ton, dessen Lautstärke sich periodisch ändert, d.h. eine Schwebung.
4. a) Interferenz   b) $\lambda = 2$ cm   c) Abb.
5. Abb.
6. 4 Schwebungen/s
7. 6800 Hz

3.3.4.1

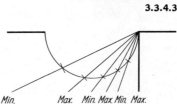

3.3.4.3

3.3.4.4   3.3.4.5

3.3.5. Stehende Schallwellen

1. a) 343 m/s   b) 0,975 m
2. 443 m/s
3. 3710 m/s
4. 5000 m/s und 1280 m/s

3.3.6. Dopplereffekt

1. a) 12 Minuten und 8,57 Minuten
   b) Abb.

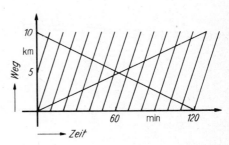

3.3.6.1 b

Lösungen Kapitel 3

2. a) Abb.   b) Abb.   c) Abb.   d) Abb.

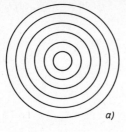
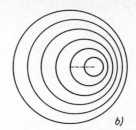
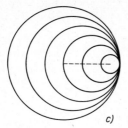
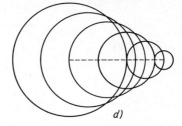

3.3.6.2

3. a) 0,002 s   b) 0,68 m   c) 0,04 m   d) 0,64 m   e) 531 Hz
4. 1052 Hz bzw. 953 Hz
5. 1050 Hz bzw. 950 Hz
6. 9/8, d. h. eine Sekunde
7. Mit einer Geschwindigkeit von 1,232 m/s gegen die Stimmgabel mit 550 Hz
8. 20 Schwebungen/s.

4. Optik

4.1. Eigenschaften des Lichtes

4.1.1. Lichtgeschwindigkeit

1. Das Licht braucht für die Strecke $2 \cdot AB$ die Zeit $1{,}33 \cdot 10^{-4}$ s. Die Reaktionszeit der Beobachter ist um ein Vielfaches größer.
2. a) $c = 4snz$ \qquad b) $3{,}13 \cdot 10^5$ km/s
3. a) Bis das Licht den Weg s hin- und zurückläuft, hat sich der Spiegel etwas gedreht und das Spaltbild wird etwas verschoben.
   b) nach links (im Gegensinn zum Spiegel) \qquad c) $c = \dfrac{8\pi nsr}{d}$ [m/s]

4.1.2. Photometrie

1. a) 50 lx \qquad b) 12,5 lx
2. a) Abb. \qquad b) 1,92 lx \qquad c) 2,83 m
3. 1,265 m
4. 13,3 cd
5. a) Verschiebung nach rechts \qquad b) 9,41 cd
6. 1,76 lx
7. 60°

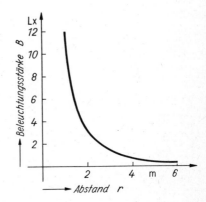

4.1.2.2 a

4.2. Reflexion

4.2.1. Ebener Spiegel

1. 2ϑ
2. Abb.
3. a) $\beta = 2\alpha$ \qquad b) $\beta = 90°$; bzw. $\beta = 180°$; Abb.
4. 2 m/s

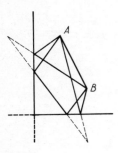

4.2.1.2

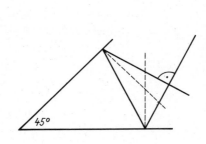

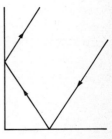

4.2.1.3 b

Lösungen Kapitel 4

5. Jede der beiden Scheiben erzeugt ein virtuelles Bild. Abstand der beiden virtuellen Bilder = 2 · Abstand der Scheiben.

6. 184 cm

7. $6^h 37^{min}$ bzw. $18^h 37^{min}$

4.2.2. Hohlspiegel

1. Abb.

2. Die Lichtquelle muß vom Spiegel weg in den Brennpunkt verschoben werden.

3.

	g	b	f	r	G	B
a)		40	30			4
b)			51,9	103,8	10	
c)	3480		54,2	108,4		
d)		∞		60		∞
e)	100	25	20			

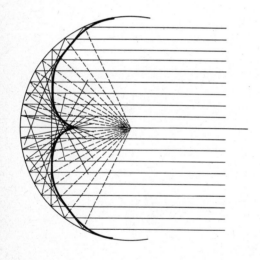

4.2.2.1

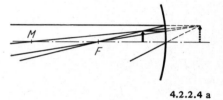

4.2.2.4 a

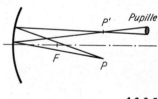

4.2.2.5

4. a) Abb. b) -3 cm; 1,5 cm

5. Abb.

6. $xy = f^2$

7. $b = \dfrac{2g}{g-2}$; Abb.

8. a) 0,155 m b) 0,153 m

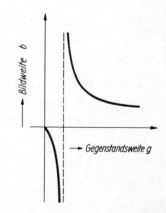

4.2.2.7

4.2.3. Erhabener Spiegel

1. a) Abb. Seite 176   b) − 3,07 cm; 0,77 cm
2. − 11,25 cm; 2,5 cm

4.3. Brechung

4.3.1. Brechung an ebenen Flächen

1. a) Abb. Seite 176   b) 32,0°; 40,4°; 47,6°
2. a) Abb. Seite 176   b) 1,53
3. Der Speer geht über den Fisch hinweg.
4. a) Abb. Seite 176   b) 2,56 cm
5. a) 1,59   b) Abb. Seite 176
6. 37,8°
7. 225 000 km/s
8. a) Abb. Seite 176   b) Der Stern steht tiefer.

4.3.2. Totalreflexion

1. a) Abb. Seite 176   b) 41,8°
2. a) Abb. Seite 176   b) 40,8°
3. a), b) Abb. Seite 176   c) Die Strahlen werden vertauscht.

4.3.3. Linsen

1.

	g	b	f	D
a)			+ 26,7 cm	+ 3,75
b)		20,8 cm		+ 5,0
c)		− 12,7 cm		− 5,0
d)		− 12,5 cm		+ 2,0
e)	10,34 cm		+ 10 cm	

2. $g_1 = 20$ cm, $g_2 = 480$ cm; $B_1 = 240$ cm, $B_2 = 0,417$ cm
3. Die Strahlen des Bündels treffen sich auch dann im Bildpunkt, wenn nicht alle ausgezeichneten Strahlen vorhanden sind.
4. 18,67 cm
5. 18,8 cm. Die Linsengleichung ist in g und b symmetrisch. Vergleiche Aufgabe Nr. 4.3.2.2!
6. Abb. Seite 176

Lösungen Kapitel 4

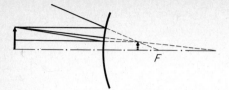

4.2.3.1

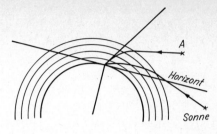

4.3.1.8

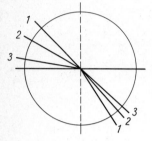

4.3.1.1

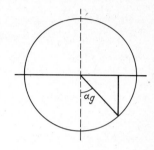

4.3.2.1

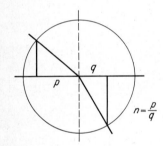

4.3.1.2

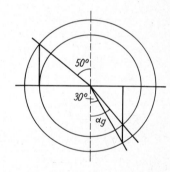

4.3.2.2

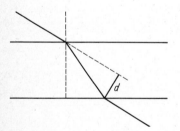

4.3.1.4

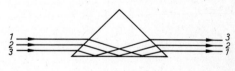

4.3.2.3

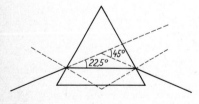

4.3.1.5

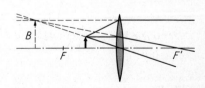

4.3.3.6

7. Das virtuelle Bild entsteht nicht als Schnitt von Strahlen, sondern als Schnitt der gedachten Verlängerungen von Strahlen. Da sich die Strahlen selbst nicht schneiden, geben sie auf einem Schirm kein Bild. Man kann sie aber durch eine Linse konvergent machen und dadurch zum Schnitt bringen, d. h. auf der Photoplatte ein Bild entstehen lassen.

8. 5,6 mm

9. Die Bildgrößen stehen im Verhältnis 1 : 3, da das Bild praktisch in der Brennebene steht und die Brennweiten sich wie 1 : 3 verhalten.

10. a) 36 cm b) ∞
    c) -60 cm

11. 1 : 12 500

12. a) Abb. b) $b = 6{,}67$ cm

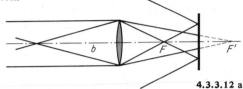

4.3.3.12 a

13. a) Aus der Ähnlichkeit der Dreiecke ergibt sich
    $(b - f) : f = f : (g - f)$
    oder
    $\frac{1}{g} + \frac{1}{b} = \frac{1}{f}$ Abb.
    b) $g = b = 2f$
    c) Senkrechte Gerade durch P, wobei $g = f$ und $b \to \infty$.

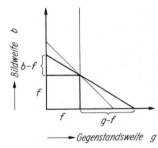

4.3.3.13 a

4.3.4. Linsensysteme

1. $-0{,}74$ m

2. a) Abb. b) 10 cm von der Sammellinse entfernt (virtuelles Bild), Bildgröße 20 cm.

3. a) Abb. b) 34,3 cm hinter der zweiten Linse

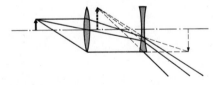

4.3.4.2 a

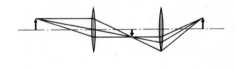

4.3.4.3 a

4.4. Optische Geräte

4.4.1. Der Photoapparat

1. a) Linse, veränderliche Blende
   b) Beim Photoapparat hat die Linse konstante Brennweite, aber die Bildweite ist veränderlich, während beim Auge die Bildweite konstant ist und die Brennweite der Linse verändert wird. Infolge der Füllung des Auges mit einer Flüssigkeit befinden sich auf beiden Seiten der Linse verschiedene Medien.

2. 132 cm   3. 44,4 cm^2 4. ∞

Lösungen Kapitel 4

5. a) Abb. Bildgröße B ist proportional f.
b) Bei der Gummilinse kann f verändert werden, d.h. man kann einen Gegenstand vom gleichen Standpunkt aus in verschiedenen Größen aufnehmen (sog. Fahreffekt).

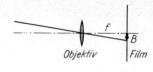

4.4.1.5 a

6. a) 8,94 mm, 62,7 mm^2
b) 123 mm^2 bzw. 250 mm^2

7. $\frac{1}{47}$ s; man wählt $\frac{1}{50}$ s;

8. a), b), c) Abb.   d) Bei kleiner Blende ergibt sich ein schmales Bündel.
e) Abblenden erhöht die Tiefenschärfe.

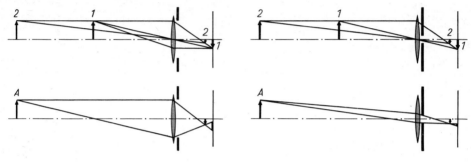

4.4.1.8

9. a) ∞   b) ca. 2,25 m

4.4.2. Projektor

1. a) Abb.
b) Abb. Vom Dia wird nur ein kleiner Teil abgebildet.
2. 123 mm, Bildgröße 88 × 131 cm^2

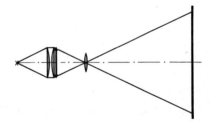

4.4.2.1 a

4.4.3. Lupe

1. 5 cm
2. Vergrößerung $V = \dfrac{\text{deutliche Sehweite}}{\text{Brennweite der Lupe}}$.

Bei einem Kurzsichtigen ist die deutliche Sehweite und damit V klein, bei einem Weitsichtigen groß.

3. a) 33″   b) 5,5′

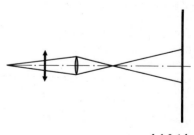

4.4.2.1 b

178

4.4.4. Mikroskop

1. a) Das Bild ist 1 cm groß und 11 cm vom Objektiv entfernt.
   b) Abb. c) 125 d) 0,23°
   e) 26,5° f) 115

4.4.4.1 a

2. a) 10,6 mm b) 292

4.4.5. Fernrohre

4.4.5.1 b

1. a) 10 b) Abb. c) 26,6°
   d) 10 × 30

2. Abb.

3. a) Abb. b) 4

4.4.5.2

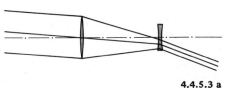
4.4.5.3 a

4. Die Lichtstärke wird mit wachsendem Objektivdurchmesser größer.

5. a) $2,87'$ b) $1,2°$

6. a) 182,25 cm b) 12,97 cm

7. a) Abb. b) 6 c) $d = 3$ mm
   d) Vergrößerung $= \dfrac{F}{f} = \dfrac{D}{d}$.

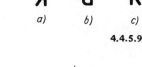
4.4.5.7 a

8. a) Verkürzen b) Verkürzen

9. Abb.

10. 60fache Vergrößerung

11. a) 2,04 mm b) $2,78 \cdot 10^6$ mal größer

12. Der Lichtstrom wird zwar 100 mal so groß, er verteilt sich aber auf die 100fache Fläche der Netzhaut.

     Я   Я   R
     a)   b)   c)
4.4.5.9

4.5. Wellenoptik

4.5.1. Medium und Wellenlänge

1. 393 nm

2. Abb. 402 nm

3. $f_{rot} = 8,33$ cm, $f_{blau} = 7,82$ cm

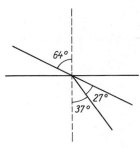
4.5.1.2

Lösungen Kapitel 4

4. 0,029 %
5. Abb.

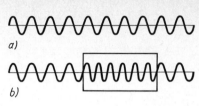

4.5.2. Interferenz

1. 582 nm
2. Abb.
3. a) Periodischer Wechsel von Helligkeit und Dunkelheit.
   b) 590 nm

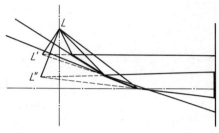

4.5.1.5

4.5.3. Interferenz an dünnen Schichten

1. Dunkelheit

4.5.2.2

2. Je dicker die Schicht, desto mehr Farben des Spektrums werden durch Interferenz ausgelöscht. Die verbleibenden Farben ergeben die Mischfarbe Weiß. Werden nur wenige Farben ausgelöscht, dann treten fahle Mischfarben auf. Wird nur Licht einer Wellenlänge ausgelöscht, dann bleibt als Mischfarbe die Komplementärfarbe übrig. Bei der schwarzen Stelle ist die Schicht bereits so dünn, daß der Wegunterschied für jede Farbe Null wird und der Phasensprung die Auslöschung bewirkt. Vergleiche Aufgabe Nr. 4.5.3.3.

3. a) 800; 533; 400 nm   b) 800; 640; 533; 457; 400 nm
   c) 800; 712; 640; 582; 533; 492; 457; 427; 400 nm

4. Konzentrische Kreisringe

5. Ein sehr stumpfer Kegel

6. a) 1,617 mm   b) 1,14 mm; 1400 mm

7. a) 0,775 mm; 1,095 mm; 1,342 mm   b) 300 nm; 600 nm; 900 nm

8. 589 nm

9. Die Radien der Ringe werden kleiner (vergleiche Aufgabe Nr. 4.5.3.6), außerdem werden noch helle und dunkle Ringe vertauscht, da der Phasensprung sowohl bei der Reflexion an der Linse als auch bei der Reflexion an der Platte auftritt.

10. 0,00715 mm

4.5.4. Doppelspalt

1. 676 nm
2. 680 nm
3. a) 26,7 mm   b) 18,3 mm
4. Das System der Interferenzstreifen wandert nach oben, da das Plättchen eine Phasenverzögerung bewirkt.

Lösungen Kapitel 4

4.5.5. Spalt

1. a) $7'44''$
   b) Minimum, da sich dann die Strahlen von II und III paarweise auslöschen.
   c) Maximum, da der Gangunterschied der Strahlen von I und III gleich λ ist.

2. a) 1,8 cm   b) Abb.

3. 400 nm

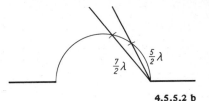

4.5.5.2 b

4.5.6. Gitter

1. a) Abb.   b) Maxima für $0°$; $14,5°$; $30,0°$; $48,7°$

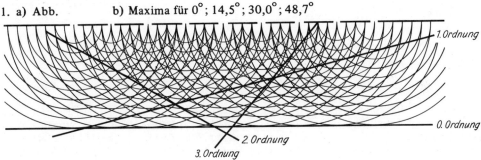

4.5.6.1 a

2. a) Abb.
   b) Es ergeben sich Spektren, die sich in den höheren Ordnungen überlagern.
   c) Abb.

3. a) 588 nm   b) gelb

4. a) Der Abstand der Maxima voneinander wird größer.
   b) Maximum 1. Ordnung für $90°$
   c) Es tritt nur noch das Maximum 0. Ordnung auf, d. h. die Einhüllende der Elementarwellen.

5. a) Die Wellenlänge in Wasser ist kleiner als die in Luft.
   b) 4/3

6. a) Keine Veränderung   b) Keine Veränderung
   c) Der Abstand der Maxima wird größer.

4.5.6.2 a

4.5.6.2 c

4.5.7. Auflösungsvermögen

1. a) $1,26''$ b) 2,1 cm

2. a) $1,04'$; $2,5'$; $6,5'$
   b) Je höher die Ordnung, desto größer ist der Abstand der beiden D-Linien voneinander.

Lösungen Kapitel 4

4.5.8. Polarisation

1. Strahl 2: polarisiert, $\vec{E}$ in der Zeichenebene
   Strahl 3: polarisiert, $\vec{E}$ in der Zeichenebene
   Strahl 4: nicht vorhanden
   Strahl 5: polarisiert, $\vec{E} \perp$ Zeichenebene
   Strahl 6: polarisiert, $\vec{E} \perp$ Zeichenebene
   Strahl 7: polarisiert, $\vec{E} \perp$ Zeichenebene

2. a) $58{,}0°$ b) $32{,}0°$

3. In der optischen Achse keine Doppelbrechung, ordentlicher und außerordentlicher Strahl fallen zusammen.

4. a) Abb. Die Parallelität läßt sich an der Symmetrie der Anordnung erkennen.

$$c = \frac{c_{\text{Luft}}}{2 \cdot \sin \alpha}$$

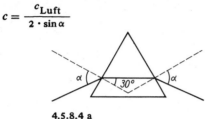
4.5.8.4 a

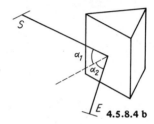
4.5.8.4 b

b) Sender und Empfänger müssen parallel zur Tischplatte sein. (Abb.) Man verschiebt S und E immer so, daß $\alpha_1 = \alpha_2$ und zwar solange, bis E keine Strahlung mehr anzeigt.

Dann gilt: $\alpha_1 = \alpha_2 = \alpha_0$ und $c = \dfrac{c_{\text{Luft}}}{\tan \alpha_0}$.

4.5.9. Dopplereffekt beim Licht

1. 18 300 km/s

2. 60 000 km/s

3. a) Der Saturn rotiert.   b) Abb.
   c) Die inneren Teile des Ringes rotieren mit größerer Geschwindigkeit als die äußeren. Der Ring kann also in sich nicht starr sein.

4.5.9.3 b

4. a) In der Stellung BB' bewegt sich Stern B von der Erde weg, Stern B' auf die Erde zu. Das Licht von B zeigt eine Verschiebung nach rot, das Licht von B' eine Verschiebung nach violett. In der Stellung AA' tritt keine Komponente der Geschwindigkeit in der Visierlinie auf.   b) ca. 60 km/s

4.5.10. Elektromagnetisches Spektrum

2. Man nehme farbiges Papier (rotes, grünes, blaues usw.), zeichne einen schwarzen Strich darauf und betrachte es dann durch ein Prisma. Je nach der Farbe des Papieres treten verschiedene Spektralfarben auf, d. h. die Spektralfarben werden durch die Farbe des Papieres hervorgerufen.

3. Abb.

4. ca. 60 Oktaven

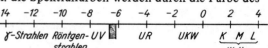
4.5.10.3

5. Wärmelehre

5.1. Temperatur

5.1.1. Temperaturmessung

1. Die Empfindlichkeit ist größer, da sich bei gleichem Temperaturunterschied die größere Menge Flüssigkeit mehr ausdehnt.
2. 44,9 °C
3. Keine Materie!

5.1.2. Längenausdehnung

1. 0,0000214/K
2. 1,68 cm
3. 24 cm
4. 28,534 m
5. a) Zu klein   b) 0,36 ‰
6. 0,000023/K
7. Beton und Eisen haben gleiche Längenausdehnungszahl, außerdem ist die Festigkeit von Eisen größer.
8. 5 : 2
9. 22,1 cm²

5.1.3. Raumausdehnung von festen und flüssigen Körpern

1. Eine Flüssigkeit hat keine Länge.
2. a) Für ein Rechteck mit den Seiten a_0 und b_0 (bei 0 °C) gilt: $a_0 \cdot b_0 = f_0$. Bei ϑ °C ergibt sich die Fläche $a_\vartheta \cdot b_\vartheta = f_\vartheta = a_0 \cdot (1 + \alpha\vartheta) \cdot b_0 \cdot (1 + \alpha\vartheta) = a_0 \cdot b_0 \cdot (1 + \alpha\vartheta)^2 = f_0(1 + 2\alpha\vartheta + \alpha^2\vartheta^2) \approx f_0(1 + 2\alpha\vartheta)$, da $\alpha^2\vartheta^2$ sehr klein ist. $2\alpha =$ „Flächenausdehnungszahl".

   b) Ebenso gilt für die Raumausdehnung:
   $V_\vartheta = a_0(1 + \alpha\vartheta) \cdot b_0(1 + \alpha\vartheta) \cdot c_0(1 + \alpha\vartheta) \approx V_0(1 + 3\alpha\vartheta)$

3. Zuerst dehnt sich das Glas aus, dann erst das Quecksilber.
4. 732,4 mm
5. 53,6 cm³ pro Tag
6. $d_\vartheta = \dfrac{d_0}{1 + \beta\vartheta}$
7. a) 13,595 g/cm³   b) 13,351 g/cm³
8. 0,000222 1/K
9. 0,00037 1/K
10. Geringer Meßbereich, außerdem ist die Temperaturangabe zwischen 0 °C und 8 °C nicht mehr eindeutig. Abb.

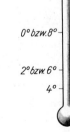

5.1.3.10

Lösungen Kapitel 5

5.1.4. Raumausdehnung von Gasen

1. a) $0{,}00369 \; 1/K = \frac{1}{271} \; 1/K$
   b) Nein
   c) Gase haben keine Form, also auch keine Länge. Nur durch die Form des Gefäßes zeigt sich die Raumausdehnung als Längenänderung.

2. a) $3{,}84 \; dm^3$ b) $4{,}92 \; dm^3$ c) $3{,}07 \; dm^3$ d) $10{,}8 \; dm^3$ e) $3{,}61 \; dm^3$

3. $309°C$

4. a) $0{,}001213 \; g/cm^3$ b) $0{,}000947 \; g/cm^3$
   c) $0{,}001483 \; g/cm^3$

5. $16{,}1 \, \%$

6. Der große Luftraum dehnt sich stark aus.

7. Das Volumen eines Gases dehnt sich um $1/303$ des Volumens bei $30°C$ aus.

8. Abb.

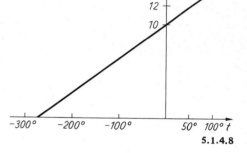

5.1.4.8

5.2. Allgemeines Gasgesetz

1. Das Gas wird vom Zustand 1 (p_1, V_1, T_1) in den Zustand 2 (p_2, V_2, T_2) übergeführt.
   1. Schritt: Boyle-Mariotte: $p_1 \cdot V_1 = p_2 \cdot V$, wobei $V =$ Volumen bei T_1 und p_2.
   2. Schritt: Gay-Lussac: $\frac{V}{T_1} = \frac{V_2}{T_2}$. Durch Elimination von V ergibt sich $\frac{p_1 \cdot V_1}{T_1} = \frac{p_2 \cdot V_2}{T_2}$.

2. a) $257 \; cm^3$ b) $199 \; cm^3$

3. $0{,}26$ bar

4. a) $5 \; dm^3$ b) $360 \; K = 87°C$

5. a) 294 mm   b) $44°C$
   c) Für die Temperatur erhält man einen zu kleinen Wert.

6. $27{,}8$

7. a) $p \cdot V = 1300 \cdot T$ b) $p \cdot V = 41{,}6 \cdot T$

8. $22{,}4 \; m^3$

9. $0{,}000746$ g

10. a) $376 \; cm^3$ b) $0{,}0334$ g

11. 856 mbar

12. $M_1 : \rho_1 = M_2 : \rho_2$, wobei M die relativen Molekülmassen und ρ die Dichten sind. $M : \rho =$ Molvolumen.

13. Nein. Die Gleichung $\frac{p \cdot V}{T} =$ const. geht bei konstantem Druck in die Gleichung $\frac{V}{T} =$ const. über, was eine Ausdehnungszahl $1/273$ ergibt.

14. $0{,}91 \; m^3$; $0{,}0357$ kmol;

15. $R = 8313 \; \frac{\text{Joule}}{\text{kmol} \cdot \text{K}}$

Lösungen Kapitel 5

5.3. Wärme und Energie

5.3.1. Wärmemenge

1. a) 522 kJ   b) 13 kJ
2. 12,8 MJ
3. 30°C
4. 24,3°C
5. 75,5 GJ
6. 20°C
7. 21,7°C; Wärmeverluste an die Umgebung.
8. 9,7 g
9. Bei der Mischung gilt: $m_1(\vartheta_m - \vartheta_1) = m_2(\vartheta_2 - \vartheta_m)$ = Hebelgesetz. Abb.

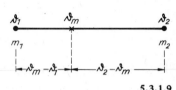

5.3.1.9

5.3.2. Spezifische Wärmekapazität

1. a) 5238 J   b) 39,6°C   c) 2,35 GJ   d) 0,39 J/(g · K)
2. 27,2 kJ
3. 0,385 J/(g · K); das Ergebnis wird größer, d. h. der gemessene Wert war zu klein.
4. 2,39 J/(g · K)
5. 895°C
6. a) In beiden Fällen braucht man 1,89 J um 1 cm³ um 1 K zu erwärmen.
   b) 5,7 J/K

5.3.3. Schmelzen und Verdampfen

1. Abb.
2. 3,14 MJ
3. 335 J/g
4. 11,8 kg

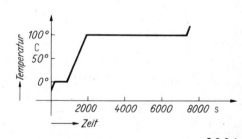

5.3.3.1

5. a) Kondensationswärme = $\dfrac{c_w \cdot m_1(\vartheta_2 - \vartheta_1) - c_w \cdot m_2(100 - \vartheta_2)}{m_2}$

   b) Die Kondensationswärme wird zu groß.
6. a) 168 kJ   b) 373 kJ   c) 1,5 MJ
7. 239 Liter pro Stunde
8. 62,5 g Eis

Lösungen Kapitel 5

5.3.4. Ausbreitung der Wärme

1. Metall ist ein guter Wärmeleiter und leitet die von der berührenden Hand zugeführte Wärme schnell ab, während die Polsterung isoliert.
2. Geringe Absorption der eingestrahlten Wärme.
3. a) Die Luft zwischen den Fenstern isoliert gut.
   b) Die leitende Luft fällt auch noch weg.
4. Die Konvektion wird geringer, da die Luft zwischen den Haaren nicht dem Wind ausgesetzt ist.
5. a) Das warme Wasser steigt infolge der Konvektion nach oben, wodurch das Eis rasch schmilzt.
   b) Das warme Wasser bleibt oben.
6. Es wird mehr Energie absorbiert.
7. Das berußte Gefäß strahlt mehr Wärme ab und kühlt sich dadurch schneller ab.
8. Die kalte Luft sinkt durch Konvektion nach unten, so daß sich im Laufe der Zeit die ganze Luft abkühlt.

5.3.5. Dampfdruck

1. a) Abb.
   b) 91°C
   c) Aus der Abbildung ist zu ersehen, daß eine Dampfdruckerniedrigung eine Siedepunktserhöhung hervorbringt.

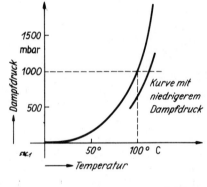

5.3.5.1 a

2.

	Röhre 1	Röhre 2	Röhre 3
a)	Hg bleibt in gleicher Höhe	Hg sinkt	Hg bleibt in gleicher Höhe
b)	Hg bleibt in gleicher Höhe	Hg steigt	Hg bleibt in gleicher Höhe

3. Bei höherer Temperatur werden die Speisen schneller gar.

5.3.6. Spezifische Wärmekapazität von Gasen

1. a) 917 J   b) 1289 J   c) 0,00366 m   d) 371 Joule
   e) 372 Joule = 1289 J − 917 J
2. Die festen Körper dehnen sich nur sehr wenig aus.
3. 1,01 J/(g · K)
4. 1045 mbar

5.3.7. Isotherme und adiabatische Vorgänge

1. Die Temperatur des Gases ändert sich nicht, d. h., die Energie wird der Umgebung entnommen.
2. a) - d) Abb.   d) und e) 1230 cm³
3. 0,61
4. $-11°C$
5. Beim einatomigen Gas ändert sich die Temperatur stärker.
6. Die an der Wand reflektierten Atome erhalten höhere Geschwindigkeit.

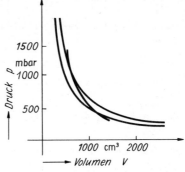

5.3.7.2

5.3.8. Wärme und Arbeit

1. 1795 Tonnen pro Tag
2. a) 0,153   b) 0,364   c) 0,57
3. $\eta = \dfrac{T_1 - T_2}{T_1} = 1 - \dfrac{T_2}{T_1}$ wird mit steigendem T_1 größer.
4. 0,192
5. $7 \cdot 10^7$ kW
6. a) 125,60 kN   b) 113,00 kJ   c) 132 kW
7. 190°C
8. a) 196,2 Joule   b) 187,2 Joule
   c) Die Temperaturerhöhung von Pb ist infolge der sehr geringen spez. Wärmekapazität größer als die anderer Metalle.

Lösungen Kapitel 6

6. Magnetismus und Elektrizität

6.1. Magnetische Grundtatsachen

1. a) Die Nägel werden durch Influenz magnetisch. Die Köpfe haben gleichnamige magnetische Pole.
   b) Die Köpfe ziehen sich an und bilden eine Brücke von Pol zu Pol.

2. Man legt sie in Form eines T zusammen. Wenn sie haften, ist der Längsbalken des T der Magnet, wenn nicht, so ist der Querbalken des T der Magnet.

3. Der Weicheisenstab wird durch Influenz magnetisiert, die Kompaßnadel stellt sich entsprechend der Polung des Weicheisens ein. Polfolge: N – S – N – S – N – S.

4. a) Parallele zu AD bzw. BC.
   b) Nicht definiert.

5. Abb.

6. a) Eine Feldlinie gibt an, welche Richtung das vorhandene Feld in jedem seiner Punkte hat. Ein Feld kann aber in einem Punkt nicht zwei Richtungen gleichzeitig haben. Bei Überlagerung von Feldern ist in jedem Punkt die Resultierende die Feldrichtung.
   b) Für den Einmündungspunkt gilt dasselbe wie in a).

6.1.5

7. Deklination: An keinem Pol definiert. Inklination: An den magnetischen Polen 90°, an den geographischen nahezu 90°.

8. Jeweils zwischen magnetischem und geographischem Pol.

6.2. Die Wirkungen des elektrischen Stromes

6.2.1. Die magnetischen Wirkungen des Stromes

1. Anwendung auf einen bestimmten Feldpunkt ergibt immer gleiche Ergebnisse.

2. Kreisbahn um den Leiter.

3. Der rechts gelegene.

4. Nach rechts.

5. Bei Tastendruck in T wird Stromkreis I eingeschaltet und Anker A_1 angezogen. Dadurch wird Stromkreis II eingeschaltet und Schreibstift S an den Papierstreifen gedrückt. (Abb.)

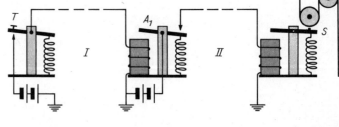

6.2.1.5

Lösungen Kapitel 6

6. Drehmagnet pendelt hin und her, dadurch wird der große Eisenkern dauernd ummagnetisiert.
7. Der eine der beiden stromführenden Leiter liegt im Magnetfeld des anderen. Wendet man die Schrauben- und die UVW-Regel an, so ergibt sich im ersten Fall Anziehung, im zweiten Fall aber Abstoßung.
8. a) Magnetfeld — Erdanziehung b) Spannfeder — Drahtspannung
   c) Magnetische Abstoßung — Spiralfeder d) Magnetfeld — Spiralfeder
   e) Wie d).
9. Je größer die rücktreibende Kraft, desto kleiner wird die Empfindlichkeit.
10. Die Empfindlichkeit ist groß, wenn schon bei kleinsten Strömen ein Ausschlag erfolgt; die Genauigkeit ist groß, wenn der angezeigte Betrag mit dem wirklichen möglichst genau übereinstimmt.
11. Er wird mit steigender Empfindlichkeit kleiner.
12. Bei Weicheiseninstrumenten. Sie sind für Wechselstrom brauchbar.
13. Die Richtung des einen Feldes ist durch den permanenten Magneten unveränderlich. Die Richtung des Zeigerausschlages ist deshalb von der Stromrichtung abhängig.
14. a) 3,43 A b) 0,95 A c) 0,171 A d) 0,038 A e) 1,71 mA
    f) 380 V   g) 171 V   h) 95 V   i) 17,1 V   k) 3,8 V

6.2.2. Chemische Wirkungen des Stromes

1. 1880 s
2. 0,5 A
3. 2,5 A
4. a) 25 mA b) 1,508 g
5. Der Strom kommt durch die transportierten Ladungen zustande. Ein zweiwertiges Ion trägt aber 2 Ladungen. Bei gleicher Stromstärke werden deshalb an zweiwertigen Ionen nur halb so viele benötigt wie bei einwertigen.
6. 3,6 g
7. a) 0,0898 mg/C b) 495 A
8. $4,82 \cdot 10^4$ C
9. 1,04 mg/C
10. $9,65 \cdot 10^7$ C/kmol; $1,6 \cdot 10^{-19}$ C
11. $\ddot{A} = 0,0936$, also sehr klein, weil die Wertigkeit $z = 3$ und außerdem die relative Atommasse sehr klein ist.

Lösungen Kapitel 6

6.3. Galvanische Elemente

1. 0,49 V; Pb
2. Spule wird abgestoßen
3. An der Anode entsteht PbO_2, und diese wird nachher + Pol.
4. Ladung: Anode: $PbSO_4 + SO_4^- + 2 H_2O \rightarrow PbO_2 + 2 H_2SO_4 + 2 e^-$
   Kathode: $PbSO_4 + 2 H^+ \rightarrow Pb + H_2SO_4 - 2 e^-$
   Entl.: + Pol: $PbO_2 + 2 H^+ + H_2SO_4 + 2 e^- \rightarrow PbSO_4 + 2 H_2O$
         − Pol: $Pb + SO_4^- \rightarrow PbSO_4 + 2 e^-$
5. Aus Lösung 6.3.4 ist zu sehen, daß beim Ladevorgang H_2SO_4 aufgebaut, bei der Entladung aber abgebaut wird. Entsprechend wird die Dichte größer bzw. kleiner.

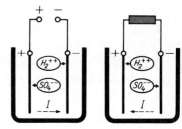

6.3.4

6.4. Der Stromkreis (Gleichstrom)

6.4.1. Der Widerstand

1. $\frac{U}{I} =$ const. ist Naturgesetz. Die Konstante R für einen Leiter wurde als dessen Widerstand definiert.
2. $0,939 \; \Omega \cdot mm^2/m$
3. a) $170 \; \Omega$ b) $320 \; \Omega$
4. $0,31 \; \Omega$
5. $0,00159 \; \Omega$
6. 0,005 mm
7. Wird 16 mal so groß.
8. 167
9. a) $1 \; k\Omega$ b) $4 \; k\Omega$
10. 378 kg; die 4fache Menge
11. Höchstens $5,51 \cdot 10^{-10} \; \Omega$
12. Der Draht ist 59 m lang.

6.4.2. Ohmsches Gesetz

1. 5,5 A
2. $100 \; \Omega$
3. a) 147 mA   b) 0,47 mA   c) 12 V   d) $3,29 \; k\Omega$ e) $521 \; \Omega$
   f) 6570 V   g) $19,65 \; \Omega$
4. $6,67 \; \Omega$

Lösungen Kapitel 6

6.4.3. Widerstände in Reihe

1. a) 13,75 V b) Kreis ist unterbrochen c) Erhöhte Belastung!
2. 62,7 V
3. a) 3 A b) 0,1 V/m = 1 mV/cm
4. a) 8,5 Ω b) 28,4 Ω
5. a) 70 V b) 14 Ω
6. 40 Ω
7. 20 870 Ω
8. 94,5 kΩ
9. 49 900 Ω; 200 kΩ; 500 kΩ; 750 kΩ
10. Nein. Ein Widerstand besitzt nur bei Stromfluß einen Spannungsabfall.
11. $2{,}65 \cdot 10^{-8}$ A/Skt.

6.4.4. Innerer Widerstand

1. 0,0094 Ω
2. a) 2,3 Ω; 0,425 Ω b) 4,7 V; 0,109 Ω
3. 0,05 Ω; 40 A
4. 2 V; 0,1 Ω
5. Je größer der Außenwiderstand, desto kleiner wird der innere Spannungsabfall, desto weniger unterscheidet sich die gemessene Klemmenspannung von der Urspannung.
6. a) Abb.
   b) Abb.
   c) $R_a = R_i$
   d) $P_a = \dfrac{U^2 R_a}{(R_i + R_a)^2}$; $\dfrac{dP_a}{dR_a} = 0$,
   wenn $R_a = R_i$ ist.
7. Außenwiderstand wird kleiner, dadurch sinkt die Klemmenspannung.
8. Bei der Taschenlampenbatterie läßt der große innere Widerstand keine großen Stromstärken zu.

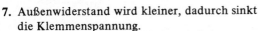
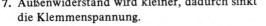
6.4.4.6

6.4.5. Parallelwiderstände

1. a) 1 Ω b) 1,43 Ω c) 120 Ω
2. a) 37,5 Ω b) 150 Ω
3. a) 0,6 V b) 0,101 Ω

Lösungen Kapitel 6

4. a) 1,6 A b) 2 A c) 10 Ω
5. a) 22,5 Ω; 375 mA; 375 mA; 450 mA b) 6 V
6. 20 mA; 40 mA; 30 mA; 30 mA; 30 mA; 60 mA
7. In Reihe. 2,5 Ω; 20 Ω
8. 248 mA
9. $A \to B$
10. 43,2 V
11. 8; 150 Ω; 16,2 Ω
12. 5,33 Ω; 8 Ω; 1,24 A; 0,51 A
13. Ein Leiter von l m entspricht l Leitern von je 1 m in Reihe. Ein Leiter von q mm² Querschnitt entspricht q parallelen Leitern von je 1 mm² Querschnitt.
14. a) 0,5 V b) 0,505 Ω sind parallel zu schalten c) 9950 Ω in Reihe
15. a) 200 V b) 14 V
16. a) 0,2 A; 0,105 A b) 4 V; 6 V; 3,68 V; 6,32 V c) 0,32 V d) 7,5 Ω

  e) $\Delta U = \dfrac{R_1}{R_1+R_2} U - \dfrac{R_3}{R_3+R_4} U; (1). \quad R_1 : R_2 = R_3 : R_4 ; (2)$

  R_3 aus (2) in den zweiten Ausdruck von (1) eingesetzt ergibt $\Delta U = 0$.

17. Bezeichnet man den Strom im R-Zweig mit I_1 und den im a, b-Zweig mit I_2, so gilt:

    (1) : $I_1 R_x = I_2 \dfrac{\rho a}{q}$; und (2) : $I_1 R = I_2 \dfrac{\rho b}{q}$

    durch Division (1) : (2) erhält man $R_x : R = a : b$.
    Das vereinfachte Schaltbild (Abb.) der Brücke zeigt, daß wegen der Symmetrie das Galvanometer mit der Batterie vertauscht werden darf. Aus $R_1 : R_2 = R_3 : R_4$ wird dann $R_1 : R_3 = R_2 : R_4$.

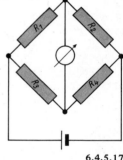

6.4.5.17

6.4.6. Elektrische Arbeit und Leistung

1. a) 146,5 Ω; 330 W b) 180 Ω; 8,34 A c) 20 V; 133,33 kΩ
   d) 16,18 A, 178 kW e) 60 V; 7,2 kW f) 268 V; 0,224 A
2. 182 mA
3. 60 W; 0,72 kWh
4. 2,2 Pf; 3,52 Pf; 5,28 Pf; 8,8 Pf
5. 29 Ω; 725 W
6. Nein! Die 40-W-Lampe erhält 132 Volt und brennt durch. Parallel zur 40-W-Lampe ist ein Widerstand von 609 Ω zu schalten.
7. 60 W; 300 V
8. 200 mA; 500 V

Lösungen Kapitel 6

6.4.7. Wärme aus Strom

1. 3640 kJ
2. 59,68 J/s
3. a) 85,5 Ω b) 566 W
   c) 43 Ω; 566 W; Doppelte Stromstärke bei gleicher Leistung
4. a) 10 A b) 57 Min. 10 s
5. 15,5 Min.
6. 0,5 Liter
7. a) 636 kW b) 2890 A
8. a) 279 400 kW b) 78,7 % c) 22 000 A
   d) 400 A e) 400 A

6.5. Ladung und Feld

6.5.1. Ladung – Kondensator

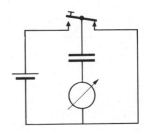

6.5.1.4

1. 6480 C
2. $6,25 \cdot 10^{18}$
3. a) Abb. b) 0,29 μF
4. a) 4 μF b) 2000 pF
5. $8,95 \cdot 10^{-12}$ As/Vm; 1 %
6. a) 31,25 pF b) 156,25 pF c) $15,6 \cdot 10^{-8}$ C
7. 0,009 C; $3 \cdot 10^{-6}$ C
8. a) 500 pF b) 0,4 mm
9. 91 V; 727 V; 182 V
10. a) $0,176 \cdot 10^{-3}$ C b) $1,1 \cdot 10^{-3}$ C
11. a) 8
    b) 0,545 μF; 6 μF; 0,833 μF; 1,33 μF; 1,50 μF; 3,67 μF; 2,75 μF; 2,20 μF
    c) $0,12 \cdot 10^{-3}$ As; $1,32 \cdot 10^{-3}$ As; $0,18 \cdot 10^{-3}$ As; $0,29 \cdot 10^{-3}$ As; $0,33 \cdot 10^{-3}$ As; $0,81 \cdot 10^{-3}$ As; $0,61 \cdot 10^{-3}$ As; 0,485 As
12. a) $264 \cdot 10^{-6}$ C b) $264 \cdot 10^{-6}$ C c) 132 V; 88 V
    d) 105,6 V e) $572 \cdot 10^{-6}$ C
13. a) Infolge Influenz tritt in der Platte eine Ladungsverschiebung auf.
    b) Ladungsverteilung wie in a), aber die Platte ist nunmehr 2 cm dick.
    c) Mit den Platten werden die Ladungen getrennt. Zwischen den getrennten Platten ist kein Feld.
    d) Es erfolgt nichts, weil die Ladung durch Influenz gebunden wird.
    e) Im Nichtleiter ist eine Ladungsverschiebung nicht möglich. Es tritt lediglich Polarisation des Dielektrkums auf. In diesem Fall ist auch im Inneren des Dielektrikums ein geringfügiges Feld vorhanden.

Lösungen Kapitel 6

6.5.2. Grundgesetz des elektrischen Feldes – Radialsymmetrisches Feld

1. a) 10^{-8} As b) $2,5 \cdot 10^5$ V/m c) 10 mA
   d) 200 V; $1,25 \cdot 10^5$ V/m; 25 pF   e) 400 V; $2,5 \cdot 10^5$ V/m; 25 pF
2. Abb.
3. $2,25 \cdot 10^5$ V/m
4. $5,46 \cdot 10^{-7}$ As; $3,27 \cdot 10^4$ V
5. 2,11 pF
6. 710 µF
7. Es ist $Q \sim r^2 \vartheta$; und $U \sim r \vartheta$; somit $\frac{Q}{U} \sim r$.
8. a) $2 \cdot 10^{-7}$ As b) $7,09 \cdot 10^{-7}$ As/m²
   c) $5 \cdot 10^3$ V/m d) 100 V
   e) $2,22 \cdot 10^3$ V/m
9. Größere. Rücktreibende Kraft ist kleiner.
10. Siehe 6.16a

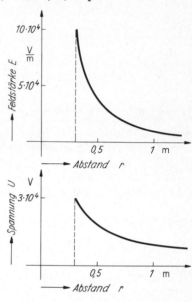

6.5.2.2

6.5.3. Kraft im elektrischen Feld – Energie

1. $1,1 \cdot 10^{-4}$ N
2. a) 1,78 pF b) $1,112 \cdot 10^{-9}$ As
   c) $5,56 \cdot 10^{-5}$ N d) $3°16'$
   e) 5,67 mm
3. a) 10 m b) 1 µF
   c) $5 \cdot 10^{-4}$ C; 0,125 J d) 6250 N
4. 1420 V
5. 10^6 V/m; 25 pF; $5 \cdot 10^{-5}$ J; 25 mN
6. 3

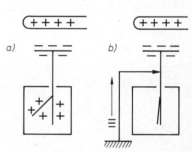

6.5.4. Coulombsches Gesetz

1. a) 0,398 N b) 0,0196 N c) 39,9 cm
2. 0,009 N
3. 14,3 kV
4. $5,57 \cdot 10^{-7}$ N

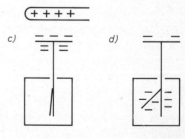

6.5.5. Influenz

1. Negativ
2. Abb.

6.5.5.2

6.5.6. Das magnetische Feld

1. 15
2. 88 Ω
3. 5000 A/m; 15 mA
4. 1 : 4
5. 55 000 A/m
6. a) 5 A/m   b) 18°26'
7. a) Abb.   b) $T = C \cdot \dfrac{1}{I^2}$

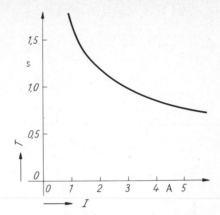

6.5.6.7

6.6. Elektromagnetische Induktion

6.6.1. Die Induktion

1. b
2. a) Die rechte,   b) die linke.
3. Wenn man Widerstände in den Kreis schaltet, so wird ersichtlich, daß $I \cdot \Delta t \sim \dfrac{1}{R}$ ist, daß also ein Spannungsstoß entsteht.
4. a) Der 300-Ω-Widerstand bewirkt den aperiodischen Grenzfall. Die Potentiometerschaltung liefert an dem 2-Ω-Widerstand eine fest definierte Spannung. Die elektrische Stoppuhr mißt genau die Zeitdauer des Stromstoßes.
   b) $6 \cdot 10^{-5}$ Vs/Skt.
5. a) Abb.
   b) Bleibt stehen. Die entgegengesetzt gerichteten Spannungsstöße folgen so rasch aufeinander, daß bei der großen Schwingungsdauer des Galvanometers ein Ausschlag nicht möglich ist.
6. Abb.
7. a) 1105 A/m   b) $3{,}49 \cdot 10^{-5}$ Vs
   c) $8{,}74 \cdot 10^{-6}$ Vs
8. a) 0,063 Vs/m²   b) $15{,}12 \cdot 10^{-3}$ Vs
   c) 0,756 V
9. $562 \cdot 10^{-6}$ Vs
10. a) $1{,}39 \cdot 10^{-6}$ Vs/Am   b) 11 %
11. a) $63{,}5 \cdot 10^{4}$ A/m   b) $0{,}72 \cdot 10^{-3}$ Vs
12. a) Nachweis des Spannungsstoßes siehe 6.1.3. – Die Horizontalintensität. – Der Fluß der Vertikalkomponente ändert sich bei der Drehung nicht.
    b) Windungsebene muß horizontal liegen, Drehachse in N – S-Richtung.
    c) 49,6 A/m; 53,1°

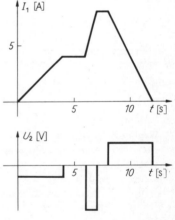

6.6.1.5

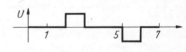

6.6.1.6

Lösungen Kapitel 6

13. 58,2 As

14. a) Wenn eine Bewegung entsprechend der 1. UVW-Regel einen Induktionsstrom erzeugt, so bewirkt dieser einerseits nach der 2. UVW-Regel eine Kraft auf den Leiter, die der ursprünglichen Bewegung entgegenwirkt, also diese zu hemmen sucht.
b) Zur Erzeugung eines Induktionsstromes muß Arbeit aufgewendet werden. Wenn die Wirkung des Induktionsstromes der Entstehungsursache nicht entgegengerichtet wäre, wäre zu seiner Erzeugung keine Arbeit nötig gewesen. Man hätte ein perpetuum mobile!

15. a) Abb.
b) Weil Sättigung vorhanden ist.
c) Gerade durch 0
d) Die für das Ummagnetisieren erforderliche Energie.

16. 0,202 V

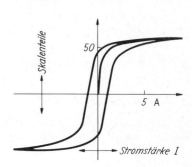

6.6.1.15

6.6.2. Die Selbstinduktion

1. Bei dem entstehenden Spannungsstoß $U \cdot \Delta t$ wird Δt sehr klein, so daß U sehr groß werden muß. Es leuchtet die obere.

2. Abb.

3. a) Abb.
b) Wegen der Selbstinduktion der Primärspule wächst der Primärstrom nur langsam an, so daß bei der entstehenden Flußänderung Δt verhältnismäßig groß, d. h. aber, daß U klein wird. Beim Öffnen des Primärkreises ist Δt sehr klein, U somit kurzzeitig sehr groß.
c) $U \cdot \Delta t$ ist in beiden Fällen gleich.

4. a) 5000 A/m; $6,3 \cdot 10^{-6}$ Vs; $6,3 \cdot 10^{-3}$ Vs/m²;
b) 3,15 mV; c) 0,630 V

5. 0,27 H

6. Es treten zwei gleiche Selbstinduktionsspannungen auf, die einander entgegengerichtet sind.

7. a) $-5,04 \cdot 10^{-3}$ V b) $5,04 \cdot 10^{-2}$ V

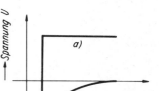

6.6.2.2

6.6.2.3

6.6.3. Elektrische Maschinen

1. a) Abb. b) 3000

2. Man muß entweder den Anker oder das Feld umpolen.

3. Siehe 6.6.3.2.

6.6.3.1 a

Lösungen Kapitel 6

4. a) Wird größer
   b) Wird größer
   c) Werden überlastet bzw. brennen durch
   d) Spannung ist nicht konstant

5. Sie liefert eine konstante Spannung, die unabhängig von der abgenommenen Leistung des Verbrauchers ist.

6. Mit steigender Drehzahl wird die induktive Gegenspannung größer, dadurch der Anker- und Feldstrom schwächer. Das schwächere Feld bewirkt eine Steigerung der Drehzahl. Mit steigender Drehzahl ... (siehe oben!).

7. a) $6 \, \Omega$ b) $9{,}73 \, \text{A}$

8. Wegen der geringeren Drehzahl bei Belastung wird die induktive Gegenspannung kleiner und somit die für die Stromstärke maßgebende wirksame Spannung im Anker größer.

9. Die induktive Gegenspannung wird erst bei größerer Drehzahl gleich der angelegten Spannung.

10. Die induktive Gegenspannung schwächt den Ankerstrom, der zugleich Feldstrom ist.

11. Die Drehzahl eines Motors wird solange größer, bis die induktive Gegenspannung der angelegten Spannung nahezu gleich wird, d. h. die wirksame treibende Spannung Null wird. Weil beim Nebenschlußmotor das Feld konstant ist, tritt dieser Zustand immer bei derselben Drehzahl ein.

12. a) $15 \, \text{A}; 5 \, \text{A}$ b) $2{,}0 \cdot 10^6 \, \text{Ws} = 0{,}55 \, \text{kWh}$ c) $49 \, \text{V}; 8{,}85 \, \text{A}$

13. Bei gleicher Drehzahl würde keine Induktion im Läufer und damit keine treibende Kraft mehr vorhanden sein.

14. a) Abb. b) $\sqrt{3}$ mal so groß c) $U_{RS} = U_0 \sqrt{3} \sin(\omega t + \frac{\pi}{6})$
    d) Abb.

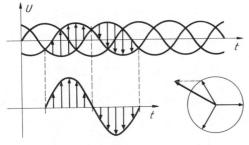

6.6.3.14

15. Abb.

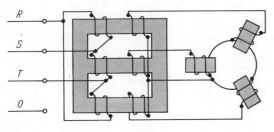

6.6.3.15

16. Bei einer Phase entstehen 100 Lichtblitze pro Sekunde, bei drei Phasen aber 300 pro Sekunde. Die Glühdrahttemperatur schwankt verhältnismäßig wenig.

Lösungen Kapitel 6

6.7. Spannung und Strom im Wechselstromkreis

6.7.1. Effektivwert

1. 311 V
2. 538 V
3. 11,3 V
4. 2,12 A
5. Ja

6.7.2. Kapazitiver Widerstand

1. a) Zweimaliges Aufleuchten   b) Nahezu dauerndes Leuchten
2. 0,138 A; (276, 415, 690 mA)
3. 1325 Ω
4. a) 4 µF   b) 795 Ω   c) 276 mA
5. 4 µF
6. a) 12 760 kΩ   b) 1,566 kΩ

6.7.3. Induktiver Widerstand

1. a) Lämpchen im L-Zweig leuchtet mit Verzögerung.
   b) Lämpchen im L-Zweig leuchtet überhaupt nicht mehr.
2. 1,4 A
3. Aus $\omega \cdot L = R_L$ folgt für die Einheit $\frac{Vs}{A} \cdot \frac{1}{s} = \frac{V}{A}$; entsprechend aus $\frac{1}{\omega C} = R_C$ für R_C die Einheit $s \cdot \frac{V}{As} = \frac{V}{A}$.

6.7.4. Scheinwiderstand

1. a) 367 Ω; 599 mA; 60°   b) Abb.
2. 733 Ω; 637 Ω; 5 µF
3. 758 Ω
4. 0,8 A; 0,032 A; 1,75 A
5. 780 Ω
6. 0,127 H; 53°
7. a) Abb.   b) 98,5 Ω   c) 38 V; 140,3 V; 356 V   d) 79,6 Hz
8. a) 0,66 A   b) 1 H   c) 2,2 A
9. 3,0 µF

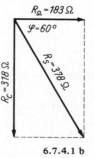

6.7.4.1 b

6.7.5. Arbeit und Leistung im Wechselstromkreis

1. a) 3080 W b) 45,5° c) 11 Ω
   d) 7,7 Ω e) 7,83 Ω f) 24,9 mH
2. a) 2,19 A b) 482 VA; 84 W; 80°
3. 53°; 580 W; 127 mH
4. a) 53°50′ b) 0,538 A c) 177 V d) 10 µF
5. Auch Blindströme belasten die Leitung und vermindern so deren Leistungsfähigkeit für Wirkströme.
6. Wenn man einen Verbraucher mit Ohmschem Widerstand einschaltet, wird aus dem reinen Blindstrom ein Wechselstrom mit der Phasenverschiebung $\varphi \neq 90°$, dessen Wirkleistung dem Verbrauch entspricht.

6.7.6. Siebglieder – Umformer – Transformatoren

1. Abb.
2. a) Weicheiseninstrumente
   b) 6,3 mA; 224 mA
   c) 222 mA
   d) Zum Gleichstrom kommt noch der Wechselstrom des Kondensatorzweiges hinzu.
3. Abb.
4. a) und b) Abb.
   c) Weil der Transformator keinen Mittelabgriff besitzt.
5. An a und b
6. a) 440 V b) 1 A
   c) 0,5 A bzw. 0,25 A
7. 11 V; 30

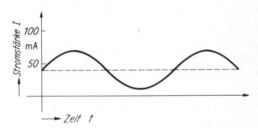

6.7.6.1

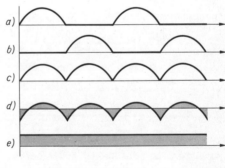

6.7.6.3

6.7.7. Fernleitungen

1. a) 22 000 A b) 400 A
   c) 400 A
2. a) 4 Ω b) 10 kW; 91 %
   c) 16 W; 0,15 % d) 1 : 25
3. 100 kV

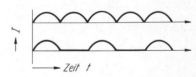

6.7.6.4

Lösungen Kapitel 6

6.8. Elektrische Schwingungen

6.8.1. Elektronenröhren

1. a) Gitter wird durch Influenz positiv aufgeladen, I_a steigt.
   b) Gitter wird durch Influenz negativ aufgeladen, I_a sinkt.
2. a) 45 mA/V   b) 10,8 bzw. 30,9 mA
3. 21 mA
4. a) 1,3 V   b) 20 V   c) 0,065   d) 6,5 %
5. a) Bei beiden steuert ein schwächerer Steuerkreis einen stärkeren Arbeitskreis.
   b) Das Relais kann nur ein- und ausschalten, die Triode aber auch jeden beliebigen Zwischenwert steuern.
   c) Solange die Steuerspannung U_1 nicht erreicht ist, kann kein Sekundärstrom fließen. Sobald die Steuerspannung U_1 überschritten ist, fließt sekundär der Arbeitsstrom I_2, der nun von der weiteren Höhe der Steuerspannung nicht mehr verändert wird.
   d) Man kann Spannungsänderungen in entsprechende Stromstärkeänderungen umwandeln.

6.8.2. Halbleiter – Transistoren

1. a) 0,0 A; 0,2 A; 0,2 A
   b) 0,4 A; 0,0 A; 0,4 A
2. a) 0,2 A; 0,1 A; 0,3 A   b) Abb.
3. a) Abb.
   b) – ; 55; 40; 45; 52; 49; 49; 49; 50; 52; Mittelwert: 49
   c) Mittlerer Stromverstärkungsfaktor

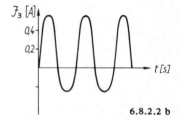

6.8.2.2 b

4. Bei der Triode werden leistungslose Spannungsschwankungen, beim Transistor aber Stromschwankungen kleiner Leistung zur Steuerung des starken Arbeitsstromes benützt.
5. a) 12,5   b) 25   c) 312,5
6. a) 1,16 V   b) 3,95 V
7. Das Anwachsen des Kollektorstromes läßt erkennen, daß der Eigenwiderstand des Transistors kleiner wurde. Dem kleineren Widerstand entspricht ein kleinerer Spannungsabfall.

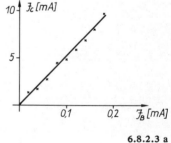

6.8.2.3 a

Lösungen Kapitel 6

6.8.3. Elektrischer Schwingkreis

1. a) Der geladene Kondensator wird über die Induktionsspule entladen. Wegen der Selbstinduktion wird der Entladungsvorgang verzögert. Gleichzeitig wird ein Magnetfeld aufgebaut. Nach vollzogener Entladung ist von seiten des Kondensators keine Ursache für weiteren Stromfluß mehr vorhanden, aber wegen der Selbstinduktion geht während des Abbaues des Magnetfeldes der Stromfluß weiter. Der Kondensator wird entgegengesetzt aufgeladen. Der Vorgang wiederholt sich in Gegenrichtung.
   b) und c) Abb.

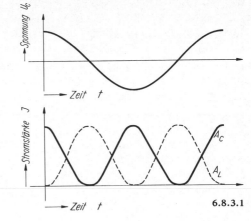

6.8.3.1

2. a) Abb.   b) Abb.; Beide 71 %

 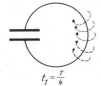 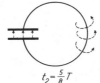

a) $t_0 = 0$ $t_1 = \frac{T}{4}$ $t_2 = \frac{5}{8}T$ b) $U_2 = -0{,}7 U_0$ $I_2 = -0{,}7 I_0$

6.8.3.2

3. 0,2 mH
4. 0,131 mH
5. 80,7 pF; 410 kHz
6. 41,5 %
7. a) 29,4 mH   b) 57 kHz
8. f^1
9. $\frac{1}{\sqrt{10}} : \frac{1}{\sqrt{6}} : \frac{1}{\sqrt{4}} \approx 4 : 5 : 6$
10. Abb.

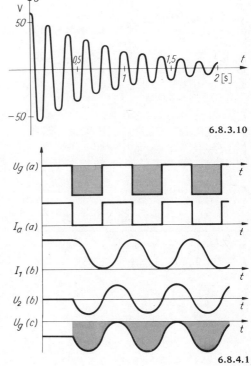

6.8.3.10

6.8.4. Schwingungserregung

1. a) Abb.
   b) Stimmen weitgehend überein.
   c) Die periodische Anregung wird von der gesteuerten Schwingung durch geeignete Rückkopplung automatisch erledigt.

2. a) Der im Gitter-Kathodenkreis liegende Teil von L_1.

6.8.4.1

Lösungen Kapitel 6

b) L_1C_1 bilden den Schwingkreis, C hält die Anodenspannung vom Gitter fern, R_k läßt die bei positiven Halbwellen auftretenden negativen Gitteraufladungen so langsam abfließen, daß ständig die erwünschte negative Spannung am Gitter erhalten bleibt.

3. a) mA-Meter
   b) Lautsprecher oder Schwingungsprüfer (= Induktionsspule mit Gleichrichter und Voltmeter.
   c) und d) Schwingungsprüfer mit Resonanzkreis.

4. a) Röhre: Leitung in Gasen — Kathode geheizt — Anode positiv.
   Transistor: Halbleiter — Emitter kalt — Kollektor negativ.
   b) Röhre: Gitter stromlos — leistungslose Steuerung — Lebensdauer beschränkt.
   Transistor: Basis stromführend — Steuerströme geringer Leistung — Lebensdauer unbeschränkt.
   c) Kleine Abmessungen — keine Heizung — kein Verschleiß.

6.8.5. Elektrischer Dipol — Antenne

1. a) Wechselspannung
   b) An den Enden Maxima, in der Mitte Null.
   c) Elektrische Schwingung.

2. Abb.

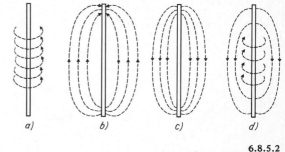

6.8.5.2

3. $d_1 = \frac{\lambda}{2}$; $d_2 = \frac{\lambda}{4}$; $d_3 = \frac{\lambda}{2}$

4. a) 1 m; $3 \cdot 10^8$ Hz
   b) 121 mA

5. a) 125 MHz; 2,4 m
   b) 250 MHz; 1,2 m
   c) 375 MHz; 0,8 m
   d) 500 MHz; 0,6 m

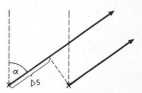

6.8.5.6

6. a) Abb.; Gangunterschied Δs und damit die ausgestrahlte Energie ist eine Funktion des Winkels α.
   b) $\alpha = 0°$: Maximum, $\alpha = 90°$: Minima

6.8.6. Modulation

1. a) 3750 m   b) Abb.

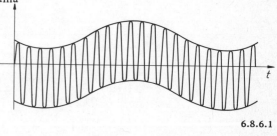

6.8.6.1

6.8.7. Lecherleitung

1. 62,5 MHz; 125 MHz; 187,5 MHz; 250 MHz

2. Abb.

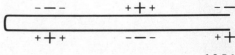

6.8.7.2

6.8.8. Empfänger

1. Abb.

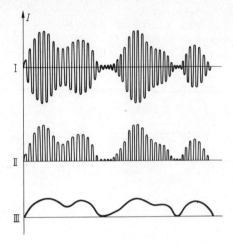

6.8.8.1

2. Abb.

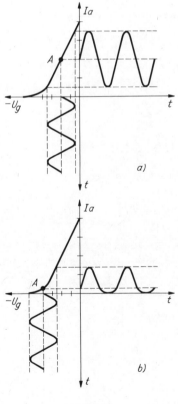

6.8.8.2

Lösungen Kapitel 7

7. Atomphysik – Kernphysik

7.1. Moleküle und Atome

7.1.1. Atomare Größen

1. a) 0,111 kmol b) 0,1136 kmol

2. a) 2,016 b) 31,999 c) 44,010
   d) 18,015 e) 98,078 f) 58,443

3. a) 200,6 kg b) 36,46 kg c) 98,08 kg
   d) 169,88 kg e) 159,6 kg f) 282,4 kg

4. a) 0,05 % b) $8,93 \cdot 10^{-6} cm^3$ c) $7,90 \cdot 10^{-8} cm$
   d) $1,81 \cdot 10^{16}$ e) $4,95 \cdot 10^{-22} cm^3$ f) $4,45 \cdot 10^{-22} g$
   g) $6,35 \cdot 10^{26}$ h) 5 %

5. a) $1,67 \cdot 10^{-27} kg$ b) $3,34 \cdot 10^{-27} kg$ c) $6,67 \cdot 10^{-27} kg$
   d) $2,01 \cdot 10^{-26} kg$ e) $3,07 \cdot 10^{-26} kg$ f) $3,34 \cdot 10^{-25} kg$

6. a) $3,76 \cdot 10^{25}$ Atome, d.h. $1,88 \cdot 10^{25}$ Moleküle
   b) $3,0 \cdot 10^{23}$ c) $1,06 \cdot 10^{23}$

7. $3,35 \cdot 10^{22}$

8. $8,4 \cdot 10^{21}$ s $\approx 2,65 \cdot 10^{15}$ Jahre

9. a) 19,3 g b) $3,27 \cdot 10^{-25} kg$ c) $5,9 \cdot 10^{22}$
   d) $2,57 \cdot 10^{-8} cm$ e) $1,5 \cdot 10^{13} m$
   f) Wenn man einen Draht auf den halben Durchmesser auszieht, wird er viermal so lang!

10. a) $2,53 \cdot 10^{-10} m$ b) 7900 Schichten

11. 24 Atome je Liter

7.1.2. Atombau und Periodensystem

1. Alle Atome derselben Gruppe sind jeweils chemisch verwandt (Alkalimetalle, Erdalkalimetalle, ... Halogene, Edelgase).

2. 18 – 19, 27 – 28, 52 – 53

3. a) Jeweils: (2), 8, 8, 18, 18, 32
   b) $2 = 2 \cdot 1^2$; $8 = 2 \cdot 2^2$; $18 = 2 \cdot 3^2$; $32 = 2 \cdot 4^2$
   c) Bezeichnet man die Ordnungszahl mit Z, so gilt für die Elemente jeder Gruppe:
   $\Delta Z = 2 \cdot 1^2,\ 2 \cdot 2^2,\ 2 \cdot 3^2,\ 2 \cdot 4^2$.

7.1.3. Kinetische Gastheorie

1. a) $p = \frac{1}{3} \frac{N}{a^3} \cdot m\overline{v^2}$ oder $p \cdot V = \frac{1}{3} N m \overline{v^2}$.
   b) Der Druck nähme auf den 8. Teil ab.

2. a) $\frac{v}{2a\sqrt{2}}$ b) $mv\sqrt{2}$ c) $\frac{mv^2}{2a}$ d) Weg 2 ist genauso lang wie Weg 1

e) Kraft $F = 2 \cdot \frac{N}{3} \cdot \frac{mv^2}{2a}$, weil die in waagrechter Richtung fliegenden Atome auch an die rechte Seitenwand stoßen. Dann ist

$p = \frac{F}{a^2} = \frac{N}{3} \cdot \frac{mv^2}{a^3}$ oder $p \cdot V = \frac{N}{3} mv^2$.

3. a) 60 N   b) 30 N   c) 0,04 bzw. 0,02 mb
4. a) 10,50 bzw. 10,56 m/s und 100,5 bzw. 100,5 m/s
   b) Vom relativen Geschwindigkeitsunterschied
   c) $v_9 = v_{10} = v_{11} = v_{12}$
5. a) links!   b) 1000 m/s
6. a) 480 m/s   b) 450 m/s
7. 1152 K = 879°C
8. a) 4 : 1   b) 1 : 16
9. Es gilt: $p \cdot V = \frac{2}{3} \cdot N \cdot \frac{m}{2} \cdot \bar{v}^2$; da p, V und N bei Normalbedingungen für alle Gase denselben Wert haben, ist $\frac{m}{2} v^2$ für alle Gase gleich: $3,35 \cdot 10^6$ J.
10. $\frac{m^2}{s^2} = \frac{(3) \text{ kg m m}^3}{s^2 \text{ m}^2 \text{ kg}} = \frac{m^2}{s^2}$
11. Nach dem Boyle-Mariotteschen Gesetz gilt: $p \cdot V = \frac{2}{3} N \frac{m}{2} \bar{v}^2 = $ const., somit ist $\frac{m}{2} \bar{v}^2 = $ const.
12. a) 1850 m/s   b) 493 m/s
13. a) 0,055 m/s   b) Die beobachtete Bahn wechselt so oft die Richtung, daß eine Messung der Geschwindigkeit aus Weg und Zeit völlig unmöglich ist.

7.1.4. Allgemeine Gasgleichung

1. Siehe Lösung zu 5.2.1.
2. 13,4 cm³
3. − 4,2 %
4. 218 mb
5. 173,6 kg; 4,0 kg
6. 1,25 g; $3,91 \cdot 10^{-5}$ · kmol
7. $p \cdot V = 297 \cdot T$ J
8. 22,4 m³
9. $\frac{101\,300 \cdot 32}{273 \cdot 1,429} = 8310$ J · K^{-1} kmol^{-1}
10. a) 0,243 kg   b) $6,17 \cdot 10^{-21}$ J   c) $2,26 \cdot 10^3$ J
11. a) 0,1785 kg/m³   b) $\frac{p \cdot V}{T} = \frac{p \cdot m}{\rho \cdot T} = $ const., d. h. $\rho = \frac{p \cdot m}{\text{const.} \, T}$ oder $\rho \sim p$
    b) $\rho \sim \frac{1}{T}$
12. a) $2,69 \cdot 10^{19}$ b) $2,66 \cdot 10^{16}$ c) $2,66 \cdot 10^3$

Lösungen Kapitel 7

7.2. Elektronen und Ionen in Feldern

7.2.1. Elektronen im elektrischen Feld

1. a) $1,6 \cdot 10^{-15}$ N b) $8,0 \cdot 10^{-17}$ J c) nein d) $8,0 \cdot 10^{-17}$ J
   e) $1,32 \cdot 10^7$ m/s

2. $1,57 \cdot 10^7$ m/s

3. a) $\frac{m}{s} = \sqrt{\frac{(2) \, A \cdot s \cdot V}{kg}} = \sqrt{\frac{(2) \, J}{kg}} = \sqrt{\frac{(2) \, m \cdot kg \cdot m}{kg \cdot s^2}} = \frac{m}{s}$
   b) $e \cdot U = \frac{1}{2} m \cdot v^2$

4. a) $9,6 \cdot 10^{-16}$ N b) $1,053 \cdot 10^{15}$ m/s² c) $4,75 \cdot 10^{-3}$ m
   d) $3,16 \cdot 10^6$ m/s e) $17,6°$ f) $6,8$ cm

5. a) Zwischen A und B: Bei homogenem Beschleunigungsfeld gleichförmig beschleunigte Bewegung.
   Zwischen B und C: Konstante Geschwindigkeit
   Zwischen C und D: Parabelbahn mit steigender Geschwindigkeit
   Zwischen D und E: Konstante Geschwindigkeit
   b) Abb.

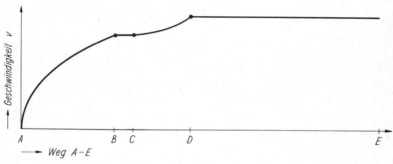

7.2.1.5

6. Die Richtung der ablenkenden Kraft ist nicht wie im Magnetfeld von der augenblicklichen Bahnrichtung abhängig. Die Ablenkung erfolgt stets senkrecht auf die + Platte zu. (Vgl. horizontaler Wurf!)

7. a) $7,2 \cdot 10^{-18}$ J b) $3,6 \cdot 10^{24}$ eV

7.2.2. Elektronen im Magnetfeld

1. Die beschleunigende Kraft wirkt nicht in x-Richtung, sondern stets senkrecht zur augenblicklichen Bahnrichtung.

2. 1 a) Parabelbahn; Beschleunigung in $+x$-Richtung.
   1 b) Kreisbahn; Kreismittelpunkt auf der $+z$-Achse.
   2 a) Parabelbahn in der x, y-Ebene, Beschleunigung in $+x$-Richtung, Scheitel im $-x, -y$-Quadranten.
   2 b) Schraubenlinie um eine Parallele zur $+x$-Achse durch die $+z$-Achse.

3. Wenn a) sie sich in Feldrichtung bewegen, b) $\vec{v} \perp \vec{H}$, c) $\sphericalangle (\vec{v}, \vec{H}) \neq 0°$ und $90°$

4. a) Kreisebene senkrecht zu den Feldlinien   b) $r = \frac{m \cdot v}{e \cdot B} \sim v$
   c) Ändert sich nicht   d) T geht auf die Hälfte des ursprünglichen Wertes zurück

5. a) $7{,}04 \cdot 10^6$ m/s   b) 140,8 V

6. 1. a) Kreis, b) Parabel   2. a) $\vec{F} \perp \vec{v}$,   b) Kraft F hat konstante Richtung
   3. a) Bahngeschwindigkeit bleibt konstant   b) Bahngeschwindigkeit im Feld wird größer

7. a) $1{,}76 \cdot 10^{11}$ As/kg   b) $8{,}25 \cdot 10^6$ m/s   c) $1{,}03 \cdot 10^{-15}$ N

8. a) $\vec{E} \perp \vec{v}$ und $\vec{E} \perp \vec{H}$ $E = v \cdot \mu_0 \cdot H$

9. a) Zwischen A und C: Wie bei Aufgabe 7.2.1.5
   Zwischen C und D: Kreisbahn mit konstanter Geschwindigkeit
   Zwischen D und E: Konstante Geschwindigkeit
   (Der Betrag der Geschwindigkeit ändert sich im Magnetfeld nicht.)

10. a) 1028 A/m   b) Geschlossene „Mondsichel" mit Spitzen an Elektronenquelle; $d_i = 4{,}95$ cm; $d_a = 8{,}25$ cm

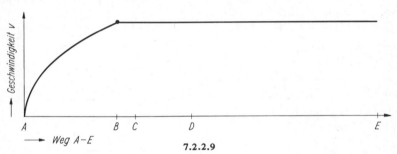

7.2.2.9

7.2.3. Ladung und Masse des Elektrons

1. $1{,}6 \cdot 10^{-19}$ As; 96400 C mol^{-1}

2. a) $3{,}18 \cdot 10^{-19}$ As; $4{,}77 \cdot 10^{-19}$ As
   b) Der Tröpfchendurchmesser ist so klein, daß durch Lichtbeugung eine mikroskopische Messung unmöglich wird.

3. Nein! Auf ruhende Körper wirkt keine Lorenzkraft.

4. a) $r = 1{,}52 \cdot 10^{-6}$ m; $m = 1{,}3 \cdot 10^{-14}$ kg   b) $4{,}8 \cdot 10^{-19}$ As

5. $A \cdot s = \frac{m \cdot m}{V \cdot s} \sqrt{\frac{N^3 \cdot s^3 \cdot m \cdot m^3 \cdot s^2}{m^6 \cdot s \cdot kg \cdot m}} = \frac{m^2}{V \cdot s} \cdot \sqrt{\frac{N^3 \cdot s^2}{m^2 \cdot N}} = \frac{m^2 \cdot N \cdot s}{V \cdot s \cdot m} = \frac{N \cdot m}{V} =$
   $= \frac{J}{V} = A \cdot s$

6. $9{,}1 \cdot 10^{-31}$ kg

7.2.4. Ionen im elektrischen und magnetischen Feld

1. a) Aus $\frac{1}{2} \cdot m \cdot v^2 = e \cdot U$ folgt: $v = \sqrt{\frac{2 \cdot e \cdot U}{m}}$
   b) $k = 1{,}384 \cdot 10^4$ c) 42,8 mal

Lösungen Kapitel 7

2. a) $9{,}8 \cdot 10^5$ m/s; $6{,}9 \cdot 10^5$ m/s b) $6{,}4 \cdot 10^{-14}$ N c) 7,2 mm
   d) Die Beschleunigung des D^+-Ions ist zwar kleiner, aber infolge seiner geringeren Geschwindigkeit wird es entsprechend längere Zeit beschleunigt.
   e) Ionen gleicher Ladung und gleicher Energie erfahren im elektrischen Feld gleiche Ablenkung.

3. a) $9{,}8 \cdot 10^5$ m/s; $6{,}9 \cdot 10^5$ m/s b) $3{,}91 \cdot 10^{-14}$ N; $2{,}76 \cdot 10^{-14}$ N c) $\vec{F} \perp \vec{v}$
   d) 4,09 cm; 5,76 cm
   e) Die Ionen haben verschiedene spezifische Ladungen! f) Zur Isotopentrennung

4. a) $v = \sqrt{\frac{2zeU}{m}}$ b) $n = \frac{I}{ze}$ c) $F = I\sqrt{\frac{2Um}{ze}}$
   d) Sonstige negative Aufladung des Raumschiffes

5. $1 : 2 : 2$ 6. 480 W

7. a) $1 : 1 : 2$ b) $\sqrt{2} : 1 : 1$

8. a) $r_1 : r_2 = m_1 : m_2$ b) $r_1 : r_2 = \sqrt{m_2} : \sqrt{m_1}$

7.3. Energie und Strahlung

7.3.1. Photoeffekt

1. Durch die Bestrahlung mit UV-Licht wurden Elektronen aus der Metalloberfläche ausgelöst.

2. a) Kurzwelliges Licht (UV) löst Elektronen ab, größere Intensität des Lichtes steigert die Elektronenemission.
   b) Die Energie der Quanten von gelbem Licht ist kleiner als die Ablöseenergie.
   c) Die Energie der Quanten von grünem Licht ist etwas größer als die Ablöseenergie.

3. Stoßionisation!

7.3.2. Plancksches Wirkungsquantum

1. a) Bei Alkalimetallen ist die Ablösearbeit besonders klein.
   b) Na: 650 nm   Cs: 640 nm   Ka: 552 nm   Rb: 574 nm
   Ag: 306 nm   Ni: 248 nm   Al: 295 nm   Pt: 207 nm

2. a) Pt: 207 nm
   Cs: 640 nm
   b) Pt: $5{,}62 \cdot 10^5$ m/s
   Cs: $13{,}2 \cdot 10^5$ m/s

3. a) $2{,}42 \cdot 10^5$ m/s
   b) 0,17

4. a) Abb.
   b) Abb.
   c) Wegen der Ablösearbeit
   d) $6{,}6 \cdot 10^{-34}$ J·s

5. $1{,}85$ eV $= 2{,}96 \cdot 10^{-19}$ J

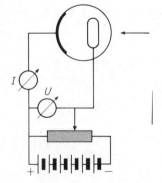

7.3.2.4 a

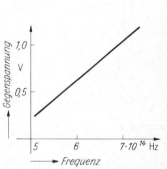

7.3.2.4 b

Lösungen Kapitel 7

6. a) $h = \dfrac{e \cdot (U_2 - U_1) \cdot \lambda_1 \cdot \lambda_2}{c \cdot (\lambda_1 - \lambda_2)}$ b) $A = \dfrac{hc}{\lambda_1} - e \cdot U_1 = \dfrac{hc}{\lambda_2} - e \cdot U_2$

7. a) Ja. Grenzwellenlänge beträgt 640 nm
   b) $5{,}64 \cdot 10^5$ m/s c) 0,9 V
8. a) $3 \cdot 10^{20}$ Hz b) $1{,}99 \cdot 10^{-13}$ J = 1,24 MeV
   c) $2{,}21 \cdot 10^{-30}$ kg d) 2,43 Elektronenmassen
9. $1{,}24 \cdot 10^{-10}$ m
10. 12,4 kV
11. Die Stokessche Regel folgt aus dem Energiesatz: Die Energie des ausgesandten Lichtquantes $h \cdot v'$ ist kleiner als die des eingestrahlten Lichtquantes $h \cdot v$.

7.3.3. Materiewellen

1. a) $1{,}224 \cdot 10^{-9}$ m b) $1{,}224 \cdot 10^{-10}$ m c) $2{,}87 \cdot 10^{-11}$ m
   d) $6{,}42 \cdot 10^{-15}$ m e) $3{,}31 \cdot 10^{-38}$ m
2. 7,27 m
3. a) $7{,}27 \cdot 10^6$ m/s b) $2{,}41 \cdot 10^{-17}$ J c) 150 V
4. a) $2{,}77 \cdot 10^{-11}$ m b) $1{,}11 \cdot 10^{-10}$ m
5. a) $3{,}97 \cdot 10^{-20}$ J; $1{,}325 \cdot 10^{-28}$ kg · m/s; $4{,}42 \cdot 10^{-37}$ kg
   b) $2{,}48 \cdot 10^{-19}$ J; $8{,}28 \cdot 10^{-28}$ kg · m/s; $2{,}76 \cdot 10^{-36}$ kg
   c) $4{,}96 \cdot 10^{-19}$ J; $1{,}66 \cdot 10^{-27}$ kg · m/s; $5{,}53 \cdot 10^{-36}$ kg
   d) $9{,}92 \cdot 10^{-19}$ J; $3{,}32 \cdot 10^{-27}$ kg · m/s; $1{,}11 \cdot 10^{-35}$ kg
   e) $1{,}98 \cdot 10^{-14}$ J; $6{,}625 \cdot 10^{-23}$ kg · m/s; $2{,}21 \cdot 10^{-31}$ kg
6. a) $2{,}71 \cdot 10^{-33}$ N b) $5{,}42 \cdot 10^{-33}$ N

7.4. Die Atomhülle

7.4.1. Die Bohrschen Bahnen

1. a) 1 : 1/2 : 1/3 : 1/4 : 1/5 b) 1 : 8 : 27 : 64 : 125
   c) 1 : 4 : 9 : 16 : 25 d) 1 : 1/8 : 1/27 : 1/64 : 1/125
2. 1.: $6{,}57 \cdot 10^{15}$ 10.: $6{,}57 \cdot 10^{12}$ 100.: $6{,}57 \cdot 10^9$ 1000.: $6{,}57 \cdot 10^6$
3. a) $v_n = \dfrac{e^2}{2 \cdot \epsilon_0 \cdot h \cdot n}$ b) $\dfrac{m}{s} = \dfrac{A^2 \cdot s^2 \cdot V \cdot m}{(2) A \cdot s \cdot J \cdot s} = \dfrac{m}{s}$
   c) Zahlenfaktoren werden durch die Dimensionsanalyse nicht wiedergegeben.
4. 1 : 137
5. 1.: $3{,}32 \cdot 10^{-10}$ m   2.: $6{,}64 \cdot 10^{-10}$ m   3.: $9{,}96 \cdot 10^{-10}$ m   4.: $13{,}28 \cdot 10^{-10}$ m

Lösungen Kapitel 7

7.4.2. Energiestufen

1. 207 nm

2. a) $-13{,}60$ eV; $-3{,}40$ eV; $-1{,}50$ eV; $-0{,}85$ eV; $-0{,}55$ eV; $-0{,}378$ eV; $0{,}28$ eV
   b) $10{,}2$ eV; $12{,}09$ eV; $12{,}75$ eV; $13{,}05$ eV
   c) $24{,}7 \cdot 10^{14}$ Hz; $4{,}56 \cdot 10^{14}$ Hz; $1{,}59 \cdot 10^{14}$ Hz; $0{,}74 \cdot 10^{14}$ Hz

3. a) 13,60 eV b) Abb. c) Abb.
   d) Addiert oder subtrahiert man die Differenzen zweier Energiestufen, so ergibt sich wieder eine Differenz zweier Energiestufen.

4. a) $5{,}71 \cdot 10^{12}$ Hz
   b) $6{,}49 \cdot 10^{9}$ Hz
   c) $6{,}58 \cdot 10^{6}$ Hz

5. $\dfrac{A^4 s^4 kg \cdot V^2 m^2 s}{A^2 s^2 V^3 A^3 s^6 m} = \dfrac{kg \cdot m}{V \cdot As \cdot s^2} = \dfrac{N}{J} = \dfrac{1}{m}$

6. $v = \dfrac{c}{\lambda} = \dfrac{1}{\lambda} \cdot c = N \cdot c$

7. $4{,}39 \cdot 10^{-40} : 1$

8. 1. a) Folgt aus den Bohrschen Postulaten.
      b) $r_n = \dfrac{\epsilon_0 h^2 n^2}{\pi e^2 m}$
         $v_n = \dfrac{e^2}{2 \epsilon_0 h n}$

   2. a) $E_{\text{pot}} = \int_{\infty}^{r_n} \dfrac{e^2}{4\pi\epsilon_0 r^2}\, dr = -\dfrac{e^2}{4\pi\epsilon_0 r_n} = -\dfrac{e^4 m}{4\pi\epsilon_0^2 h^2 u^2}$
      b) $E_{\text{kin}} = \dfrac{m e^4}{8 \epsilon_0^2 h^2 u^2}$

   3. $n \to \infty$
      Ionisierungsspannung $= 13{,}6$ V

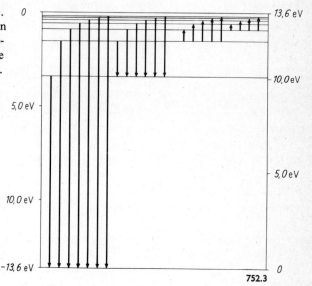

7.4.2.3

7.4.3. Wasserstoffserien

1. a) $n_1 = 1$; $n_2 \to \infty$ b) Sie ist gleich der Wellenzahl für die Grenze der Lymanserie   c) $E = R \cdot h \cdot c$

2. a) $1{,}524 \cdot 10^6 \, m^{-1}$; $2{,}057 \cdot 10^6 \, m^{-1}$; $2{,}304 \cdot 10^6 \, m^{-1}$; $2{,}438 \cdot 10^6 \, m^{-1}$
   b) $1{,}097 \cdot 10^7 \, m^{-1}$ c) 121 nm, 103 nm, 97 nm, 95 nm
   d) 1876 nm, 1282 nm, 1093 nm, 1004 nm

3. a) $4{,}57 \cdot 10^{14}$ Hz, $6{,}17 \cdot 10^{14}$ Hz, $6{,}92 \cdot 10^{14}$ Hz, $7{,}32 \cdot 10^{14}$ Hz
   b) 1,89 eV, 2,56 eV, 2,87 eV, 3,03 eV

4. a) 91,2 nm   b) 365 nm   c) 821 nm

5. Der Vergleich zeigt: Mit wachsender Quantenzahl n nähert sich die Umlauffrequenz des Elektrons der Frequenz des ausgesandten Photons.

6. a) $4{,}39 \cdot 10^7 \, m^{-1}$ b) $9{,}87 \cdot 10^7 \, m^{-1}$ c) He^+ und Li^{++} bestehen wie das Wasserstoffatom nur aus dem Kern (Ladung $2e$ bzw. $3e$) und einem Elektron. Die Berechnung der Wellenzahlen N der ausgesandten Photonen ergibt für He^+:
$N = 2^2 R \left(\frac{1}{n_1^2} - \frac{1}{n_2^2} \right)$, für Li^{++}: $N = 3^2 R \left(\frac{1}{n_1^2} - \frac{1}{n_2^2} \right)$.

7.4.4. Absorption in Quanten

1. Die Absorption der Energie der Elektronen kann nur in Quanten erfolgen.

2. a) 4,88 eV   b) Der Franck-Hertz-Versuch zeigt, daß die Hg-Atome Energiebeträge nur in Quanten von ca. 4,9 eV aufnehmen können.

3. a) 10,20 V   b) 12,09 V   c) 12,75 V

4. a) 656 nm, 486 nm, 434 nm   b) 1,01 eV, 0,35 eV, 0,05 eV

5. 656 nm, 486 nm, 434 nm, 410 nm

6. Die Bindungsenergie des einzelnen Elektrons auf der Außenschale ist gering.

7.5. Radioaktive Strahlen

7.5.1. Natürliche Radioaktivität

1. a) Abb.
   b) Der Ionisationsstrom steigt bis zu einem Sättigungswert an.

2. $2{,}06 \cdot 10^7$ m/s

3. Bei Aussendung eines α-Teilchens (He^{++}) wird die Anzahl der Protonen um 2 kleiner. Bei β-Zerfall geht ein Neutron unter Aussendung eines Elektrons in ein Proton über, wodurch die Anzahl der Protonen um 1 zunimmt.

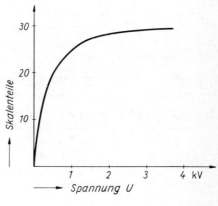

7.5.1.1

Lösungen Kapitel 7

7.5.2. Zerfallsreihen – Isotope

1. Bei β-Zerfall ändert sich die Massenzahl A nicht, bei α-Zerfall wird sie um 4 Einheiten kleiner. Die Kerne mit den Massenzahlen A und $A-4$ gehören somit derselben Zerfallsreihe an. Dazwischen muß es folgende Reihen geben: $A-1, A-5, \ldots$; $A-2, A-6, \ldots$ und $A-3, A-7, \ldots$

2. a) α-, β-, β-, α-, β-Zerfall bzw. α-, β-, α-, β-, β-Zerfall

   b) Bei $^{214}_{83}$Bi sind beide Zerfallsarten möglich; dadurch tritt eine Verzweigung der Zerfallsreihe auf.

3. a) $Z = 92$; $A-Z = 143$

   b) Neutronenzahl würde zu groß werden

4. $^{206}_{81}$Ti, $^{210}_{81}$Ti; $^{206}_{82}$Pb, $^{210}_{82}$Pb, $^{214}_{82}$Pb; $^{210}_{83}$Bi, $^{214}_{83}$Bi; $^{210}_{84}$Po, $^{214}_{84}$Po, $^{218}_{84}$Po; $^{218}_{85}$Rn, $^{222}_{85}$Rn; $^{230}_{90}$Th, $^{234}_{90}$Th; $^{234}_{92}$U, $^{238}_{92}$U.

5. Drei

6. 19 : 6

7. 63,54

7.5.3. Zerfallsgesetz – Halbwertszeit

1. a) Abb.

   b) 21,7 %, 22,1 %, 21,9 %, 21,7 %, 21,6 %, 22,7 %, 22,0 %, 22,7 %

   c) In gleichen Zeitintervallen zerfällt jeweils der gleiche Bruchteil der noch vorhandenen Atome.

   d) 56 Sekunden

   e) 112 Sekunden

2. a) Abb.; die Werte des Stromes I in der Tabelle der Aufgabe Nr. 7.5.3.1 bilden eine geometrische Folge.

   b) $0{,}0124 \text{ s}^{-1}$

   c) 372 Sekunden

3. Behauptung: $N = N_0 \cdot 2^{-\frac{t}{T}} = N_0 \cdot e^{-\lambda t}$

   Durch Kürzen und Logarithmieren dieser Gleichung erhält man: $-\frac{t}{T} \cdot \ln 2 = -\lambda t \Rightarrow \lambda = \frac{\ln 2}{T}$, was dem Zerfallsgesetz entspricht.

4. $T = t \cdot \dfrac{\log 2}{\log I_1 - \log I_2}$

5. a) 16 % b) 458 Tage

6. a) $2{,}66 \cdot 10^{21}$ b) $1{,}36 \cdot 10^{-11} \text{s}^{-1}$ c) $3{,}61 \cdot 10^{10}$

7. a) $\tau = \dfrac{1}{\lambda} = \dfrac{T}{\ln 2} \approx 1{,}44 \cdot T$

   b) τ ist der Mittelwert sämtlicher Abszissen.

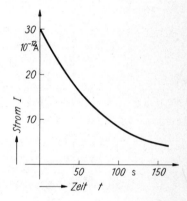

7.5.3.1

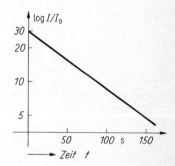

7.5.3.2

8. $2{,}62 \cdot 10^{10}\,\text{s}^{-1}$

9. Aktivität $= \dfrac{\text{Zahl der Zerfallsprozesse}}{\text{Zeit}} = \dfrac{6{,}02 \cdot 10^{23}}{A} \cdot \dfrac{\ln 2}{\text{Halbwertszeit}} =$

   $= \dfrac{6{,}02 \cdot 10^{23} \cdot 0{,}693}{A \cdot 365 \cdot 86\,400} = \dfrac{1{,}32}{A} \cdot 10^{16}\,\text{s}^{-1}$

10. $2{,}5 \cdot 10^{12}\,\text{s}^{-1}$

7.5.4. Energie – Geschwindigkeit – Reichweite

1. a) $1{,}58 \cdot 10^{-7}\,\text{kg}$ b) $1{,}58 \cdot 10^{-2}\,\%$
2. a) $2{,}06 \cdot 10^{7}\,\text{m/s}$ b) $1{,}455 \cdot 10^{7}\,\text{m/s}$
3. a) $1{,}73 \cdot 10^{7}\,\text{m/s}$ b) $3{,}14 \cdot 10^{6}\,\text{V}$
4. a) Abb.
   b) Der Strom I und damit die Anzahl der durchdringenden α-Teilchen nimmt einer Exponentialfunktion entsprechend ab.
   c) $I = I_o \cdot e^{-\alpha nd}$, wobei α eine Konstante (Absorptionskoeffizient des verwendeten Materials), n die Anzahl der Schichten und d die Dicke einer Schicht ist.
   d) 4 Folien
5. a) $5{,}98 \cdot 10^{-14}\,\text{W/kg}$ b) $1{,}46\,\text{m}$
   c) $2{,}88 \cdot 10^{9}\,\text{s} \approx 91$ Jahre
   d) Wegen der begrenzten Reichweite der α- und β-Strahlen gilt für diese das quadratische Abstandsgesetz nicht.

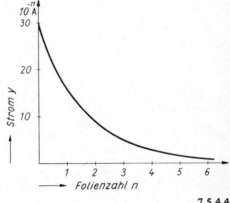

7.5.4.4

7.6. Atomkerne

7.6.1. Allgemeine Eigenschaften

1. a) Alle Kerne haben dieselbe „Dichte" ohne Rücksicht auf die Anzahl der Nukleonen.
   b) $5{,}6 \cdot 10^{-15}\,\text{m}$ c) $^{128}_{52}\text{Te}$ oder $^{128}_{54}\text{Xe}$
2. a) $1{,}4 \cdot 10^{-15}\,\text{m}$ b) $4{,}55 \cdot 10^{37}$
3. $7{,}6 \cdot 10^{10}\,\text{kg}$

7.6.2. Künstliche Radioaktivität

1. a) $6{,}9 \cdot 10^{-4}\,\text{N}$ b) $1{,}22 \cdot 10^{-2}\,\text{N}$ c) $2{,}12 \cdot 10^{-2}\,\text{N}$
2. a) $^{17}_{8}\text{O}$ b) α-Teilchen c) Abb.
3. a) $+1$ b) $+1$ c) -1
   d) -2 e) $+2$

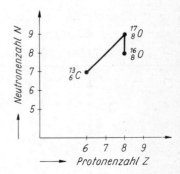

7.6.2.2

Lösungen Kapitel 7

4. $5{,}2 \cdot 10^{-16}$ g

5. In beiden Fällen nimmt die Ordnungszahl um 1 ab. Die Nukleonenzahl bleibt gleich.

6. a) 1,02 MeV b) $1{,}2 \cdot 10^{-12}$ m

7. a) $^{14}_{6}C \rightarrow \beta^- + ^{14}_{7}N$ b) 14,00324
   c) 1,3 d) 64 %

7.6.3. Das Neutron

1. a) $^{9}_{4}B\,(\alpha, n)\,^{12}_{6}C$ b) $^{2}_{1}H\,(d, n)\,^{3}_{2}He$
2. $^{10}_{5}B\,(n, \alpha)\,^{7}_{3}Li$
3. $5{,}88 \cdot 10^2$ m/s („thermische Neutronen")
4. a) $v = 12 \cdot \dfrac{1-m}{1+m}$; Abb.

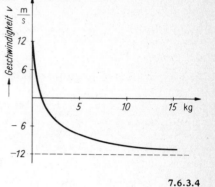

7.6.3.4

   b) Wenn das stoßende und das gestoßene Teilchen gleiche Masse haben, wird die Geschwindigkeit des stoßenden Teilchens (des Neutrons) Null.

5. Ein von einem Neutron getroffenes Proton des wasserstoffhaltigen Paraffins erhält die Geschwindigkeit des stoßenden Neutrons. Diese reicht aus, im Zählrohr einen Impuls auszulösen. Ein gestoßenes Bleiatom aber erreicht infolge seiner großen Masse keine nennenswerte Geschwindigkeit.

6. 1,00866 u

7. a) $^{14}_{7}N + ^{1}_{0}n \rightarrow ^{14}_{6}C + ^{1}_{1}H$
   b) Neutronenüberschuß
   c) ca. 7100 Jahre
   d) vor ca. 5000 Jahren

8. a) $^{1}_{0}n \rightarrow ^{1}_{1}H + ^{\ 0}_{-1}\beta$
   b) 86 Minuten

9. 5,7 MeV

7.6.4. Kernreaktionen

1. a) Abb.
   b) Übereinander
   c) Auf Geraden, die mit den Achsen den Winkel 45° einschließen.
   e) $^{9}_{4}Be\,(\alpha, n)\,^{12}_{6}C$
   f) $^{9}_{4}Be\,(p, \alpha)\,^{6}_{3}Li$
   g) $^{9}_{4}Be\,(p, \gamma)\,^{10}_{5}B$ oder $^{9}_{4}Be\,(d, n)\,^{10}_{5}B$

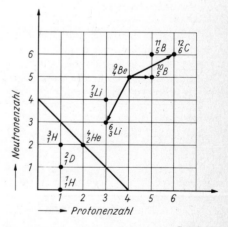

7.6.4.1 a

Lösungen Kapitel 7

2. Abb.

3. a) Elektronen, da Überschuß an Neutronen, d. h. zu geringe Kernladung.
   b) Positronen, da Überschuß an Protonen, d. h. zu hohe Kernladung.

4. $^{238}_{92}\text{U}(n, \gamma)\,^{239}_{92}\text{U} \xrightarrow{\beta} \,^{239}_{93}\text{Np} \xrightarrow{\beta} \,^{239}_{94}\text{Pu}$

5. a) $^{30}_{15}\text{P}^*$ (instabil!)
   b) $^{1}_{1}p \rightarrow \,^{1}_{0}n + \,^{0}_{+1}\beta^+ + \,^{0}_{0}\nu$
   c) $^{30}_{14}\text{Si}$
   d) $^{27}_{13}\text{Al}\,(\alpha, n) \rightarrow \,^{30}_{15}\text{P}^* \xrightarrow{\beta^+} \,^{30}_{14}\text{Si}$

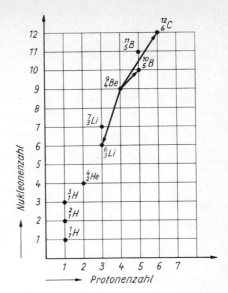

7.6.4.2

7.6.5. Massendefekt

1. a) $1\,u \triangleq 1{,}66 \cdot 10^{-27}\,\text{kg}$
   b) $1\,u \triangleq 931\,\text{MeV}$

2. a) 6,81 MeV   b) 6,68 MeV
   c) 8,54 MeV   d) 7,36 MeV

3. 8,7 MeV

4. a) exotherm   b) endotherm

5. a) $^{13}_{6}\text{C}$ b) 23,1 Minuten
   c) 1,2 MeV

7.6.6. Kernspaltung und Fusion

1. a) Der Massendefekt von zwei leichten Kernen ist kleiner als der eines schweren Kernes, der durch Fusion daraus entsteht. Ebenso ist der Massendefekt eines schweren Kernes kleiner als die Summe der Massendefekte von zwei Bruchstücken, die durch Spaltung entstehen. Die Differenz der Massendefekte ergibt in beiden Fällen die freiwerdende (exotherme) Bindungsenergie.
   b) 1760 MeV für U; 860 bzw. 1150 MeV für die Bruchstücke
   c) 250 McV

2. a) $6{,}41 \cdot 10^{26}\,\text{MeV}$ b) $2{,}85 \cdot 10^7\,\text{kWh}$

3. a) $^{235}_{92}\text{U} + \,^{1}_{0}n \longrightarrow \,^{144}_{56}\text{Ba} + \,^{89}_{36}\text{Kr} + 3\,^{1}_{0}n$
   b) $^{235}_{92}\text{U} + \,^{1}_{0}n \longrightarrow \,^{144}_{54}\text{Xe} + \,^{90}_{38}\text{Sr} + 2\,^{1}_{0}n$

4. a) Die Masse der 4 Protonen ist um 0,02757 u größer als die Masse eines He-Kernes.
   b) 5,8 g Wasserstoff

Lösungen Kapitel 8

8. Relativitätstheorie

8.1. Galilei-Transformation

1. a) a), b), c) je 1,0 s, d) 0,85 s

2. a) Für den mitfahrenden Beobachter in S' ist es ein freier Fall, für den ruhenden Beobachter in S ein waagrechter Wurf nach rechts mit der Anfangsgeschwindigkeit u.
   b) $x' = 0$ $\quad y' = \frac{1}{2}gt'^2$ für den bewegten Beobachter

   $\quad\;\; x = ut \quad\;\; y = \frac{1}{2}gt^2$ für den ruhenden Beobachter

   c) $x' = x - ut = ut - ut = 0$ und $y' = \frac{1}{2}gt'^2 = y$ da $t' = t$

   d) Der fallende Körper trifft immer an der Stelle $x' = 0$ auf den Boden des Wagens, ohne Rücksicht auf die Geschwindigkeit u.

3. Impuls $\quad\quad\quad$ Energie
   vor und nach dem Stoß
   a) 30 000 Ns $\quad\quad$ 45 kJ
   b) 0 $\quad\quad\quad\quad\;\;$ 30 kJ
   c) 50 000 Ns $\quad\quad$ 165 kJ
   d) Der Schwerpunkt der beiden Güterwagen befindet sich relativ zum Beobachter in Ruhe.

4. a) 6,0 Stunden $\quad\quad$ b) 6,4 Stunden $\quad\quad$ c) 6,2 Stunden
   d) 14,5° westlich Nord

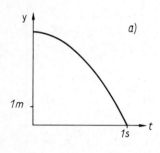
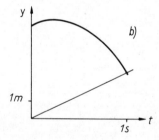
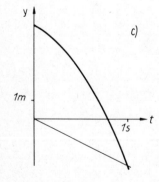
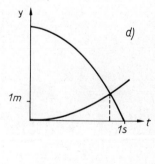

8.1.1

8.2. Lorentz-Transformation

1. Abb.
2. a) Abb. 3,00 s
   b) 1,73 s
3. a) Abb.
   b) Abb. Das Ereignis (x_0, t'_1) findet zuerst statt.
4. a) $\frac{5}{7} c$
   b) $\frac{c}{5}$
5.
	Weg	Zeit
a)	12 Lichtjahre	20 Jahre
b)	9,6 Lichtjahre	16 Jahre
6. $0,436\,c$

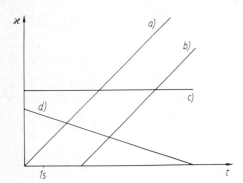

8.2.1

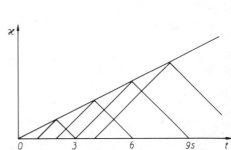

8.2.2

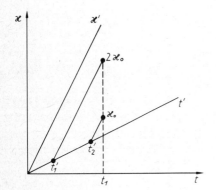

8.2.3 a

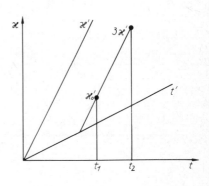

8.2.3 b

Lösungen Kapitel 8

8.3. Masse und Energie

1. a) $v = c \cdot \sqrt{1 - (\frac{m_e}{m})^2}$
   b) Für $m = m_0$ gilt: $v = 0$, für $m \to \infty$ gilt $\to c$.

2. Abb.

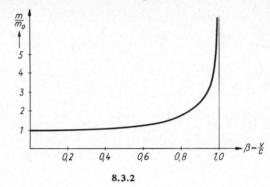

8.3.2

3. Abb.

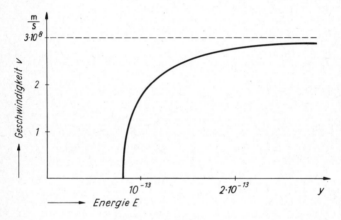

8.3.3

4. a) $2{,}09 \cdot 10^8$ kJ   b) $2{,}32$ mg
5. $2{,}5 \cdot 10^7$ kWh
6. a) $\Delta m \cdot c^2 = e \cdot U$ oder $(\dfrac{m_0}{\sqrt{1 - \dfrac{v^2}{c^2}}} - m_0) \cdot c^2 = e \cdot U$

   b) $v = \sqrt{\dfrac{e^2 U^2 c^2 + 2eUm_0 c^4}{e^2 U^2 + 2e \cdot Um_0 c^2 + m_0^2 c^4}}$

   c) $v \to c$
   d) Zähler und Nenner des Radikanden werden durch c^4 dividiert.
   e) Zu c): Die Geschwindigkeit v des Elektrons ist kleiner als die Lichtgeschwindigkeit c.
      Zu d): Die Gesetze der Relativitätstheorie gehen in die der klassischen Physik über.

f) Abb.

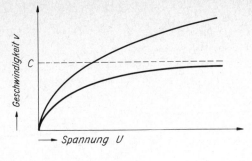

8.3.6

7. $1{,}067 \cdot 10^{-26}$ kg $= 11\,730\, m_0$
8. a) $3{,}96 \cdot 10^{23}$ kW
   b) $4{,}4 \cdot 10^{9}$ kg/s
9. a) 145 MeV
   b) 938 MeV
   c) $0{,}866\, c$
10. a) 1,29 W
    b) 4,79 W
    c) 15,28 W
11. Nein; der Fehler beträgt bei dieser Geschwindigkeit 3 %.
12. a) 0,94 g   b) $2{,}82 \cdot 10^{3}$ t

Konstanten

1. Konstanten der klassischen Physik

Erdbeschleunigung	g	$= 9{,}8066 \text{ m/s}^2$
Gravitationskonstante	G	$= 6{,}670 \cdot 10^{-11} \text{Nm}^2/\text{kg}^2$
Allgemeine Gaskonstante	R	$= 8314 \text{ J} \cdot \text{K}^{-1} \text{kmol}^{-1}$
Boltzmann-Konstante	k	$= 1{,}38 \cdot 10^{-23} \text{J} \cdot \text{K}^{-1}$
Faraday-Konstante	F	$= N_A \cdot e = 9{,}649 \cdot 10^7 \text{As/kmol}$
elektrische Feldkonstante	ϵ_0	$= 8{,}854 \cdot 10^{-12} \text{As/Vm}$
magnetische Feldkonstante	μ_0	$= 1{,}26 \cdot 10^{-6} \text{Vs/Am}$
Lichtgeschwindigkeit (Vak)	c	$= 2{,}998 \cdot 10^8 \text{m/s}$

2. Atomare Größen

Avogadrosche Konstante	N_A	$= 6{,}0225 \cdot 10^{26}/\text{kmol}$
Molvolumen der idealen Gase	V_0	$= 22{,}4136 \text{ m}^3/\text{kmol} \, (273°\text{K}; 1013 \text{ mbar})$
Atomare Masseneinheit	1 u	$= 1{,}660277 \cdot 10^{-27} \text{kg}$
Plancksches Wirkungsquantum	h	$= 6{,}625 \cdot 10^{-34} \text{Js}$
Rydbergsche Konstante	R_H	$= 1{,}097 \cdot 10^7 \text{m}^{-1}$
Elementarladung	e	$= 1{,}602 \cdot 10^{-19} \text{As}$

3. Atomare Teilchen

Teilchen bzw. Element	rel. Atommasse	Ruhemasse	Spez. Ladung
Elektron $-{}^{0}_{1}e$	0,000548597	$9{,}109 \cdot 10^{-31}$ kg	$-1{,}7588 \cdot 10^{11}$ As/kg
Positron $+{}^{0}_{1}e$	0,000548597	$9{,}109 \cdot 10^{-31}$ kg	$+1{,}7588 \cdot 10^{11}$ As/kg
Proton ${}^{1}_{1}p$	1,0072766	$1{,}6725 \cdot 10^{-27}$ kg	$9{,}5794 \cdot 10^{7}$ As/kg
Neutron ${}^{1}_{0}n$	1,008665	$1{,}6748 \cdot 10^{-27}$ kg	—
α-Teilchen ${}^{4}_{2}\text{He}^{++}$	4,0015064	$6{,}644 \cdot 10^{-27}$ kg	$4{,}8227 \cdot 10^{7}$ As/kg
${}^{1}_{1}\text{H}$ (Atom)	1,00782522	$1{,}6734 \cdot 10^{-27}$ kg	—
${}^{2}_{1}\text{H}$ (Atom)	2,0141022	$3{,}3442 \cdot 10^{-27}$ kg	—
${}^{4}_{2}\text{He}$ (Atom)	4,0026036	$6{,}6460 \cdot 10^{-27}$ kg	—
${}^{9}_{4}\text{Be}$ (Atom)	9,0121858	$14{,}9640 \cdot 10^{-27}$ kg	—
${}^{12}_{6}\text{C}$ (Atom)	12,00000000	$19{,}9250 \cdot 10^{-27}$ kg	—
${}^{13}_{7}\text{N}^{*}$ (Atom)	13,005739	$21{,}5950 \cdot 10^{-27}$ kg	—
${}^{14}_{7}\text{N}$ (Atom)	14,0030744	$23{,}2509 \cdot 10^{-27}$ kg	—

ANHANG

Hinweise zur Bearbeitung und Lösung von Physikaufgaben

In Physikaufgaben sind meist gemessene Größen gegeben. Aus diesen sollen mit Hilfe der physikalischen Gesetze andere Größen errechnet werden, die im allgemeinen nicht direkt gemessen werden können.
Es empfiehlt sich, dabei nach folgendem Arbeitsplan vorzugehen:

1.: Alle in der Angabe gegebenen Größen werden übersichtlich zusammengestellt.
2.: Kritische Prüfung, ob wirklich alle, auch die oft unscheinbar im Text enthaltenen Größen erfaßt wurden.
3.: Nach Möglichkeit eine übersichtliche Skizze, in die alle gegebenen Größen mit Zahlenwerten eingetragen werden.
4.: Die gesuchten Größen werden der Angabe entnommen und ebenfalls zusammengestellt.
5.: Zusammenstellung der einschlägigen Gesetze.
6.: Nun versucht man, durch Einsetzen der gegebenen Größen (Zahlenwert und Einheit!) in die vorhandenen Gleichungen, die gesuchten Größen zu errechnen. Dabei kann die Genauigkeit des Endergebnisses nicht größer sein, als die der gegebenen Größen.
7.: Auf eine Textfrage gehört eine Textantwort!

Musterlösungen

1.1.5.18.

Gegeben: die Masse der Schraube $m = 5{,}32$ g;
Ihr Volumen kann aus den übrigen Angaben mit Hilfe folgender Überlegungen berechnet werden: Denkt man sich die Schraube aus dem mit Wasser gefüllten Pyknometer genommen, so beträgt die Masse des Pyknometers mit Wasser noch $131{,}4$ g $-$ $5{,}32$ g. Die Schraube verdrängt also Wasser der Masse $126{,}8$ g $-$ ($131{,}4$ g $-$ $5{,}32$ g). Dividiert man durch die Dichte des Wassers, so ergibt sich das

Volumen $V = [126{,}8\,\text{g} - (131{,}4\,\text{g} - 5{,}32\,\text{g})] : 1{,}00\,\dfrac{\text{g}}{\text{cm}^3} = 0{,}72\,\text{cm}^3$.

Dichte $\rho = \dfrac{5{,}32\,\text{g}}{0{,}72\,\text{cm}^3} = 7{,}4\,\dfrac{\text{g}}{\text{cm}^3}$

Die Dichte beträgt $7{,}4$ g/cm³.

1.3.2.9.

Gegeben: das Gewicht des Autos $G = 10\,000$ N und die Leistung $P = 30$ kW des Motors; außerdem können aus der Abbildung die Abmessungen der schiefen Ebene entnommen werden (Abb.):
$l = \sqrt{1{,}0^2\,\text{km}^2 + 0{,}2^2\,\text{km}^2} = 1{,}02$ km

Gesucht: die größtmögliche Geschwindigkeit v auf der Bergstraße.

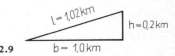

1.3.2.9

Musterlösungen

Leistung = Geschwindigkeit · Kraft
$P \quad = \quad v \cdot F$
Die Kraft F muß dabei den Hangabtrieb
$H = G \cdot \frac{h}{l}$ überwinden

$$v = \frac{P}{F} = \frac{P}{G\frac{h}{l}} = \frac{Pl}{Gh}$$

oder $v = \frac{30\,000\,\text{W} \cdot 1\,020\,\text{m}}{10\,000\,\text{N} \cdot 200\,\text{m}} = 15\,\text{m/s}.$

Das Auto kann mit der Geschwindigkeit $v = 15$ m/s die Bergstraße emporfahren.

1.5.7.5. a)
Gegeben: die Wichte 12,7 N/m³ beim Druck 1,01 bar = 1010 mbar.
Gesucht: die Wichte γ beim Druck 0,67 bar.
Aus den Gleichungen $p \cdot V =$ Const. (Boyle-Mariottesches Gesetz) und $\gamma = \frac{G}{V}$
(Wichte = Gewichtskraft durch Volumen) folgt:

$p \cdot V = p \cdot \frac{G}{\gamma} =$ Const., woraus

$\frac{p}{\gamma} =$ Const. (oder $\frac{p_1}{\gamma_1} = \frac{p_2}{\gamma_2}$) folgt,

da sich das Gewicht G eines Gases durch Komprimieren nicht ändert.

$\frac{0,670\,\text{bar}}{\gamma} = \frac{1,010\,\text{bar}}{12,7\,\text{N/m}^3}$

$\frac{0,670\,\text{bar}}{1,010\,\text{bar}} \cdot 12,7\,\text{N/m}^3 = 8,4\,\text{N/m}^3$

Die Wichte beträgt 8,4 N/m³.

2.3.1.1.
Gegeben: eine „Reihenblitzaufnahme" einer fallenden Kugel.
Aus der Abbildung kann die Stellung der Kugel am Maßstab (gemessen an ihrem obersten Punkt) entnommen werden. Hieraus bestimmt man die Wegdifferenzen Δs
in der Zeit $\Delta t = \frac{1}{20}$ Sekunde, $v_m = \frac{\Delta s}{\Delta t} =$ mittlere Geschwindigkeit während der
einzelnen Zeitabschnitte Δt. Δv ist die Geschwindigkeitszunahme während der Zeitabschnitte Δt, und a ist die Geschwindigkeitszunahme in einer Sekunde, d. h. die Beschleunigung.

s	0,087	0,130	0,197	0,289	0,406	0,548	0,715	0,907	m
Δs		0,043	0,067	0,092	0,117	0,142	0,167	0,192	m
$v_m = \frac{\Delta s}{\Delta t}$		0,86	1,34	1,84	2,34	2,84	3,34	3,84	m/s
Δv			0,48	0,50	0,50	0,50	0,50	0,50	m/s
$a = \frac{\Delta v}{\Delta t}$			9,6	10,0	10,0	10,0	10,0	10,0	m/s²

2.3.3.4.
Physikalisches Problem: Überlagerung einer gleichförmigen Bewegung in x-Richtung mit einer gleichförmig beschleunigten Bewegung in y-Richtung.

Musterlösungen

Gegeben: $s_x = 2,4$ m; $s_y = 0,8$ m; $v_x =$ konst.;
Gesucht: v_{ox}, v_{tx}, v_{ty}, v_t;
Gesetze: $s_y = \frac{1}{2} \cdot g \cdot t^2$; (1) $s_x = v_{ox} \cdot t$; (2) $v_{yt} = g \cdot t$; (3) $v_t = \sqrt{v_{xt}^2 + v_{yt}^2}$; (4)

aus (1): $t = \sqrt{\frac{2 s_y}{g}}$; $t = \sqrt{\frac{2 \cdot 0,8 \text{ m}}{9,81 \text{ m/s}^2}} = \sqrt{0,163 \text{ s}^2} = \underline{0,405 \text{ s}}$;

aus (2): $v_{ox} = \frac{s_x}{t}$; $v_{ox} = \frac{2,4 \text{ m}}{0,405 \text{ s}} = \underline{5,95 \frac{\text{m}}{\text{s}}}$;

aus (3): $v_{yt} = g \cdot t$; $v_{yt} = 9,81 \frac{\text{m}}{\text{s}^2} \cdot 0,405 \text{ s} = \underline{3,97 \frac{\text{m}}{\text{s}}}$;

aus (4): $v_t = \sqrt{v_{xt}^2 + v_{yt}^2}$; ($v_{xt} = v_o$!) $v_t = \sqrt{35,4(\frac{\text{m}}{\text{s}})^2 + 15,77(\frac{\text{m}}{\text{s}})^2} = \underline{7,16 \frac{\text{m}}{\text{s}}}$

Die Anfangsgeschwindigkeit beträgt $5,95 \frac{\text{m}}{\text{s}}$, die Endgeschwindigkeit $7,16 \frac{\text{m}}{\text{s}}$.

2.4.1.22.
Durch das Abbrennen des Fadens in *D* bekommt die Masse unter *A* das Übergewicht $F = 0,1$ kg $\cdot 9,81$ m/s^2. Dieses Übergewicht *F* ist die Kraft für die Beschleunigung der Masse $m = 2,1$ kg $+ 2$ kg $= 4,1$ kg.
Für die Beschleunigung gilt: $F = m \cdot a$; daraus folgt:

$a = \frac{F}{m}$; $a = \frac{0,1 \text{ kg} \cdot 9,81 \text{ m/s}^2}{4,01 \text{ kg}} = 0,24 \frac{\text{m}}{\text{s}^2}$;

Auf den Hebelpunkt *A* wirkt sich nur die beschleunigende Kraft für die Masse 2,1 kg aus. Diese und damit die erforderliche Gegenkraft beträgt $F_A = 2,1$ kg $\cdot 0,24$ m/s$^2 = \underline{5,04 \text{ N}}$.
Antwort: 5,04 N müßten bei *A* aufgelegt werden, weil die abwärts fahrende Masse an Gewicht verliert.

2.5.4.4.
Annahme: Das Zuggewicht der Masse $m_1 = 120$ g senkt sich in der Zeit *t* um die Höhe *h* und erreicht dabei die Geschwindigkeit v_1. Dann verliert es dabei an potentieller Energie:
$E_p = m_1 g h$ (1).
Gleichzeitig legt der Wagen der Masse m_2 den Weg $s = 2h$ zurück. Er erreicht dabei die Geschwindigkeit $v_2 = a \cdot t$; (2)
Aus dem Weg-Zeit-Gesetz $s = (2h) = \frac{1}{2} at^2$ (3) folgt: $t = \sqrt{\frac{2s}{a}}$;
t eingesetzt in (2) ergibt: $v_2 = \sqrt{2as}$; (4)
Die bei dem Vorgang erzielte kinetische Energie der beiden Massen beträgt:
$E_k = \frac{1}{2} m_1 v_1^2 + \frac{1}{2} m_2 v_2^2$; weil aber $v_1 = \frac{1}{2} v_2$ ist, gilt:
$E_k = \frac{1}{2} m_1 (\frac{v_2}{2})^2 + \frac{1}{2} m_2 v_2^2$; (5)
(4) in (5): $E_k = \frac{1}{2} m_1 \frac{2as}{4} + \frac{1}{2} m_2 \cdot 2as$; $E_k = \frac{1}{4} m_1 as + m_2 as$; (6)
Nach dem Energiesatz ist $E_p(1) = E_k(6)$:
$m_1 g h = \frac{1}{4} m_1 as + m_2 as$; (7); Weil aber $s = 2h$ ist, gilt:
$m_1 g h = \frac{1}{4} m_1 a 2h + m_2 a 2h$; Daraus folgt: $m_1 g = a(\frac{1}{2} m_1 + 2 m_2)$; $a = \frac{m_1 g}{1/2 \, m_1 + 2 m_2}$;

$a = \frac{0,120 \text{ kg} \cdot 9,81 \text{ m/s}^2}{(0,060 + 0,800) \text{ kg}} = 1,37 \text{ m/s}^2$; Die Beschleunigung des Wagens beträgt 1,37 m/s^2.

Musterlösungen

2.6.2.4.
Gegeben: $m_1 = 300$ kg; $m_2 = 160$ kg; $h = 2$ m; $s = 0,01$ m
a) *Gesucht:* v_1; *Gesetz:* $v_1 = \sqrt{2gh}$; $v_1 = \sqrt{2 \cdot 9,81 \text{ m/s}^2 \cdot 2 \text{ m}} = \underline{6,28 \tfrac{m}{s}}$;
Der Rammbär trifft mit 6,28 m/s auf die Schiene.

b) *Gesucht:* v; *Gesetz:* (Unelastischer Stoß!) $m_1 v_1 + m_2 v_2 = (m_1 + m_2) v$;
$v = \dfrac{m_1 v_1 + m_2 v_2}{m_1 + m_2}$; $v = \dfrac{300 \text{ kg} \cdot 6,28 \text{ m/s} + 160 \text{ kg} \cdot 0 \text{ m/s}}{300 \text{ kg} + 160 \text{ kg}} = \underline{4,09 \text{ m/s}}$;
Die Geschwindigkeit unmittelbar nach dem Stoß beträgt 4,09 m/s.

c) *Gesucht:* a; *Gesetz:* Wie aus den Bewegungsgleichungen zu errechnen ist, gilt für die verzögerte Bewegung mit der Endgeschwindigkeit $v_t = 0$, wie für die beschleunigte Bewegung mit der Anfangsgeschwindigkeit $v_0 = 0$: $v = \sqrt{2as}$; daraus folgt: $a = \dfrac{v^2}{2s}$;
$v = 4,09$ m/s; $s = 0,01$ m; $a = \dfrac{(4,09)^2 \text{ m}^2/\text{s}^2}{2 \cdot 0,01 \text{ m}} = \underline{837 \text{ m/s}^2}$;
Die Verzögerung beträgt 837 m/s².

d) *Gesucht:* F_R; *Gesetz:* $F_R = m \cdot a$; $m = m_1 + m_2$; $m = 460$ kg; $a = 837 \tfrac{m}{s^2}$;
$F_R = 460$ kg $\cdot$ 837 m/s² = 385000 N;
Die Schiene hat die Tragkraft $\underline{385000 \text{ N}}$.

e) *Gesucht:* E_k; *Gesetz:* $E_k = \tfrac{1}{2} m v^2$; $m = 460$ kg; $v = 4,09$ m/s;
$E_k = \tfrac{1}{2} \, 460 \text{ kg} \cdot (4,09)^2 \text{ m}^2/\text{s}^2 = \underline{3847 \text{ J}}$;
Die kinetische Energie beträgt 3847 J.

f) *Gesucht:* F_R; *Gesetz:* $E_W = F_R \cdot s$; $F_R = \dfrac{E_W}{s}$; $F_R = \dfrac{3847 \text{ Nm}}{0,01 \text{ m}} = \underline{385000 \text{ N}}$
Die Reibungskraft betrüge 385000 N.

2.7.2.10.
Gegeben: Höhe der Schleife: $2r$;
Gesucht: Höhe des Ablaufpunktes: h.
Überlegung: Im höchsten Punkt der Schleife muß die Geschwindigkeit des Wagens so groß sein, daß die Zentrifugalkraft mindestens so groß ist wie sein Gewicht. Er besitzt dabei potentielle und kinetische Energie. Die Summe dieser Energien muß so groß sein wie seine potentielle Energie am Startpunkt!

Gesetze: $E_p = mgh$; $E_k = \tfrac{1}{2} m v^2$;
$E_{Start} = mgh$; $E_p = mg \, 2r$; $E_k = \tfrac{1}{2} m v^2$;
$mgh = mg \, 2r + \tfrac{1}{2} m v^2$; (1)

Weil aber im höchsten Punkt die Zentrifugalkraft gleich der Gewichtskraft sein muß, gilt außerdem: $m \dfrac{v^2}{r} = mg$; oder $v^2 = rg$; (2)

(2) in (1): $mgh = mg \, 2r + \tfrac{1}{2} mrg$; $h = 2r + \tfrac{1}{2} r = \underline{2,5 \, r}$;
Die Starthöhe h muß um $0,5 r$ höher sein als der höchste Schleifenpunkt.

2.8.13.
Gegeben: Umlaufzeit $T = 42,5$ Std. $= 1,53 \cdot 10^5$ s
Mittlerer Abstand $r = 4,27 \cdot 10^8$ m
m_1 sei die Masse des Mondes, m_2 die Masse des Jupiter!

Musterlösungen

Gesucht: m_2
Gesetze: Gravitationsgesetz: $F_r = G \dfrac{m_1 m_2}{r^2}$; (1)

        3. Keplergesetz: $\dfrac{r^3}{T^2} = $ konst. (2)

        Zentripetalkraft: $F_r = m_1 \omega^2 r^2$; (3)

(3) umgeformt: $F_r = m_1 \cdot \dfrac{4\pi^2}{T^2} r$; (3)

Weil die Gravitationskraft gleich der Zentripetalkraft sein muß, gilt:

(1) = (3): $G \cdot \dfrac{m_1 m_2}{r^2} = m_1 \cdot \dfrac{4\pi^2 r}{T^2}$; $\rightarrow$ $m_2 = \dfrac{4\pi^2 r^3}{T^2 \cdot G}$;

$m_2 = \dfrac{4 \cdot 3{,}14 \cdot (4{,}27 \cdot 10^8)^3 \text{ m}^3}{(1{,}53 \cdot 10^5)^2 \text{s}^2 \cdot 6{,}67 \cdot 10^{-11} \text{ Nm}^2/\text{kg}^2} = \underline{1{,}97 \cdot 10^{27} \text{ kg}}$;

Die Masse des Planeten Jupiter beträgt $1{,}97 \cdot 10^{27}$ kg.

3.2.1.7.

a) *Gegeben:* $f = \dfrac{1}{3} \text{ s}^{-1}$; bzw. $T = 3\text{ s}$; $v_1 = 0{,}06 \dfrac{\text{m}}{\text{s}}$;

   Gesucht: Bewegungsgleichung $y = f(t)$ für $y = 0$, wenn $t = 0$;

   Gesetze: Schwingungsgleichung: $y = y_{\max} \sin \omega t$; (1)

           Wellengleichung: $y = y_{\max} \sin 2\pi \left(\dfrac{t}{T} - \dfrac{x}{\lambda}\right)$; (2)

Aus (1): $v_1 = \dot{y} = y_{\max} \omega \cos \omega t = y_{\max} \dfrac{2\pi}{T} \cos 2\pi \dfrac{t}{T}$;

für $t = 0$ ergibt sich: $v_1 = y_{\max} \dfrac{2\pi}{T} \cdot 1$; oder $y_{\max} = \dfrac{v_1 \cdot T}{2\pi}$;

$y_{\max} = \dfrac{0{,}06 \text{ m/s} \cdot 3\text{ s}}{6{,}28} = \underline{0{,}0287 \text{ m}}$.

$y_{\max} = 0{,}0287$ m, $T = 3$ s und $x = 0$ eingesetzt in (2): $y = \underline{0{,}0287 \sin \dfrac{2}{3} \pi t}$;

b) *Gegeben:* $T = 3s$; $v_2 = 5 \dfrac{\text{m}}{\text{s}}$; $s_1 = 1$ m; *Gesucht:* $\Delta \varphi$

Während das 1. Teilchen eine ganze Schwingung ausführt, schreitet die Welle um den Weg $s = v_2 T$ bzw. $s = 5 \dfrac{\text{m}}{\text{s}} \cdot 3\text{ s} = 15$ m fort.

Während die Welle um 1 m fortschreitet, macht demnach das 1. Teilchen auch nur $\dfrac{1}{15}$ Schwingung aus: $\Delta \varphi = \dfrac{360°}{15} = 24°$;

Der Phasenunterschied beträgt $24°$.

4.3.3.4.

Gegeben: $f = 0{,}140$ m; $B = 3G$;   *Gesucht:* Gegenstandsweite g

Gesetze: $\dfrac{1}{g} + \dfrac{1}{b} = \dfrac{1}{f}$; (1) $g : b = G : B$; (2)

$B = 3G$ eingesetzt in (2): $\dfrac{g}{b} = \dfrac{G}{3g}$; daraus folgt: $g = \dfrac{b}{3}$ oder $b = 3g$;

$b = 3g$ eingesetzt in (1): $\dfrac{1}{g} + \dfrac{1}{3g} = \dfrac{1}{f}$; $\dfrac{4}{3g} = \dfrac{1}{f}$; $g = \dfrac{4}{3} f$;

$g = \dfrac{4}{3} \cdot 0{,}140$ m $= \underline{0{,}187 \text{ m}}$. Der Gegenstand muß in 18,7 cm Entfernung von der Linse stehen.

Musterlösungen

4.5.4.1.
a) Berechnung des Spaltabstandes aus der optischen Abbildung:
Gegeben: Gegenstandsweite $g = 0{,}20$ m; $g + b = 2{,}4$ m; $B = 5{,}1 \cdot 10^{-3}$ m.

Gesucht: G; *Gesetz:* $\dfrac{G}{B} = \dfrac{g}{b}$; $G = B\dfrac{g}{b}$; $G = \dfrac{5{,}1 \cdot 10^{-3}\,\text{m} \cdot 0{,}2\,\text{m}}{2{,}2\,\text{m}} = \underline{0{,}464 \cdot 10^{-3}\,\text{m}}$

b) Berechnung von λ: *Gegeben* $d = 3{,}5 \cdot 10^{-3}$ m; G aus a): $0{,}464 \cdot 10^{-3}$ m
Abstand Doppelspalt/Schirm: $(g + b) = 2{,}4$ m;

Gesetz: $\dfrac{\lambda}{G} = \dfrac{d}{(g+b)}$; $\lambda = \dfrac{G \cdot d}{(g+b)}$; $\lambda = \dfrac{0{,}464 \cdot 10^{-3}\,\text{m} \cdot 3{,}5 \cdot 10^{-3}\,\text{m}}{2{,}4\,\text{m}} = \underline{676\,\text{nm}}$.

Die Wellenlänge des roten Lichtes beträgt 676 Nanometer.

5.2.3.
Gegeben: $t_1 = 15°\text{C}$, bzw. $T_1 = 288$ K; $T_2 = (288 + 30)\,\text{K} = 318$ K;
$p_1 = 2{,}5$ bar;
Gesucht: $p_2, \Delta p$;

Gesetz: $\dfrac{p_1 V_1}{T_1} = \dfrac{p_2 V_2}{T_2}$; Dabei ist aber $V_2 = V_1$!

$p_2 = \dfrac{p_1 V_1 T_2}{T_1 V_1}$; $p_2 = \dfrac{2{,}5\,\text{bar} \cdot 318\,\text{K}}{288\,\text{K}} = 2{,}76$ bar.

Der Druck nimmt um 0,26 bar zu.

6.5.2.4.
Gegeben: $R = 0{,}15$ m (!); $r = 0{,}70$ m; $\Delta r = 0{,}02$ m; $\Delta U = 200$ V;
Gesucht: Q, U;
Gesetze: *Berechnung:*

$\dfrac{\Delta U}{\Delta r} = E_r$; (1) $\rightarrow E_r = \dfrac{200\,\text{V}}{0{,}02\,\text{m}} = 10000\,\dfrac{\text{V}}{\text{m}}$;

$E_r = \dfrac{Q}{4\pi\epsilon_0 r^2}$; (2) $\rightarrow Q = 10^4\,\dfrac{\text{V}}{\text{m}} \cdot 4 \cdot 3{,}14 \cdot 8{,}86 \cdot 10^{-12}\,\dfrac{\text{As}}{\text{Vm}} = \underline{5{,}46 \cdot 10^{-7}\,\text{As}}$.

$U = \dfrac{Q}{4\pi\epsilon_0 R}$; (3) $\rightarrow U = \dfrac{5{,}46 \cdot 10^{-7}\,\text{As}}{4 \cdot 3{,}14 \cdot 8{,}86 \cdot 10^{-12}\,\dfrac{\text{As}}{\text{Vm}} \cdot 0{,}15\,\text{m}} = \underline{3{,}27 \cdot 10^4\,\text{V}}$.

Die Generatorkugel ist mit $5{,}46 \cdot 10^{-7}$ As aufgeladen und hat die Spannung 32700 V.

6.7.4.3.
Gegeben: $C = 4 \cdot 10^6\,\dfrac{\text{As}}{\text{V}}$; $U = 220$ V; $f = 50\,\text{s}^{-1}$; $I = 0{,}2$ A.
Gesucht: R_Ω
Gesetze: *Berechnung:*

$R_s = \dfrac{U}{I}$; (1) $\rightarrow R_s = \dfrac{220\,\text{V}}{0{,}2\,\text{A}} = 1100\,\Omega$;

$R_C = \dfrac{1}{2\pi f C}$; (2) $\rightarrow R_C = \dfrac{1}{2 \cdot 3{,}14 \cdot 50\,\text{s}^{-1} \cdot 4 \cdot 10^{-6}\,\dfrac{\text{As}}{\text{V}}} = 796{,}2\,\Omega$;

$R_s = \sqrt{R_\Omega^2 + R_C^2}$; (3) $\rightarrow R_\Omega = \sqrt{1{,}21 \cdot 10^6\,\Omega^2 - 0{,}634 \cdot 10^6\,\Omega^2} = \underline{785\,\Omega}$.

Der Ohmsche Widerstand beträgt 785 Ω.

6.7.7.3.
Gegeben: $P = 10^5$ W; $\rho = 0{,}017$ Ω mm²/m; $r = 9$ mm (!); $l = 1{,}50 \cdot 10^5$ m;
$\Delta P = 0{,}1$ ‰ von 10^5 W $= 10$ W;
Gesucht: U.
Überlegung: Der Leitungsverlust entsteht durch Erwärmung der Leitungsdrähte. Nach dem Gesetz $P = I^2 R$ ist er von I und R abhängig.

Gesetze: *Berechnung:*

$q = r^2 \pi$; (1) $\longrightarrow$ $q = 9^2$ mm² $\cdot$ 3,14 = 254,3 mm²;

$R = \rho \cdot \dfrac{l}{q}$; (2) $\longrightarrow$ $R = \dfrac{0{,}017 \ \Omega \ \text{mm}^2/\text{m} \cdot 1{,}50 \cdot 10^5 \ \text{m}}{254{,}3 \ \text{mm}^2} = \underline{10 \ \Omega};$

$\Delta P = I^2 R$; (3) $\longrightarrow$ $I = \sqrt{\dfrac{\Delta P}{R}}$; $I = \sqrt{\dfrac{10 \ \text{W}}{10 \ \text{V/A}}} = \underline{1 \ \text{A}};$

$U = \dfrac{P}{I}$; (4) $\longrightarrow$ $U = \dfrac{10^5 \ \text{W}}{1 \ \text{A}} = \underline{10\,000 \ \text{V}}.$

Die Spannung muß 10 000 V betragen.

7.2.2.5.
Gegeben: die Kraftflußdichte $B = 8{,}0 \cdot 10^{-4}$ Vs/m², der Radius der Kreisbahn $r = 0{,}05$ m und die spez. Ladung des Elektrons $\dfrac{e}{m} = 1{,}76 \cdot 10^{11} \ \dfrac{\text{As}}{\text{kg}}$.
Gesucht:
a) die Bahngeschwindigkeit v der Elektronen und
b) die Spannung U, durch die sie beschleunigt werden.

a) $\dfrac{mv^2}{r} = v \cdot B \cdot e$ (Zentrifugalkraft = Lorentzkraft)

$\quad v = r \cdot B \cdot \dfrac{e}{m} = 0{,}05 \ \text{m} \cdot 8{,}0 \cdot 10^{-4} \ \text{Vs/m}^2 \cdot 1{,}76 \cdot 10^{11} \ \dfrac{\text{As}}{\text{kg}}$

$\quad v = 7{,}04 \cdot 10^6 \ \dfrac{\text{m}}{\text{s}}$

b) $\dfrac{1}{2} mv^2 = eU$ oder $U = \dfrac{v^2}{2 \dfrac{e}{m}}$

$U = \dfrac{(7{,}04 \cdot 10^6 \ \text{m/s})^2}{2 \cdot 1{,}76 \cdot 10^{11} \ \text{As/kg}} = \underline{140{,}8 \ \text{V}}$

7.3.2.3.
Gegeben: die Wellenlänge des Lichtes $= 589 \cdot 10^{-9}$ m, die Austrittsarbeit der Elektronen bei Cs $W = 3{,}11 \cdot 10^{-19}$ J und das Plancksche Wirkungsquantum $h = 6{,}625 \cdot 10^{-34}$ Js
(S. 220)
Gesucht:
a) die Geschwindigkeit der austretenden Elektronen,
b) die zur Abbremsung nötige Gegenspannung.
Lösung:
a) Kinetische Energie = Energie des Lichtquants − Austrittsarbeit

$\dfrac{1}{2} mv^2 \qquad\qquad = h \cdot \dfrac{c}{\lambda} - W$

$\dfrac{1}{2} \cdot 9{,}11 \cdot 10^{-31} \ \text{kg} \cdot v^2 = \dfrac{6{,}625 \cdot 10^{-34} \ \text{Js} \cdot 3 \cdot 10^8 \ \text{m/s} - 3{,}11 \cdot 10^{-19} \ \text{J}}{589 \cdot 10^{-9} \ \text{m}}$

Musterlösungen

$$\frac{1}{2} \cdot 9{,}11 \cdot 10^{-31} \text{ kg} \cdot v^2 = 3{,}37 \cdot 10^{-19} \text{J} - 3{,}11 \cdot 10^{-19} \text{J} = 0{,}26 \cdot 10^{-19} \text{J}$$

$$v = \underline{2{,}41 \cdot 10^5 \text{ m/s}}$$

b) $\frac{1}{2} mv^2 = eU$

$$U = \frac{mv^2}{2e}$$

$$U = \frac{0{,}26 \cdot 10^{-19} \text{J}}{1{,}602 \cdot 10^{-19} \text{As}}$$

$$U = \underline{0{,}17 \text{V}}$$

7.3.3.5. a)

Gegeben ist die Wellenlänge, das Plancksche Wirkungsquantum h und die Lichtgeschwindigkeit c (S. 220).
Gesucht sind Energie, Impuls und Masse des Lichtquants.

Energie $W = h \cdot \frac{c}{\lambda} = \dfrac{6{,}625 \cdot 20^{-34} \text{Js} \cdot 3{,}0 \cdot 10^8 \text{ m/s}}{5000 \cdot 10^{-9} \text{m}} = \underline{3{,}97 \cdot 10^{-20} \text{J}}$

Impuls $p = \frac{h}{\lambda} = \dfrac{6{,}625 \cdot 10^{-34} \text{Js}}{5000 \cdot 10^{-9} \text{m}} = \underline{1{,}325 \cdot 10^{-28} \text{kg} \cdot \frac{\text{m}}{\text{s}}}$

Masse $m = \frac{h}{c\lambda} = \dfrac{6{,}625 \cdot 10^{-34} \text{Js}}{3{,}0 \cdot 10^8 \text{m/s} \cdot 5000 \cdot 10^{-9} \text{m}} = \underline{4{,}42 \cdot 10^{-37} \text{ kg}}$

7.5.4.2. a)

Gegeben: die kinetische Energie $W_k = \frac{1}{2} mv^2 = 8{,}8 \text{ MeV} = 8{,}8 \cdot 10^6 \cdot 1{,}602 \cdot 10^{-19} \text{J} = 1{,}41 \cdot 10^{-12} \text{J}$ und die Masse des α-Teilchens $m = 6{,}644 \cdot 10^{-27}$ kg (S. 220).

$$\frac{1}{2} mv^2 = W_k$$

$$\frac{1}{2} \cdot 6{,}644 \cdot 10^{-27} \text{kg} \cdot v^2 = 1{,}41 \cdot 10^{-12} \text{J}$$

$$v = \underline{2{,}06 \cdot 10^7 \text{m/s}}$$

8.1.3. b)

Gegeben: der in der Abb. dargestellte Stoßvorgang.
Gesucht: Energie und Impuls für einen bewegten Beobachter.
Die Abb. der Aufgabe 8.1.3. muß so ergänzt werden, daß zu jedem Geschwindigkeitsvektor der nach links gerichtete Vektor 1 m/s hinzugefügt wird. Dadurch ergibt sich folgendes Schema:

Masse	10 t	20 t
Geschwindigkeit vor dem Stoß	+ 2 m/s	− 1 m/s
Geschwindigkeit nach dem Stoß	− 2 m/s	1 m/s
Energie vor dem Stoß	20 000 J	10 000 J
Energie nach dem Stoß	20 000 J	10 000 J
Impuls vor dem Stoß	+ 20 000 Ns	− 20 000 Ns
Impuls nach dem Stoß	− 20 000 Ns	+ 20 000 Ns

Gesamtenergie vor dem Stoß	30 kJ
Gesamtenergie nach dem Stoß	30 kJ
Gesamtimpuls vor dem Stoß	0 Ns
Gesamtimpuls nach dem Stoß	0 Ns

8.3.7.
Gegeben: die Ruhemasse m_0 des Elektrons (S. 220) und die Gesamtenergie $6 \text{ GeV} = 6 \cdot 10^9 \text{ eV}$.
Gesucht: die Masse des Elektrons bei dieser Energie.
$6 \text{ GeV} = 6 \cdot 10^9 \text{ eV} \cdot 1{,}602 \cdot 10^{-19} \frac{\text{J}}{\text{eV}} = 9{,}61 \cdot 10^{-10} \text{ J}$.
Durch Anwendung der relativistischen Beziehung $W = m \cdot c^2$ ergibt sich:

Masse $m = \dfrac{9{,}61 \cdot 10^{-10} \text{ J}}{9 \cdot 10^{16} (\frac{\text{m}}{\text{s}})^2} = 1{,}067 \cdot 10^{-26} \text{ kg}$, d.h. $m = 11730 \, m_0$.

Die Masse des Elektrons ist $1{,}067 \cdot 10^{-26}$ kg.

Chemische Elemente (alphabetisch)

Nach Angaben des Instituts für Radiochemie
Kernforschungszentrum Karlsruhe, 1968/69

Element	Symbol	Ordnungszahl	Atommasse in u [1]	Atommasse des langlebigsten radioakt. Isotops; Halbwertszeit [2]
Actinium	Ac	89		227; 21,8 a
Aluminium	Al	13	26,982	26; 7,4 · 10^5 a
Americium	Am	95		243; 7950 a
Antimon	Sb	51	121,75	125; 2,7 a
Argentum	Ag	47	siehe Silber	
Argon	Ar	18	39,948	39; 269 a
Arsen	As	33	74,922	73; 76 d
Astatin	At	85		210; 8,3 h
Aurum	Au	79	siehe Gold	
Barium	Ba	56	137,34	133; 10,7 a
Berkelium	Bk	97		247; 1380 a
Beryllium	Be	4	9,0122	10; 1,9 · 10^6 a
Bismuthum	Bi	83	siehe Wismut	
Blei	Pb	82	207,19	205; 3 · 10^7 a
Bor	B	5	10,811	8; 0,77 s
Brom	Br	35	79,909	77; 56 h
Cadmium	Cd	48	112,40	113; 13,6 a
Cäsium	Cs	55	132,90	135; 2,0 · 10^6 a
Calcium	Ca	20	40,08	41; 8 · 10^4 a
Californium	Cf	98		251; 892 a
Carbon	C	6	siehe Kohlenstoff	
Cer	Ce	58	140,12	144; 284 d
Chlor	Cl	17	35,453	36; 3,1 · 10^5 a
Chrom	Cr	24	51,996	51; 27,8 d
Cobaltum	Co	27	siehe Kobalt	
Curium	Cm	96		247; 1,6 · 10^7 a
Dysprosium	Dy	66	162,50	154; ≈ 10^6 a
Einsteinium	Es	99		254; 276 d
Eisen	Fe	26	55,847	60; 1 · 10^5 a
Erbium	Er	68	167,26	169; 9,5 d
Europium	Eu	63	151,96	154; 16 a
Fermium	Fm	100		257; 80 d
Ferrum	Fe	26	siehe Eisen	
Fluor	F	9	18,998	18; 1,8 h
Francium	Fr	87		223; 22 m
Gadolinium	Gd	64	157,25	152; 1,1 · 10^{14} a
Gallium	Ga	31	69,72	67; 78 h
Germanium	Ge	32	72,59	68; 275 d
Gold	Au	79	196,97	195; 183 d
Hafnium	Hf	72	178,49	174; 2 · 10^{15} a
Helium	He	2	4,0026	6; 0,8 s
Holmium	Ho	67	164,93	163; ≈ 30 a
Hydrargyrum	Hg	80	siehe Quecksilber	
Hydrogenium	H	1	siehe Wasserstoff	
Indium	In	49	114,82	115; 6 · 10^{14} a
Iridium	Ir	77	192,2	192_m; ≈ 650 a
Jod	J	53	126,90	129; 1,7 · 10^7 a
Kalium	K	19	39,102	40; 1,27 · 10^9 a
Kobalt	Co	27	58,933	60; 5,26 a
Kohlenstoff	C	6	12,011	14; 5730 a
Krypton	Kr	36	83,80	81; 2,1 · 10^5 a
Kupfer	Cu	29	63,54	67; 61,9 h
Kurtschatovium	Ku	104		260; 0,3 s
Lanthan	La	57	138,91	138; 1,1 · 10^{11} a
Lawrencium	Lr	103		256; ≈ 35 s
Lithium	Li	3	6,939	8; 0,85 s
Lutetium	Lu	71	174,97	176; 3 · 10^{10} a
Magnesium	Mg	12	24,312	28; 21,3 h
Mangan	Mn	25	54,938	53; 1,9 · 10^6 a
Mendelevium	Md	101		257; 4,8 h
Molybdän	Mo	42	95,94	93; > 100 a
Natrium	Na	11	22,898	22; 2,6 a
Neodym	Nd	60	144,24	144; 2,1 · 10^{15} a
Neon	Ne	10	20,183	24; 3,4 m
Neptunium	Np	93		237; 2,14 · 10^6 a
Nickel	Ni	28	58,71	59; 7,5 · 10^4 a
Niob	Nb	41	92,906	94; 2 · 10^4 a
Nitrogenium	N	7	siehe Stickstoff	
Nobelium	No	102		255; 185 s
Osmium	Os	76	190,2	194; 6,0 a
Oxygenium	O	8	siehe Sauerstoff	
Palladium	Pd	46	106,4	107; 7 · 10^6 a
Phosphor	P	15	30,974	33; 25 d
Platin	Pt	78	195,09	190; 6 · 10^{11} a
Plumbum	Pb	82	siehe Blei	
Plutonium	Pu	94		244; 8,2 · 10^7 a
Polonium	Po	84		209; 10^3 a
Praseodym	Pr	59	140,91	143; 13,6 d
Promethium	Pm	61		145; 17,7 a
Protactinium	Pa	91		231; 3,2 · 10^4 a
Quecksilber	Hg	80	200,59	194; ≈ 426 a
Radium	Ra	88		226; 1600 a
Radon	Rn	86		222; 3,8 d
Rhenium	Re	75	186,2	187; 5 · 10^{10} a
Rhodium	Rh	45	102,90	101; 3 a
Rubidium	Rb	37	85,47	87; 4,7 · 10^{10} a
Ruthenium	Ru	44	101,07	106; 1,0 a
Samarium	Sm	62	150,35	147; 1,1 · 10^{11} a
Sauerstoff	O	8	15,999	15; 2,03 m
Scandium	Sc	21	44,956	46; 84 d
Schwefel	S	16	32,064	35; 88 d
Selen	Se	34	78,96	79; 6,5 · 10^4 a
Silber	Ag	47	107,87	108_m; ≈ 100 a
Silicium	Si	14	28,086	32; 280 a
Stannum	Sn	50	siehe Zinn	
Stibium	Sb	51	siehe Antimon	
Stickstoff	N	7	14,0067	13; 9,96 m
Strontium	Sr	38	87,62	90; 28 a
Tantal	Ta	73	180,95	179; ≈ 600 d
Technetium	Tc	43		97; 2,6 · 10^6 a
Tellur	Te	52	127,60	123; 1,2 · 10^{13} a
Terbium	Tb	65	158,92	158; 150 a
Thallium	Tl	81	204,37	204; 3,8 a
Thorium	Th	90	232,04	232; 1,39 · 10^{10} a
Thulium	Tm	69	168,93	171; 1,9 a
Titan	Ti	22	47,90	44; 47,3 a
Uran	U	92	238,03	238; 4,5 · 10^9 a 235; 7,1 · 10^8 a 234; 2,5 · 10^5 a
Vanadin	V	23	50,942	49; 330 a
Wasserstoff	H	1	1,00797	3; 12,35 a
Wismut	Bi	83	208,98	210_m; 2,6 · 10^6 a
Wolfram	W	74	183,85	181; 130 d
Xenon	Xe	54	131,30	127; 36,4 d
Ytterbium	Yb	70	173,04	169; 32 d
Yttrium	Y	39	88,905	88_m; 108 d
Zink	Zn	30	65,37	65; 245 d
Zinn	Sn	50	118,69	126; ≈ 10^5 a
Zirkonium	Zr	40	91,22	93; 1,1 · 10^6 a

[1] Atommasse der auf der Erde natürlich vorkommenden stabilen Isotopenmischung, 1 u (atomare Masseneinheit)
[2] Index „m": Metastabiles Isomer (angeregter Zustand).

Periodensystem der Elemente